suhrkamp taschenbuch 253

W0190742

James Joyce, geboren am 2. Februar 1882 in Rathgar, Dublin, starb am 13. Januar 1941 in Zürich.

Im Rahmen der Frankfurter Ausgabe der Werke von James Joyce wurden die Briefe erstmals in chronologischer Reihenfolge vorgelegt. Auf diese über 1700 Seiten umfassende dreibändige Edition, deren Redaktion Klaus Reichert unter Mitwirkung von Fritz Senn besorgte, stützt sich die vorliegende Auswahl, die, grob gerechnet, knapp ein Fünftel der Briefe von und an James Joyce enthält. Der Herausgeber dieses Bandes war bestrebt, die Auswahl aus der riesigen Korrespondenz so vorzunehmen, daß alle wesentlichen Problemkreise und die wichtigsten menschlichen Beziehungen angemessen repräsentiert wurden. Keiner der Briefe wurde für diese Auswahl gekürzt. Auslassungen, die bereits von Stuart Gilbert, Richard Ellmann, den Herausgebern der angloamerikanischen Ausgaben, und Joyce selber vorgenommen wurden, sind durch eckige Klammern gekennzeichnet.   R. H.

»Die Briefe bilden eine Art Ergänzung zum Schöpfungskomplex des großen irischen Schriftstellers, ja, man könnte sagen, sie verstünden sich fast als Kommentar dazu, eine Privatodyssee, die seinem Hauptwerk, dem *Ulysses,* ebenbildlich beigesellt wäre.«   Werner Helwig

James Joyce
Briefe

Ausgewählt aus der dreibändigen,
von Richard Ellmann edierten Ausgabe
von Rudolf Hartung

Deutsch von
Kurt Heinrich Hansen

Suhrkamp

Die Briefe von Ezra Pound
erscheinen mit freundlicher Genehmigung
des Verlags der Arche, Zürich.
Sie wurden von Hiltrud Marschall übersetzt.

suhrkamp taschenbuch 253
Erste Auflage 1975
© der deutschen Ausgabe Suhrkamp Verlag
Frankfurt am Main 1969, 1970, 1974
Aus Letters of James Joyce I/II/III 1957/1966,
Faber & Faber London
Band II/III Copyright © 1966 by F. Lionel Monro
as Administrator of the Estate of James Joyce
Editorial material,
Copyright © 1966 by Richard Ellmann
Previously unpublished letters from W. B. Yeats
Copyright © 1966 by Mrs. W. B. Yeats
Suhrkamp Taschenbuch Verlag
Alle Rechte vorbehalten, insbesondere das
des öffentlichen Vortrags, der Übertragung
durch Rundfunk oder Fernsehen und der
Übersetzung, auch einzelner Teile.
Druck: Nomos Verlagsgesellschaft, Baden-Baden
Printed in Germany
Umschlag nach Entwürfen von
Willy Fleckhaus und Rolf Staudt

3 4 5 6 7 8 – 01 00 99 98 97 96

Inhalt

Einführung von Richard Ellmann

Das Briefschreiben erlegt selbst denjenigen eine gewisse Förmlichkeit auf, die von diesem Medium nicht viel halten. Auch ein nur aus einer Person bestehendes Publikum verlangt Konfrontation, und selbst eine flüchtige Nachricht verrät etwas von der Offenheit, der Bescheidenheit oder der Selbstachtung, mit denen der Schreiber sich in der Welt einstuft. Hinweise darauf, wie er diese Welt einschätzt, deuten sich zwangsläufig in der Art an, wie er die Verbindung zu seinem Partner sucht oder Anspruch auf sie erhebt, in dem Grad der Vertraulichkeit, den er voraussetzt, in dem Maße, in dem er Reaktion oder Zustimmung fordert, in der Lebhaftigkeit und Bestimmtheit, mit denen er Stellung bezieht. Er mag sich in verschiedenen Verkleidungen präsentieren, als mechanische Gegenstimme, als Dachs, Hirsch, Spinne oder Vogel. Wie immer er sich geben mag, wenn er Schriftsteller von Beruf ist, kann die Wahl seiner Worte nie ganz nebensächlich sein; einmal von der Sprache versklavt sein, bedeutet immer ihr Sklave sein.

Joyce betrachtete den Brief oder seine unverblümte Schwester, die Postkarte, nicht als eine literarische Form von irgendwelcher Konsequenz, aber fast täglich lud er den Postboten in den verschiedenen Weltgegenden, in denen er sich aufhielt, die Last seiner unermüdlichen Korrespondenz auf. Sich in Brieflänge auszudrücken fand er bequem, und er schrieb knapp und zur Sache. Die Haltung, die er in seinen Briefen annimmt, scheint auf den ersten Blick derjenigen seiner Bücher entgegengesetzt. Seine schöpferischen Werke sind humorvoll, lyrisch, gewagt. Diese Eigenschaften treten von Zeit zu Zeit in seiner Korrespondenz hervor, doch sind die Briefe vorwiegend wortkarg, verdrossen, niedergedrückt. ›Ich bin doppelt in Schwierigkeiten, geistig und materiell‹, schreibt er, und in einem anderen Brief sagt er: ›Die Barke meines Geistes (ist) auf Felsen aufgelaufen.‹ In beiden Fällen kommen diese Feststellungen mit einer Endgültigkeit dahergerauscht, die paradoxerweise darauf schließen läßt, daß in Wahrheit nicht alles verloren ist. Wenn er seine Verhältnisse resümiert, so hat das manchmal eher etwas Epigrammatisches: ›Mein Mund ist voller verfaulter Zähne und meine Seele voller verfaulter Ambitionen.‹ Und manchmal gestattet er sich einen Scherz: ›Nun!

(wie Mr. Pater so schön sagt) ich habe aller Weihnachten Niedrigwassermarke heuer erreicht.‹ Es macht ihm Spaß, das Leben, das er führt, auf eine Folge absurder Konfusionen zu reduzieren. Wie Joyce später von Shem schreibt: ›O! the lowness of him was beneath all up to that sunk to!‹[1] In einem frühen Brief schrieb er, er könne sich in der Gesellschaft nur als Vagabund bewegen, und vielleicht hat er immer sein heimliches Vergnügen daran gehabt, kein aufrechter britischer Staatsangehöriger gewesen zu sein.

Anzunehmen, zwischen seinem Werk und seinen Briefen bestünde ein Widerspruch, ist eine Täuschung. Die resignierende Haltung ist nicht so weit von Zuversicht entfernt, wie es zunächst den Anschein hat. In ihr liegt vielmehr etwas Peremptorisches. Hinter den Themen, die Joyce von Anfang bis Ende die liebsten sind – der peinlich genauen Zurschaustellung seiner Armut, seiner körperlichen Gebrechlichkeit, seiner Mutlosigkeit – steht die selten ausgedrückte, weil für ihn unumstößlich feststehende Überzeugung, daß seine Nöte, gemessen an seinen Verdiensten, trivial sind. In seinen Briefen bittet und schimpft er zur gleichen Zeit. Er schreibt seinem Bruder: ›Schieb es nicht so lang auf, meinen Bitten nachzukommen, da ich dabei eine Menge Tinte verschwende.‹ Er fordert Mäzenatentum – nicht Barmherzigkeit. Joyce war von sich überzeugt, und das fand später seine Rechtfertigung. Doch lange bevor er etwas veröffentlicht hatte oder auch nur Manuskripte zur Bestätigung vorweisen konnte, war er von dieser Überzeugung durchdrungen; man kann sagen, daß das Vertrauen in seine Fähigkeiten ihrer Manifestation voranging.

Weil er von diesem Vertrauen erfüllt ist, hat er nur wenig Geduld mit denen, die seiner Begabung keinen Beifall zollen, und neigt dazu, ganz plötzlich von der Rolle des Bittstellers in die des Entsagenden zu verfallen. Er ist ständig nahe daran, sich über die Hilfe, die er erbittet, lustig zu machen. Diese Bereitschaft, ›sich die Leute vom Hals zu schaffen‹, ist charakteristisch für ihn. Er ist wie Stephen in *A Portrait of the Artist as a Young Man*, der einem Mädchen gegenüber, das ihm mit praktischen Fragen nach seiner Zukunft kommt, ›plötzlich eine Geste revolutionärer Natur‹[2] macht, offensichtlich eine Absage an sein ganzes bisheriges Leben. Joyce neigte zu solchen ›Gesten‹, etwa 1902 und noch einmal 1903, als er nach Paris ging, und 1904, als er mit Nora Barnacle durchbrannte, 1906, als er von Triest nach Rom, und 1907, als er von Rom nach Triest ging. In solcher Stimmung sah er sich im Alter von dreiundzwanzig Jahren veranlaßt, seinem Bruder aus Triest zu schreiben: ›Sobald ich mich davon überzeugt habe, daß diese Art Leben für mich seelischer Selbstmord ist, werde ich mir alles und jeden aus dem Wege schaffen, wie ich das schon früher getan habe.‹ In einem Brief an seine Tante Josephine Murray drohte er damit, seine jetzige Familie zu verlassen, so wie er sein Elternhaus verlassen hatte: ›Ich nehme an, Du schüttelst jetzt den Kopf über meine Kaltherzigkeit, welches wahrscheinlich nur das falsche Wort ist für einen bestimmten geistigen oder gefühlsmäßigen Scharfblick.‹ Verärgert und schmerzlich berührt davon, daß seinen Freunden *Finnegans Wake* nicht gefiel, sagte er später, er würde James Stephens das Buch zu Ende schreiben lassen. Viele dieser Absichten wurden nicht in die Tat umgesetzt; Joyce verließ seine Frau nicht, und Stephens, der mehr oder weniger bereit war, das Buch fertigzuschreiben, wurde am Ende rätselhafterweise gar nicht erst dazu aufgefordert. Rückblickend zeigt es sich, daß Joyces unausgesprochenes Motiv, das den meisten – nicht allen – seiner Drohungen zugrunde lag, darin bestand, die Gegenmeinung herauszufordern, um die Drohungen nicht wahrmachen zu müssen. Aber der Drang zur Preisgabe war stets als unmittelbare Möglichkeit vorhanden, er bestärkte ihn zweifellos in der Absicht, bei der Lösung künstlerischer wie persönlicher Probleme den Weg des geringeren Widerstandes zu vermeiden, und ermöglichte so die genau durchdachten und großen Lösungen, zu denen er kam. Er wollte, wie er es von seiner literarischen Arbeit gesagt hat, das Gefühl haben, daß er Schwierigkeiten überwunden hatte.

Es muß versucht werden, diese Verzichtsgesten und die Androhung solcher Gesten, so sehr sie auch Joyce als einen ›Egoarchen‹, wie er Ibsen genannt hat, erscheinen lassen könnten, mit seinen anderen Eigenschaften in Einklang zu bringen. Joyce war, freilich nicht immer in gleichem Maße, gesellig, ein guter Sohn und Bruder, seiner Frau ergeben, väterlich und umgab sich mit Verwandten und Freunden. Seine Briefe an seinen Sohn Giorgio und seine Tochter Lucia zeigen, wie erfinderisch er war, wenn sie niedergeschlagen waren, und eigene, ebenso schwerwiegende Mißhelligkeiten anzuführen wußte, wodurch er sie aufzuheitern gedachte. Nach Stunden der Isolation brauchte er, wie es scheint, die Rückkehr zu den wenigen Menschen, von denen er fühlte, daß sie mit ihm verbunden waren. Dieses Händeschütteln (und Joyce schließt die meisten seiner italienischen Briefe mit *una stretta di mano*) ist in seinem Werk ebenfalls zu spüren und mildert die im engeren Sinne harten Extreme. So macht sich Stephen über seine eigene Geste der Preisgabe lustig, indem er sich mit ›einem Burschen‹ vergleicht, ›der eine Handvoll Erbsen in die Luft schleudert‹[3], so wie sich Lynch über Stephens Flaubertsche Ansicht vom Künstler als einem Gott, der sich die Fingernägel schneidet, lustig macht, indem er bemerkt, daß auch diese ›bis zur Existenzlosigkeit verfeinert‹ werden könnten. Diese komische Infragestellung widerlegt die schönen Reden nicht, lichtet sie aber und bewirkt eine Annäherung, die vorgeblich verschmäht worden war. Die Witze des Rebellen, viele davon auf ihn selbst gemünzt, gestatten ihm die Rückkehr in die menschliche Familie.

Joyces lebenslange Abneigung dagegen, sich öffentlich über sein Werk zu äußern, macht diese Briefe, in denen seine geistige Landschaft sichtbar wird, ungewöhnlich wertvoll. Sie enthalten allerdings nicht mehr als Bruchstücke einer Selbstanalyse, und wir müssen sie selbst untereinander in Beziehung bringen. Gewisse Begriffe kommen so häufig vor, daß sie besondere Aufmerksamkeit beanspruchen. Unter ihnen bietet sich das Wort ›Künstler‹ als Ausgangspunkt geradezu an. Daß Joyce sich selbst als Künstler begriff, geht auf seine frühe Jugend zurück; wenn das *Portrait* für irgend etwas stehen kann, so für die Kontinuität des künstlerischen Temperaments fast von Kindheit an. Er selbst hat diese Berufung offenbar schon bald nach dem Übergang von der Kindheit zur Jugend erstmals in Worte gefaßt. Die Worte ›Künstler‹ und ›Pubertät‹ standen für ihn in einer Beziehung zueinander, auf die in diesen Briefen verschiedentlich hingedeutet wird. Schon mit vierzehn, hat Joyce gesagt[4], begann er ins Bordell zu gehen, anfänglich mit einem heftigen Schuldgefühl. Die Kirche drängte ihn, diese Impulse zu unterdrücken, aber er sah sich dazu nicht in der Lage, und war es im Grunde auch nicht gewillt. In der Beichte fand er Trost und Vergebung, aber keine Billigung. Er war weder gewillt, den geistigen Idealismus, der ihn als Kind erfüllt hatte, aufzugeben, noch die erotische Triebhaftigkeit, die seine Jugend beunruhigte. Wenn er seinem Wesen nach ein ›Wüstling‹ war, und er hat das manchmal von sich gesagt, dann mußte dem Rechnung getragen werden. Das Wort ›Künstler‹, das im späten neunzehnten Jahrhundert mit einer gewissen säkularen Ehrfurcht ausgestattet worden war, versprach einen Beruf, der dem Ganzen seiner Seele – und nicht nur deren idealistischer Seite – Schutz zu bieten und ihr dennoch eine Art profaner Heiligkeit zu geben vermochte. In seiner Vorstellung bezeichnete das Wort etwas Festes, Unitäres und Strahlendes, in dem sich das schwache Fleisch und die moralische Natur zu neuer Reinheit verbanden.

Wie diese Briefe bezeugen, begann Joyce schon in früher Jugend eine Ästhetik zu formulieren, die aus der Relation zwischen Kunst und geistigem Ich hergeleitet war; diese Ästhetik sollte ihn rechtfertigen, indem sie dem Dichter durch ein der Theologie gleichwertiges System den Vorrang vor dem Priester gab. Es sollte gezeigt werden, daß sich der Künstler der Integration menschlicher Erfahrung auf höherer Ebene widmete als der Priester, und zwar ohne äußere oder übernatürliche Autorität, die ihm seine Arbeit erleichtert hätte. Diese bewußte Definition seiner künstlerischen Prinzipien findet in den Briefen ihre Bestätigung durch Joyces stets wiederholte Beteuerung, daß sein eigenes Verhalten vertretbar sei und sogar Anerkennung verdiene. Der Kampf gegen die Konventionen, schreibt er an seinen Bruder, ›wurde von mir nicht so sehr aus Protest gegen diese Konventionen aufgenommen als vielmehr in der Absicht, mein Leben in Übereinstimmung mit meiner moralischen Einstellung zu führen.‹ Verächtlich räumte er ein: ›Es gibt Leute in Irland, die meine moralische Einstellung schief nennen würden, Leute, die meinen, der Mensch hätte nur die eine einzige Pflicht, nämlich seine Schulden zu bezahlen.‹ Er ist nicht weniger moralisch als andere Menschen, sondern hat mehr Moral als sie. Ein Jahr zuvor hatte er an Nora Barnacle geschrieben: ›Vor sechs Jahren trat ich aus der katholischen Kirche aus, die ich glühend haßte. Es war mir aufgrund der Regungen meiner Natur unmöglich, in ihr zu bleiben ... Ich machte mich dadurch zum Bettler, aber ich behielt meinen Stolz.‹ Die Worte ›Natur‹ ›moralische Natur‹ und ›Stolz‹ waren für ihn Aspekte ein und derselben Substanz, der Seele des Künstlers.

Joyce spricht nicht häufig von seiner moralischen Natur, aber daß er sich ihrer ständig bewußt ist, schwingt in den meisten seiner Briefe mit. Das macht es ihm möglich, Grant Richards zu versichern, *Dubliners* sei ›ein Kapitel der Sittengeschichte meines Landes‹. Dieselbe Einstellung liegt der Kritik zugrunde, die er an anderen Schriftstellern übt, wie etwa an Thomas Hardy. Im Dezember 1906 beklagt er sich in einem Brief an seinen Bruder über einen Erzählungsband von Hardy mit dem Titel *Life's Little Ironies*. Er schreibt:

›Eine Geschichte handelt von einem Assisenanwalt, der ein Hausmädchen verführt, und dann von ihr so schön geschriebene Briefe erhält, daß er beschließt, sie zu heiraten. Die Briefe sind von der Herrin des Hausmädchens geschrieben, die den Anwalt liebt. Nach der Hochzeit (Mädchen wird von Herrin nach London begleitet) sagt der Ehemann zärtlich: »Nun, liebe J.K.-S.-etc., schreib doch bitte eine Zeile an meine liebe Schwester A. B.X. etc. und schicke ihr ein Stück vom Hochzeitskuchen. Einen jener hübschen kleinen Briefe, Liebste, wie du sie so schön zu schreiben weißt.« Abgang von Hausmädchen-Gattin. Sie geht hinaus und setzt sich irgendwo an einen Tisch und schreibt vermutlich etwa folgendes: »Liebe Mrs. X. – beigefertigt ein Stück Hochzeitskuchen.« Auftritt Gatte-Anwalt, aufgeräumt. Aufgeräumt sagt er: »Nun, Liebste, wie hast du geschrieben«, und da kommt alles heraus. Hausmädchen-Gattin putzt sich die Nase mit dem Brief und Anwalt stellt die Herrin. Sie gesteht. Eine Seite oder so unterhalten sie sich im Schulbuchton (der deutlich unterschieden ist vom Dito des Hausmädchens). Sie weint, doch er bleibt hart. Näher kommt also T. H. nicht ans Leben heran, frage ich mich? O meine armen flüggen Vögel, armer Corley, armer Ignatius Gallaher! ... Was bei diesen englischen Schriftstellern nicht stimmt, ist, daß sie immer so um die Sache herumreden.‹

In seiner Ablehnung Hardys griff Joyce nicht nur eine erzählerische Form an, sondern die Art, wie etwas gesehen oder eben nicht gesehen wird. Ihm fehlte es bei Hardy an der Unmittelbarkeit, die er sich selbst erarbeitet hatte, indem er nichts akzeptierte, nur weil es früher schon akzeptiert worden war. Folglich war Hardys auf einem konventionellen Gesellschaftsklischee beruhende Charakterisierung seiner Personen falsch. Joyce, der selbst mit einem einstigen Stubenmädchen zusammenlebte, war in besonderem Maße geeignet, die Unwahrscheinlichkeit, die hier vorlag, zu durchschauen. Ebenso verwarf er die ganze Art, wie hier geredet wurde: er nannte das ›Schulbuchton‹. Für Joyce hatte es Hardy an Mut zum Durchbruch gefehlt, und so war er bereits überholt, das moralische Versagen war zu einem literarischen geworden.

In den ersten Jahren im Ausland brachte Joyce künstlerische

Unerschrockenheit mit politischem Bewußtsein in Zusammenhang und nannte sich selbst emphatisch einen ›sozialistischen Künstler‹. Was er unter diesem Sozialismus verstand, ist nie deutlich geworden; er beruft sich eher auf Wilde und Lassalle als auf Marx und hatte die Absicht, Wildes Essay über das Thema ins Italienische zu übersetzen. Er kam Wilde am nächsten in seiner Auffassung vom Sozialismus als einem Mittel zum Schutz der eigenen Person und zur Garantie ihrer Freiheit. Die besonderen gesellschaftlichen Mißstände, die den Sozialismus notwendig machten, waren das System der Eigentumsverteilung, das dem Schriftsteller keine Versorgung zugestand; die Religion mit ihrer unerträglichen Glaubenslast; und die Ehe, die die Eigentumsverhältnisse perpetuierte und die individuelle Freiheit mißachtete. Joyce versteigt sich nicht dazu, die Sache des Sozialismus auf einer abstrakten Ebene zu diskutieren, vielmehr nennt er den reichen und kirchlich getrauten Oliver Gogarty den Inbegriff des ›beschränkten, unredlichen, tyrannischen und feigen Bürgerstandes‹. Gogarty erscheint in diesen Briefen als eine Art mythischer Widersacher, wie Hayley für Joyces Blake, und wenn er später aus ihm ›Buck Mulligan‹ macht, so war das kein Zufall im Moralschema des *Ulysses*.

Joyce zögerte nicht zuzugeben, daß sein Sozialismus persönlichen Motiven entsprang, der Hoffnung, sich selbst eine staatliche Unterstützung verschaffen zu können. Er schrieb an seinen Bruder: ›Manche Leute würden erwidern, daß ich, während ich mich als Sozialist ausgebe, Geld zu machen versuche: aber das stimmt nicht ganz, wenigstens nicht so wie sie es meinen. Wenn ich ein Vermögen machte, wäre es keineswegs sicher, daß ich es auch behielte. Mein Ziel ist es, mir ein verläßliches Auskommen zu sichern, und zwar darum, weil ich nicht glauben kann, daß irgendein Staat Verwendung für die Energie hätte, die ich gegenwärtig an meine Arbeit wende.‹ Stanislaus wandte ein, diese Art Sozialismus sei dünn, und sein Bruder pflichtete ihm unerwarteterweise bei: ›Natürlich findest Du meinen Sozialismus dünn. Das ist er auch, und außerdem schwankend und wenig fundiert.‹ Aber er hält daran fest, daß jedes andere System Tyrannei wäre. Und am 25. Februar 1907 erklärte er schließlich: ›Der Sozialismus und alles andere, wofür ich mich interessierte, ist mir gleichgültig geworden … Ich habe nicht den Wunsch, mich selbst als Anarchisten oder Sozialisten oder Reaktionär zu kodifizieren.‹ Er hat sich nie wieder einen Sozialisten genannt.

Zeitweise fand ein anderes politisches Programm seine Billigung, das des *Sinn Féin*; diese irische Bewegung hatte das Ziel, den Kampf gegen England durch wirtschaftlichen Boykott zu führen, eine Methode, die Joyce mehr zusagte als eine bewaffnete Revolution. Sich dem Dienst in der Armee zu entziehen und England in Unruhe zu versetzen, war beides seiner Ansicht nach gleich wünschenswert. Stünde nicht die Durchsetzung der irischen Sprache auf ihrem Programm, dann könne er sich, wie er sagte, einen Nationalisten nennen. Aber auch dieses Interesse an Sinn Féin ebbte nach kurzer Zeit ab. Es lag ihm im Grunde nicht, sich irgendeiner politischen Partei anzuschließen, aber seinen Kampf gegen eine tyrannische Obrigkeit setzte er auf seine eigene indirekte Weise fort.

Manchmal ist der moralische Ton in Joyces Briefen eher zweideutiger Natur. Zum Beispiel in dem außergewöhnlichen Brief, den er seiner Mutter kurz nach seinem einundzwanzigsten Geburtstag aus Paris schrieb:

›Liebe Mutter, Deine Anweisung über 3s/4d vom letzten Dienstag war sehr willkommen, da ich seit 42 Stunden (zweiundvierzig) nichts gegessen hatte. Heute habe ich zwanzig Stunden nichts gegessen. Aber diese Fastenzeiten bin ich jetzt gewohnt, und wenn ich Geld bekomme, bin ich so verflucht hungrig, daß ich ein Vermögen aufesse (1s/–), bevor einer Messer sagen kann. Ich hoffe, diese neue Lebensweise wird meiner Verdauung nicht schaden. Ich habe weder vom »Speaker« noch vom »Express« Nachricht. Wenn ich Geld hätte, könnte ich einen kleinen Ölkocher kaufen (eine Lampe habe ich) und Makkaroni kochen und mit Brot essen, wenn ich am Ende bin. Ich hoffe, Du tust, was ich in bezug auf Stannie sagte – aber ich bezweifle es. Ich hoffe, der Teppich, der verkauft wurde, gehört nicht zu den neuen Anschaffungen, die Du verkaufst, um mich zu ernähren. Wenn das so ist, verkaufe nicht noch mehr, oder ich werde das Geld postwendend an Dich zurückschicken. Ich glaube, ich tue für mich was ich kann, aber meistens steck ich bis über die Ohren in Schwulitäten. Ich erwarte täglich die Mietrechnung (£ 1–6–0 mit Öl), und dann ist mein Glück vollkommen. Meine Lage ist so nervenaufreibend, daß ich oft nicht vor vier Uhr morgens einschlafe, und wenn ich aufwache, sehe ich sofort unter der Tür nach, ob dort ein Brief von den Herausgebern liegt, und ich sage Dir, wenn ich Morgen für Morgen immer nur den Holzfußboden sehe, dann seufze ich und gehe zurück ins Bett, um etwas von meinem Hunger zu verschlafen. Zu Miss Gonne bin ich nicht gegangen und habe auch nicht die Absicht, das zu tun. Bei äußerster Sparsamkeit werde ich mit Deiner letzten Anweisung bis Montagmittag auskommen (Porto wahrscheinlich ein halber Franc) – dann muß ich vermutlich wieder fasten. Ich bedaure das, da Montag und Dienstag Karnevalstage sind, und ich wahrscheinlich der einzige sein werde, der in Paris hungert. 〈Jim〈

Auf die Rückseite der Briefe schrieb Joyce einige Takte eines ›Upa-Upa‹ betitelten Liedes, das, wie er sagte, ›vor der Königin irgendeiner indischen Insel bei Staatsakten‹ gesungen werde.

Dieser Brief erregt weder ein unmittelbares Mitgefühl noch den Wunsch, in das Lied ›Upa-Upa‹ einzustimmen. Der junge Mann, der ihn schreibt, ist nicht aufopfernd, nicht tugendhaft, nicht vernünftig, wenn er diesen Eigenschaften auch von Ferne zuwinkt. Auf den ersten Blick nimmt man bei dieser Aufzählung seiner eigenen, alles andere übersteigenden Nöte nichts als Selbstmitleid und Herzlosigkeit wahr. Rücksichtslos nutzt er die Tatsache aus, daß die Liebe seiner Mutter groß genug ist, um sich selbst durch diesen Mißbrauch nicht beirren zu lassen. Und doch spürt man Gewissensbisse, plötzlich durchbrechende Momente der Sorge um sie, und es zeigt sich, daß er in mehr als nur geldlicher Hinsicht von ihr abhängig ist, als könne er außerhalb des Zirkels der Familienliebe nicht leben, wie schlimm er sich in diesem Zirkel auch aufführt. Das Postskriptum mit ›Upa-Upa‹ ist eine Art humorvoller Palinodie; er scheint damit sagen zu wollen: ›Mach dir nichts draus. Wir können noch immer singen.‹

Den ganzen Brief hindurch wird betont, daß er für seine Kunst zu fasten habe. Auch in anderen Briefen an sie fordert er von seiner Mutter Zustimmung für seine künstlerischen Pläne, obwohl ihm vollkommen klar ist, daß sie über ihren Verstand gehen, genau so wie er später Ähnliches von seiner noch weniger gebildeten Frau verlangt. Er schreibt, daß er 1907 ein Buch Lieder, 1912 eine Komödie und fünf Jahre darauf eine ästhetische Theorie veröffentlichen werde. ›Das *muß* Dich interessieren!‹ ruft er ihr zu, in der Angst, sie könnte ihn an Stelle eines verhungerten Helden bloß für einen Hungerleider halten. Ihre Antwort auf viele solcher Bitten ist eine nüchterne Bescheinigung mütterlicher Liebe: ›Mein lieber Jim wenn du von meinem Brief enttäuscht bist und wenn es mir wie gewöhnlich nicht gelingt zu verstehen was du erklären möchtest, glaube mir das kommt nicht daher daß mir der sehnliche Wunsch fehlt dich zu verstehen und die Worte zu sprechen die du willst sondern ich bin wie du so oft gesagt hast dumm und kann nicht die großen Gedanken erfassen die Du hast so sehr ich es auch wünsche. Verzehre deine Seele nicht mit Tränen sondern sei wie sonst tapfer und sieh hoffnungsvoll in die Zukunft.‹ Auf seine Schroffheit und die Verteidigung dieser Schroffheit durch den Hinweis auf seine Kunst und auf den gedämpft apologetischen Ton in den Briefen ihres Sohnes, erwiderte May Joyce mit makelloser Schlichtheit.

Die unterdrückte Grausamkeit in Joyces Brief ging ganz damit überein, daß er sich der Schwierigkeiten bewußt war, die ihn in dem von ihm gewählten Leben erwarteten. In seiner privaten Phantasmagorie, die er nie ganz abtat, nur später weniger brauchen konnte, sah er die Welt als Riesen und sich selbst als Däumling. Er mußte sich ihr entziehen, sich in Pola und Triest verbergen und Pläne schmieden (in ›Schweigen, Verbannung und Gerissenheit‹),[5] und eines Tages würde die Welt zu seinen Füßen zusammenstürzen. Der Weggang von Irland war ein Schritt nach dieser Strategie. Er war zweifach gerechtfertigt: einmal, vom höheren Standpunkt aus, durch Rousseaus Wort: ›Wenn man dem wahren Wohl des Vaterlandes seine Bücher widmen will, darf man sie nicht in dessen Schoß abfassen.‹[6] Joyce formulierte das auf seine Weise um: ›Der kürzeste Weg nach Tara führt über Holyhead‹.[7] Als ein Parnell der Kunst wollte er ›endlich in der Seele dieses elenden Volkes ein Gewissen erschaffen‹. In einem Brief an seine Frau sagte er 1912 voraus: ›Ich hoffe, der Tag wird kommen, an dem Du, wenn ich in mein Königreich Einzug gehalten habe, den Ruhm an meiner Seite teilen kannst.‹ Seine Metaphern vom Weggang evozierten ausgleichende Metaphern der Wiederkehr, die sich nicht nur in seinen Reisen nach Dublin verwirklichten, sondern auch in der ironischen Heimkehr der *Exiles*, in der ›ewigen Wiederkehr‹ von *Finnegans Wake* und darin, daß fast sein gesamtes Werk von irischen Orten und Geschehnissen erfüllt ist.

Der zweiten Rechtfertigung seines Weggangs lag weniger eine unabhängige Entscheidung als eine Gegenreaktion zugrunde.

Joyce hatte das Gefühl, von seinen Landsleuten ›verraten‹ worden zu sein, nicht von allen, natürlich, aber von denen, auf die er sich verlassen zu können geglaubt hatte, von seinen Freunden. Der Brief, den er mit achtzehn an Ibsen schrieb, deutet bereits an, daß er aus dieser Ecke Schwierigkeiten erwartete und entschlossen war, dem Beispiel seines Meisters zu folgen und ›völlige Gleichgültigkeit‹ ihnen gegenüber an den Tag zu legen. Aber völlige Gleichgültigkeit war nicht seine Sache. In gewissen Augenblicken gab er zu, daß seine Entscheidung nicht durch das Verhalten seiner Freunde veranlaßt worden war; an seinen Bruder schrieb er, ›daß es ein jugendlich übertriebenes Mißbehagen an den Verhältnissen war, das mich dazu trieb, ihre Falschheit mir gegenüber herauszustreichen, um das als Vorwand für meine Flucht zu benutzen.‹ Man kann sogar sagen, daß er, ohne es bewußt darauf angelegt zu haben, den Verrat suchte. Er stellte, wie um den Boden vorzubereiten, große Anforderungen an seine Freunde, und während er auf seiner eigenen Handlungsfreiheit bestand, engte er die ihre ein, um sie, wie er selbst es genannt hat, in den ›daedalischen Bann‹ zu ziehen. Er stellt ihre Treue auf die Probe, indem er sie zu seinen Gläubigern machte, sich ihnen aufhalste und ihre Reaktionen auf seine Arbeiten und Handlungen hören wollte. Er stellte immer größere Forderungen. Seine Freunde waren wie seine Leser, die ein schwieriges Werk nur zu akzeptieren brauchten, um eines noch schwerer zu akzeptierenden gewärtig zu werden, an dem er gerade arbeitete – und das in zunehmend sich komplizierender Folge. Sie ihrerseits hatten noch nie jemanden kennengelernt, der sie so mit Beschlag belegte, der einerseits für ihre Fähigkeiten nur Verachtung übrig hatte und dem andererseits so viel an ihrer Ergebenheit gelegen war. Ihre eigene Individualität schien durch Joyces ruhige Hartnäckigkeit gefährdet. Als ihr Widerstand sich verstärkte, nahm Joyce das als unvermeidlich hin; daß die Freundschaft, die er von ihnen forderte, jedes Maß überstieg, ließ er nicht gelten. Doch seine eigenen Zweifel daran, daß sie an ihr festhalten würden, trugen zu dem Versagen bei, über das er sich dann beschwerte.

Zuweilen gestand er ein, daß er selbst ein bißchen mit Schuld sein könne, und dieses Eingeständnis, so selten derlei aus seinem Munde auch kam, stützt seinen Anspruch, daß er sich, wenn nötig, von seinen Vorurteilen freimachen könne. Er gab Nora Barnacle gegenüber zu, daß ›Mißtrauen und Verachtung‹ in seiner

Natur lägen. Ferner machte sein Habitus, sich schlimmer zu geben, als er es in Wirklichkeit war, denjenigen, die ihn verlassen wollten, Mut zu einem solchen Schritt. Bevor er 1904 Dublin mit ihr verließ, räumte er ein, daß er ›etwas Teuflisches‹ in sich habe, ›das mich Spaß daran haben läßt, die Meinung anderer über mich zu zerstören, und ihnen zu beweisen, daß ich in Wirklichkeit selbstsüchtig, stolz, gerissen und rücksichtslos gegen andere bin.‹ Aber sogar wenn er sich verunglimpfte, war er auf Billigung seines Charakters aus. So schrieb er in einem Wutausbruch an seinen Bruder: ›Meine Haltlosigkeit kann leicht als Entschuldigung für Dein Verhalten geltend gemacht werden.‹ Andere, mit mehr Fehlern als er, hätten sich so offen nicht zu äußern gewagt. Er braucht, sich selbst erniedrigend, nur zu fragen, habe ich mehr auf dieser Welt verdient als Verbannung? und schon ändert die Frage sich in: habe ich weniger als das verdient? als wolle er fragen, wer wollte etwas anderes als ein Ausgestoßener sein?

Seine Ironien, kann man daher sagen, wetteifern miteinander. Am einen Ende der Skala filtert er Selbsterniedrigung durch das Sieb des Spotts; am anderen nähert er sich der Größe, spürt sie an Pomphaftigkeit angrenzen und wendet sich abrupt ab. Er schrieb an seinen Freund Alessandro Francini Bruni in Triest, um ihm mitzuteilen, wie überschwenglich Valery Larbaud den *Ulysses* gelobt habe, und schließt dann zwinkernd: ›*Son diventato un monumento – anzi vespasiano!*‹ (›Ich bin ein Monument geworden – vielmehr ein Vespasian!‹)[8] Als er seinem Bruder verkündete, sein Aufenthalt in Triest sei ein ›freiwilliges Exil‹, meinte er, was er sagte, wenn auch das Wort ›freiwillig‹ vor ›Exil‹ dem wahren Sachverhalt ein wenig auswich. Aber als er seine Flucht mit Nora Barnacle von Dublin nach Pola eine ›Hegira‹ nannte, hatte die Selbstironie die Oberhand gewonnen.

Der Titel seines autobiographischen Romans brachte das Problem mit sich, zwei Haltungen, die er durchgängig sich selbst gegenüber einnahm, miteinander in Einklang bringen zu müssen. Er hatte ihn, vielleicht in ironischer Anspielung auf Byrons *Childe Harold*, gleichzeitig aber auch auf die Ballade ›Turpin Hero‹ *Stephen Hero* genannt, doch das Aufschneiderische dieser archaisch umgestalteten Bezeichnung machte ihn mit der Zeit unsicher – sie war ihm zu skeptisch für den dem Buch eigenen Hochmut. Aus seinen Briefen geht hervor, daß er viel über diese Sache nachgedacht hat. Er stellte Stanislaus gegenüber nüchtern fest: ›Ich bin … überzeugt, daß das ganze Gebäude des Heroismus eine verdammte Lüge ist und immer war, und daß es für die Leidenschaft des Einzelnen als der treibenden Kraft von allem – einschließlich Kunst und Philosophie – keinen Ersatz geben kann.‹ Alles Gerede über Selbstlosigkeit und soziale Funktion sei dummes Zeug. Die Antwort auf ein Kompliment über seine Standhaftigkeit inmitten aller Widrigkeiten war: ›Ich höre nicht gern von versprengten Heldenmachern, die auf der Jagd nach mir sind.‹ Doch die Frage wurde so leichtfertig nicht abgetan. Er hatte 1900 an Ibsen geschrieben, die Eigenschaft, die er am meisten an ihm bewundere, sei sein ›innerer Heroismus‹, der zum einen den ›willentlichen Entschluß, dem Leben sein Geheimnis zu entringen‹, in sich schließe und zum anderen ›die völlige Gleichgültigkeit gegen kanonisierte öffentliche Maßstäbe der Kunst, gegen Freunde und Schibboleths‹. Als er nun wieder an Stanislaus schrieb, stellte er die Frage: ›Findest Du es nicht verdammt vulgär, sich auf die Suche nach Heroen zu machen – und doch, wie soll man Ibsen anders nennen?‹ Das Ergebnis dieser Überlegungen war, daß er den Titel seines Romans in *A Portrait of the Artist as a Young Man* änderte, – ein Titel, der wohl weniger leicht mißdeutet werden konnte, wenn auch die Bezeichnung ›junger Mann‹ (wie er Dámaso Alonso schrieb) humorvoll gemeint war, insofern sie sich auf das Kind auf der ersten Seite bezog.

Joyce sah sich selbst als Helden, hielt es aber nicht für ratsam, das explizit zu sagen; er hielt sich in mancher Beziehung auch für einen Märtyrer, aber wie üblich scheint er in der Art, wie er das sagt, die Vorstellung eher von sich zu weisen. In bezug auf seine Christus-Ähnlichkeit schrieb er an seinen Bruder: ›Ich muß etwas von diesen jüdischen Eingeweiden loswerden, die ich immer noch in mir habe.‹ Und in einem anderen Brief heißt es: ›Es ist unwahrscheinlich, daß ich an Schüchternheit sterben werde, aber ebenso bin ich nicht bereit, mich kreuzigen zu lassen, um die Vollkommenheit meiner Kunst unter Beweis zu stellen.‹ Das Bild gefiel ihm, und ein Jahr später bemerkte er noch einmal: ›Ich habe durchaus genug geschrieben, und bevor ich in dieser Hinsicht weitermache, muß ich wenigstens einen gewissen Grund dazu sehen – ich bin kein Jesus Christus der Literatur. Aber eine dreifache Zurückweisung der Krone ist weniger überzeugend als eine einmalige. Was immer er in der kühlen Verpackung der Briefe mitteilen mochte, Joyce war fasziniert von den Analogien zwischen Christus und dem Künstler und entwickelte sie im *Portrait* ausführlich. Ein starkes Gefühl der Aufopferung stärkte ihn bei seinem Kampf, im Süden Europas literarisch Fuß zu fassen, während er in Pola Moskitos verjagte, Triestinern eine fremde Sprache einzuimpfen versuchte und anderer Leute Schecks in Rom einlöste. Aber er unterspielte das mit Bescheidenheit, indem er scherzhaft oder grimmig auf seine Fehler und sein Versagen verwies.

Seine Einstellung den eigenen Büchern gegenüber war ähnlich gemischt aus Zurückhaltung und Selbstreklame. Der enorme Stolz des Künstlers ging überein mit enormen Anstrengungen. Er ließ die Besprechungen seiner Bücher drucken und verschickte sie mit schneidender Förmlichkeit an mögliche Rezensenten. Er ließ sich nicht dazu herab, seine eigenen Arbeiten zu erläutern, aber in Briefen und Gesprächen legte er, wie er Harriet Shaw Weaver sagte, die Prinzipien dar, nach denen *Ulysses* in der Folge interpretiert wurde. Im Fall von *Finnegans Wake* ging er ähnlich geschickt vor. Es gab frühere Unternehmen dieser Art, in denen sich Selbstrechtfertigung und Werbung mischten, wie etwa seinen 1911 an die Presse gerichteten Brief, in dem er sich darüber beklagte, daß Verlage die mit ihm geschlossenen Verträge über *Dubliners* wegen der ungeschminkten Direktheit des Buches gebrochen hätten. Dazu gehört auch sein offener Brief vom Jahr 1919, in dem er gegen die üble Behandlung durch den britischen Generalkonsul in Zürich protestierte. In seinem 1928 erhobenen Protest gegen den Raubdruck des *Ulysses,* dem sich einhundertundfünfzig namhafte Persönlichkeiten anschlossen, verband sich höchst geschickt öffentliche Werbung mit hohen geistigen Prinzipien. Er konnte sich nie vorstellen, daß seine Bücher populär, oder populär genug, waren, und er fühlte sich berechtigt, mit allen ihm zur Verfügung stehenden Mitteln gegen die mittelständlerische Trägheit und Feindseligkeit anzugehen.

Manchmal vollzogen sich seine Briefkampagnen außerhalb des literarischen Bereichs. Dazu gehörte sein Eintreten für den Tenor John Sullivan, in dem Joyce eine Art alter ego sah. Bei anderen ging es um Projekte, reich zu werden, so etwa als er versuchte, irischen Tweed in Triest einzuführen, ein Lichtspieltheater in Dublin zu gründen oder in Zürich eine Theatergruppe zu organisieren. Diese Projekte spielten in Joyces Vorstellung eine ähnliche Rolle wie die sardinischen Silberminen bei Balzac, und wie aus diesen wurde daraus nichts, obwohl die Ideen ebenfalls gut waren. In diesen Unternehmungen legte er eine Mischung aus Unverfrorenheit und innerer Beteiligung, Bittstellerei und Reserviertheit an den Tag.

Diese Mischung kennzeichnete auch seine Briefe und findet in ihnen eine gewisse Erklärung. Joyce erschien oft kühl und zurückhaltend, aber nach seiner eigenen Ansicht waren diese Eigenschaften weniger grundlegend als andere. Er selbst hielt sich besonders gern für zerbrechlich und verwundbar. Hat man diesen Aspekt seines Selbstporträts einmal erfaßt, dann ordnen sich andere Elemente ein und nehmen Gestalt an. Das ›Rätsel einer Manier‹, von dem er im ersten Entwurf des *Portrait* sagt, daß er es bewußt herstelle, läßt sich als einen Versuch, sich selbst zu schützen, verstehen. ›Siehst du die Einfachheit nicht, die hinter allen meinen Verkleidungen steckt? Wir alle tragen Masken‹, schreibt er an Nora Barnacle, und es behagt ihm, wenigstens zeitweise, wenn sie seine ›großspurigen Posen‹ durchschaut und in ihm den ›Schwindler‹ erkennt. Seine Schroffheiten sind, wie sich zeigt, Versuche, eine Schwäche zu überwinden, deren Opfer er so leicht, wie er weiß, werden kann, und die Methode seiner Prosabücher liegt ehe darin, daß er das Universum absorbiert als daß er sich ihm stellt; Stück für Stück scheint er es in sich hineinzusaugen, und die Imagination begreift er als einen Mutterschoß.

Joyce hielt sich gern für schwach und andere für stärker. Wie Shem haßte er ›anything anyway approaching a plain straightforward standup or knockdown row.‹[9] Männer waren körperlich und Frauen geistig stärker. ›Ich bin so hilflos heutnacht, hilflos, hilflos!‹ schreibt er seiner Frau, und in dem Gedicht ›A Prayer‹ fleht er: ›Take me, save me, soothe me, O spare me.‹[10] Diese Haltung nimmt er seiner Frau gegenüber in den Briefen gewöhnlich ein, und das ist um so erstaunlicher, als man eine solche Haltung eher von ihr ihm gegenüber erwartet hätte. Die Briefe an Nora Barnacle Joyce, aus denen diese Situation unmißverständlich erhellt, sind psychologisch die wichtigsten in diesen Bänden; sie führen Schritt für Schritt zur Selbstpreisgabe, als handele es sich um eine Art Ultima Thule.

Zunächst ist ihr Ton unbeschwert, mit einer Beimischung jenes ›angenommenen Donjuanismus‹, den er dem jungen Shakespeare nachsagte. Aber im Laufe des ersten Monats nach Beginn ihrer Bekanntschaft nehmen die Briefe eine gewisse Feierlichkeit an. Sie soll seine Geliebte werden, gewiß, aber noch mehr scheint ihn etwas anderes zu beschäftigen, daß nämlich sie seine Mitverschworene gegen die etablierte Ordnung werden müßte. ›Mein Denken lehnt die ganze gegenwärtige soziale Ordnung und das Christentum ab – das Elternhaus, die anerkannten Tugenden, Klassenunterschiede und religiöse Doktrinen‹, schreibt er ihr im August 1904. Seine Unnachgiebigkeit gegenüber der Welt und seine Unterwerfung unter sie stehen in einem Wechselverhältnis. Ihre Flucht darf nichts Mutwilliges an sich haben, sie muß qualvoll sein, Zeichen und Omen seines künftigen Werkes. Es war ihm klar, daß seine Beziehung zu Nora Barnacle für seinen Vater und für viele seiner Freunde eine Mesalliance war. Obwohl er vorgab, gegen deren Kritik unempfindlich zu sein, sagte er ihr: ›Das geringste Wort von Ihnen wirbelt mein Herz um und um wie einen Vogel der Sturm.‹ Aber wie Heine, sagt er, und andere, deren Namen zu nennen er sich nicht die Mühe macht, hatte er den Mut zu sehen, daß die Welt hierin wie auch in anderem im Unrecht war. Weil sie arm war und ihn liebte, wurde Nora die verbannte Geliebte eines verbannten Künstlers. ›Mir schien es, als führte ich Krieg für Dich gegen alle religiösen und sozialen Kräfte in Irland und wäre dabei ganz auf mich allein gestellt.‹ Das Stubenmädchen und der verlorene Sohn konnten darüber ein Paar werden; die Schmach war etwas, in das sie sich teilen konnten wie in die Freuden des Bettes.

Joyces Liebe zu Nora Barnacle nahm rasch zu, wenn Nora sich auch beklagte, daß sie hinter der ihren zurückbliebe. Er war bereits unbewußt dabei, seine Aktivität aufzugeben und die Rolle des Passiven zu übernehmen. ›Erlaube mir, liebste Nora‹, schrieb er ihr, ›Dir zu sagen, wie sehr es mein Wunsch ist, daß Du alles Glück, das mir zufallen mag, mit mir teilst, und Dir zu versichern, wie sehr ich Deine Liebe achte, die ich zu verdienen und zu erwidern hoffe.‹ Das Wort ›Liebe‹ forderte alle seine Zweifel heraus, Zweifel an seiner eigenen Aufrichtigkeit, Zweifel an dem Gefühl selbst. Von ›geistiger Liebe‹ zu reden, schrieb er Stanislaus, wäre ›verlogenes Gesäbere‹, wiewohl er einige Jahre später den Ausdruck ohne Ironie verwendete. Aber er war, wie er sagte, tief beeindruckt von der uneingeschränkten Neigung, die ihm Nora Barnacle entgegenbrachte, und davon, daß sie sie ohne jene Sprödigkeit zum Ausdruck brachte, die er bei Mädchen seines Alters meinte erwarten zu müssen. ›Ich konnte nie mit den Mädchen reden, die ich bei Leuten kennenlernte‹, schrieb er ihr später. ›Ihr falsches Gehaben hemmte mich von vornherein.‹ Stephen Dedalus schildert Shakespeare als ebenso scheu. Wenn Nora ungebildet war, so war sie eben auch unverdorben, eine ›einfache redliche Seele‹ und ›zu keiner der Verstellungen imstande…, die heute als Moral gelten‹. Es war für ihn, der wußte, was für komplizierte Tricks er den meisten Menschen gegenüber anwendete, sehr wichtig, in ihr jemanden zu haben, dem er vertrauen konnte. Seine Zurückhaltung, sein Bestreben, die eigene Würde zu wahren, spielen in fast allen übrigen Beziehungen zu Menschen eine Rolle. Gegen Miß Weaver, zum Beispiel, scheint er sich nicht nur höflich verhalten zu wollen, sondern auch darauf zu achten, daß er ihr, der englischen Protestantin aus dem Mittelstand, mit gehörigem Dekorum begegnet. Eine gewisse Liebenswürdigkeit kommt ohne sein Zutun, aber fast gegen seinen Willen, durch. Bei Nora war, wie sonst nirgends, die Möglichkeit völliger Selbstoffenbarung gegeben, eine große Wohltat für einen argwöhnischen Mann. Sie war für ihn mehr als Frau und Geliebte; sie war ein Drittes, Symbol nämlich für Irland, und ein echteres als Yeats' Maud Gonne. In ihr sah er, wie er sagte, ›die Schönheit und Verdammnis des Volkes, dessen Kind ich bin‹, und er bat sie: ›Oh nimm mich auf in das Innerste Deiner Seele, und dann werde ich wahrlich der Dichter meines Volkes werden.‹

Diese Selbsthingabe fiel ihm nicht leicht. Joyce mußte Phasen des bloßen Amüsiertseins, der Verwirrung, der Langeweile und sogar des Mißtrauens durchmachen. Das Mißtrauen war es natürlich, das am schwersten wog. Auf seiner ersten Reise nach Dublin im Jahre 1909 wollte man ihm fälschlich glauben machen, Nora wäre ihm in den ersten Monaten ihrer Liebe, in einer Zeit also, die für ihn geheiligt war, untreu gewesen. Nach ein paar Tagen klärte sich die falsche Beschuldigung auf, und er hatte große Schuldgefühle, weil er sie so verkannt hatte. Seine ersten Briefe waren voller Gewissensbisse: ›Was für ein nichtswürdiger Bursche bin ich!‹ Aber allmählich versuchte er, dem Vorfall eine Wendung ins Positive zu geben, indem er noch intimer mit ihr wurde. Seine Briefe wurden zu einem turbulenten Gemisch aus erotischen Phantasien und Entschuldigungen für dieselben, wobei die Entschuldigungen von einer ähnlich aufs Äußerste zielenden Anbetung getragen waren. Seine Beziehung zu ihr mußte alle seine Zerwürfnisse mit anderen Menschen aufwiegen. In einer geistigen Liebe zu Partnern geworden, mußten sie jetzt zu onanistischen Komplizen werden, die einander durch ihre Briefe sexuell bis zum Höhepunkt erregten. Auf diese Weise erneuerte Joyce das konspiratorische und leidenschaftliche Einverständnis, das sie gehabt hatten, als sie Irland gemeinsam verließen.

In diesen Briefen von 1909 und 1912 zeigt sich Joyce von stärkerer Intensität erfüllt als in allen anderen. Oft verschiebt er in ihnen seine üblichen Attitüden auf eine andere Ebene; er bittet sie nicht um mehr Geld, wie er das bei anderen tut, sondern um mehr Beweise ihrer Zärtlichkeit. Er weist sie ständig auf seine Kunst hin und verbindet das häufig mit Zeichen seiner Liebe: das erste Geschenk, das er ihr aus Dublin mitbringt, ist ein Halsband, in das ein Vers aus einem seiner Gedichte graviert ist, und das nächste ist ein mühselig auf Pergament geschriebenes Manuskript der *Chamber Music*. Seine Kunst ist das erhabene Gegenstück jener tieferen Wesensart, die er auf andere Weise nur ihr gegenüber enthüllt. Und er verbindet sein Flehen mit sanften Zurechtweisungen, schilt sie, weil sie ihn schilt. Sie sei zu hart mit ihm, härter als er es verdiene. Einen anderen Ton anschlagend, weidet er sich gelegentlich daran, die eigenen Fehler einzugestehen, einschließlich seines Verkehrs mit Prostituierten, indem er sie sich vorstellt, wie sie noch gnadenloser mit ihm verkehrt, etwa ihn peitscht, wie die Damen bei Sacher-Masoch, und das, damit am Bild nichts fehle, im Pelz. ›Du hast mich vollkommen in deiner Macht‹, erklärt er ihr genießerisch, erfreut darüber, daß er, unter ihrer Peitsche, ihre ganze, ungeteilte Aufmerksamkeit beansprucht. Und dann, um ihrer beider Unschuld wiederherzustellen, hängt er sich an sie, als wäre sie eine Mutter, und sehnt sich danach, ihr Kind zu sein oder gar ungeboren in ihr zu liegen: ›Nimm mich in das dunkle Heiligtum deines Schoßes. Beschirme mich, Liebe, vor Leid!‹

Doch ein Teil des Mißtrauens bleibt: er kann nie ganz ihre unaufhebbare Andersartigkeit begreifen. Wieder kommt der Argwohn durch: ›Bist du auf meiner Seite, Nora, oder bist du heimlich gegen᾽ mich?‹ In seiner sanftesten Form kann dieses Gefühl ihn, ähnlich John Donne, zu einer fast anmutigen Neugier stacheln: er will wissen, was ihr Körper getrieben hat, bevor sie sich kennenlernten, aber es gelingt ihr nicht, ihn ganz zu beruhigen: ›Bestimmt gibt es in Galway nettere Burschen als Deinen armen Liebsten, aber oh, Liebling, *eines* Tages wirst Du sehen, daß ich in meinem Lande etwas bin.‹ Und drei Jahre später schreibt er ihr: ›Können Dein Freund in der Sodawasser-Fabrik oder das Pfäffchen meine Gedichte schreiben?‹ Er betet sie an als ›meine schöne wilde Heckenblume, meine dunkelblaue regendurchnäßte Blume‹ und vergleicht sie mit der heiligen Jungfrau, um dann seine romantische Schwärmerei dadurch zu entweihen, daß er sie seinen ›Fickevogel‹ nennt. Im einen Augenblick ist er ein Engel, im nächsten ein Bock und wieder retour. Er brüstet sich gern mit seiner Prüderie Männern gegenüber, bei deren dreckigen Geschichten er nicht einmal lächelt, um seine Unverblümtheit ihr gegenüber als etwas Heimliches aufzuwerten, und um darauf hinzudeuten, daß diese erotische Singularität ein Beweis ist für seine innere Unschuld.

Es herrscht hier kein katholisches Schuldgefühl, aber gewiß auch keine heidnische Unbekümmertheit. Er fühlt sich gezwungen, Bilder der Reinheit gegen Bilder der Unreinheit zu setzen. Er läßt sich über die Verbindung der Sexualorgane mit den Fäkalischen aus, hat dann, obwohl er bei Spinoza die gelehrte Sanktion dafür fand, Bedenken, sie könnte ihn für verdorben halten, möchte aber doch zugleich, daß Verderbtheit ebenso sehr ein Teil ihrer Liebe sei wie Unverderbtheit. ›Bist also Du auch wie ich‹, fragt er erwartungsvoll, ›einen Augenblick hoch in den Sternen, im nächsten niedriger als die niedrigste Kreatur?‹ Beide müssen gleichermaßen schamhaft und rückhaltlos in ihrer Schamlosigkeit sein.

Diese Briefe in ihrem Freimut können psychologisch leicht mißverstanden werden. Sie waren in der Absicht geschrieben, ihm selber sexuelle Befriedigung zu bringen und das gleiche in ihr auszulösen, und gelegentlich sind sie auf Absonderlichkeiten des Sexualverhaltens fixiert, von denen sich manche technisch als pervers bezeichnen ließen. Es zeigen sich darin Züge von Fetischismus, Analerotik, Paranoia und Masochismus, aber bevor wir Joyce in diese Kategorien einordnen und ihn ihrer Herrschaft ausliefern, müssen wir uns daran erinnern, daß er sie alle in seinem Werk als Circeische Lockungen lächerlich zu machen, sie in Routinestücke des Vaudeville zu verkehren vermochte. Außerdem verbieten die Briefe selbst eine solche sich anbietende Etikettierung durch die Absicht, die sie letztlich verfolgen; über den unmittelbaren physischen Bezug hinaus war es Joyces Ziel, die Liebesempfindung zu zergliedern, zu rekonstituieren, zu kristallisieren. Er geht sogar noch weiter; wie Richard Rowan in *Exiles* will er die Seele seiner Frau besitzen und will, daß sie die seine besitzt, in äußerster Nacktheit. Einen anderen Menschen jenseits von Liebe und Haß, jenseits von Eitelkeit und Zerknirschung, ja beinah jenseits dessen, was dem Menschen möglich ist, zu kennen, das ist sein übermäßiges, zügelloses Verlangen.

In späteren Jahren schrieb Joyce offenkundig in ähnlichem Stil an Nora, aber mit mehr Gefühl für menschliche Schranken. Ihre Beziehung führte nie zu dem vollen gegenseitigen Verstehen, das er angestrebt hatte. Der einzige noch vorhandene Brief von Bedeutung ist der, den er ihr im April 1922 schrieb, als sie ihre beiden Kinder gegen seinen Willen nach Galway mitgenommen hatte. Sie scheint gesagt zu haben, sie werde nicht mehr zurückkehren, und bat ihn dann brieflich um Geld, um bleiben zu können. Er antwortete:

›8.30 vorm. Donnerstag

Mein Liebling, meine Liebste, meine Königin: Ich springe aus dem Bett, um Dir dies zu senden. Dein Telegramm ist 18 Stunden später als Dein Brief abgestempelt, den ich eben erhalten habe. Einen Scheck für Deinen Pelz schicke ich Dir in ein paar Stunden, und auch Geld für Dich. Wenn Du dort bleiben möchtest (da Du mich bittest, Dir wöchentlich zwei Pfund zu schicken), werde ich Dir diesen Betrag (£ 8 und £ 4) für Miete am Ersten jeden Monats schicken. Aber Du fragst mich ebenfalls, ob ich mit Dir nach London gehen würde. Ich würde überall in der Welt hingehen, wenn ich sicher sein könnte, daß ich dort mit Dir, Liebste, allein wäre, ohne Familie und ohne Freunde. Entweder dies geschieht oder wir müssen uns für immer trennen, wenn es mir auch das Herz bricht. Offenbar ist es unmöglich, Dir die Verzweiflung zu beschreiben, in der ich mich befinde, seit Du fort bist. Gestern hatte ich im Laden von Miss Beach einen Ohnmachtsanfall, und sie mußte laufen, um mir irgendeine Arznei zu holen. Ich trage Dein Bild immer in meinem Herzen. Wie freut es mich, zu hören, daß Du jünger aussiehst! O meine Liebste, wenn Du Dich doch nur jetzt zu mir kehren und das schreckliche Buch lesen wolltest, das mir das Herz in der Brust jetzt gebrochen hat, und mich zu dir nähmest, allein, um mit mir zu machen, was Du willst! Ich habe nur 10 Minuten Zeit für diese Zeilen, verzeih mir also. Werde vor Mittag noch einmal schreiben und auch telegraphieren. Im Augenblick nur diese wenigen Worte, und meine unvergängliche, unglückliche Liebe.   JIM‹

Dieser Brief, geschrieben, als sich der große Erfolg des *Ulysses* anbahnte, ist humorlos und traurig wie fast alle Liebesbriefe von Joyce. In ihm drückt sich die alte Ergebenheit des Untertanen der Königin gegenüber aus, aber wie gewöhnlich ist es der Untertan, der den königlichen Schatz verwaltet. Er brennt immer noch darauf, wie vor fünfzehn Jahren, ihr einen Pelz zu kaufen. Jedes Anzeichen von Schwäche impliziert eine Grenze: er bittet um mehr Zärtlichkeit, ist aber immer noch imstande, mit endgültiger Trennung zu drohen, wenn sie ihm verweigert wird. Sein Herz ist gebrochen, also muß sie sein Buch lesen. Seine ›unvergängliche, unglückliche Liebe‹ und sein physischer Zusammenbruch sind Beweise seiner Abhängigkeit von ihr, aber gleichzeitig kommt in ihnen eine eigentümliche Selbstachtung zum Ausdruck. Bei allen Beteuerungen seiner Kapitulation, beherrschte Joyce *diese* Szene doch völlig.

Ein vollständigeres Bild seiner geistigen Verfassung, wenn auch nicht seiner Empfindungen, läßt sich aus seiner einseitigen und recht abergläubisch-timiden Liaison mit Martha Fleischmann in den Jahren 1918 und 1919 in Zürich gewinnen. Joyce schrieb dieser jungen Schweizerin eine ganze Reihe von Briefen, von denen vier noch existieren. In ihrem Stil imitieren sie, wenn auch nicht in gleicher Intensität, den Ton, den er seiner Frau gegenüber anschlug; er sucht Mitleid zu erregen, mit vielen Anspielungen auf seine körperliche Schwäche, und er wirft sich vor Martha in den Staub. Obschon er wohl wußte, daß Frauen nicht unbedingt für Annäherungsversuche dieser Art empfänglich sind, scheint Joyce außerstande gewesen zu sein, sich anderer zu bedienen. In den Briefen macht er Martha zu seiner heiligen Jungfrau und Madonna, wie früher Nora: er fragt sie, ob sie Jüdin sei, bittet sie aber, darüber nicht beleidigt zu sein, da ja Jesus von einer Jüdin geboren worden sei. Und durchgängig macht er auf seine Kunst aufmerksam, so in der etwas ungenauen Bemerkung, daß er, mit fünfunddreißig, im gleichen Alter sei wie Dante, als er die *Göttliche Komödie* begann, und Shakespeare, als er das Verhältnis mit der dunklen Dame der Sonette hatte. In Wirklichkeit war er sechsunddreißig.

Joye wußte, daß sein Verhalten absurd war, aber es war nie seine Art gewesen, eine Sache aufzugeben, nur weil er damit möglicherweise eine Torheit beging, und es besteht keine Veranlassung, an der Behauptung in einem dieser Briefe zu zweifeln, daß er ihretwegen schlaflose Nächte verbrächte. Daß die Affäre jedoch im verborgenen bleiben sollte und er sich ihr also auch nicht gänzlich ergab, zeigt sich an der Vorsicht, mit der er seine Handschrift verstellte und, wie Bloom im *Ulysses* in seinem Brief an eine andere Martha, griechische e's verwendete. Aus der ganzen Geschichte wurde nie etwas Rechtes: die Briefe – und Zeugnisse anderer – lassen erkennen, daß Joyce viel Zeit darauf wandte, Martha Fleischmann durchs Fenster zu beobachten und daß das Hauptvergnügen, das er dabei hatte, wahrscheinlich, wie bei Earwicker im Phoenix Park, ein voyeuristisches war. Er trug später dem Komischen dieser Situation Rechnung, indem er Bloom eine ähnliche Geschichte erleben ließ, die darauf hinausläuft, daß Gerty McDowell, wie Martha Fleischmann, hinkt. Auch halten Männer in der nahe gelegenen Star-of-the-Sea-Church eine Andachtsübung ab, und die Gebete an die Jungfrau werden auf amüsante Weise mit Blooms profaner Verehrung für Gerty kontrastiert. Joyce seinerseits scheint in den Briefen an Martha unanständige Wörter verwendet zu haben, und in seinem Verhalten mischten sich ebenfalls Abstandnahme und Leidenschaft.

Wenn er später seine Empfindungen parodiert, beweist das nicht, daß sie ursprünglich nicht echt waren, und es ist unwahrscheinlich, daß ihm damals zum Lachen zumute war. Aber obschon Joyce damals, als er zögernd bei einer anderen Frau Halt suchte, seinen Sinn für das Komische suspendierte, zum Schutz vor einer möglichen Demütigung muß er dennoch in Reserve gewesen sein, um schließlich, als seine ursprünglichen Gefühle sich verflüchtigt hatten, durchzukommen und die amouröse Niederlage in einen künstlerischen Sieg zu verwandeln.

Das Auf und Ab in Joyces Liebesbriefen wird auf amüsante Weise von seinen Briefen an männliche Adressaten kontrapunktiert. Bei Nora geht es ihm darum, falsche Vorstellungen einzureißen, bei Männern ist Joyce sehr der Mann mit Brille und Spazierstock. Es gibt Ausnahmen, so seine ausgelassenen Zeilen an Frank Budgen und Ezra Pound, aber gewöhnlich hält er den Briefpartner ein wenig auf Distanz, indem er ihn selbst nach langer Bekanntschaft weiterhin mit ›Mr.‹ anredet, Gleichgültigkeit in Dingen vorschützt, die ihm schwer auf der Seele liegen, bei Auseinandersetzungen, etwa mit Verlegern, halbwegs das eigene Unterliegen vorwegnimmt, obwohl er gern den Eindruck erwecken möchte, unnachgiebig und kühn zu sein.

Wegen seiner Abneigung, sich mit Männern anzulegen, oder sich ihnen gegenüber – mit zwei oder drei Ausnahmen – zwanglos zu geben, nimmt Joyces Korrespondenz mit seinem Bruder Stanislaus, besonders in den Jahren von 1902 bis 1912, eine Sonderstellung ein, weil in ihnen seine intellektuelle Position einigermaßen offen zum Ausdruck kommt. Sie ist den Briefen an Nora vergleichbar, in denen er seine emotionale Position entwickelt. James, als der ältere Bruder, läßt sich offen aus, und Stanislaus, der jüngere, setzt sich mit den Ergebnissen, zu denen er kommt, auseinander, stimmt ihnen aber meistenteils bewundernd zu; nur auf literarischem Gebiet sah er in James den Überlegenen, nicht in Dingen der Politik oder des häuslichen Verhaltens. Bei der Art dieser Beziehung war es von Anfang an klar, daß Stanislaus heftig würde draufzahlen müssen. Aus diesen Briefen geht hervor, daß er sich, wenn er auch gelegentlich Einspruch erhob, im großen und ganzen mit diesem von James als Selbstverständlichkeit genommenen Sachverhalt abfand. Stanislaus, von seinem Bruder zu intellektuellem Wettstreit aufgefordert, aber auch zu Neid und Ungeduld getrieben, erscheint in dieser Korrespondenz als aufrechter Mensch, hilfsbereit und streitsüchtig in einem.

Die Hinweise und Deklarationen in diesen Briefen machen es uns möglich, Joyce ein wenig so zu sehen, wie er sich selbst sah. Während er der Ansicht war, daß Rebellion für ihn der Anfang der Weisheit, eine Art Geburt des Bewußtseins gewesen war, hielt er selbst sich nicht primär für einen Rebellen. Das dominierende Bild, das er von sich selbst entwarf, setzte sich zusammen aus Zartheit und Zerbrechlichkeit, ständigen gesundheitlichen Beschwerden und Mißgeschick, es war ein Bild vom Tenor unter lauter Bässen. Das brachte ihn dazu, sich als Hirsch oder als Vogel, als Frau oder als gandhihaften Christus zu sehen. Auf alle möglichen Spielarten der Kraft reagierte er, indem er die Starken mit den Schwachen konfrontiert, Boylan mit Bloom oder die Ameise mit dem Grashüpfer.[11] Sein Witz forderte dann die mächtigen maskulinen Energien so lange heraus, bis sie ihre Stärke eingebüßt hatten. Er wollte den lyrischen Kern seines Werkes dadurch abschirmen, daß er mit Gelächter jeder Absurdität des menschlichen Verhaltens Rechnung trug, durch die hindurch einzig jener Kern lebensfähig war. Er pariert die mögliche Verächtlichmachung seiner fast femininen Zartheit dadurch, daß er bis ins einzelne und höchst lebendig die unausweichliche Komik sichtbar macht, in die sie eingebettet ist. Während andere Schriftsteller, wie Wells, ständig Ausfälle zu unternehmen scheinen, ist für Joyce weit eher die Abwehrparade charakteristisch. Jedes seiner Werke schließt in einer lyrischen Affirmation, die durch die Unterminierung des Männlichen durch das Element des Komischen möglich wird, als müßte die rohe Gewalt durch subtilere Manifestationen überwunden werden. In *Finnegans Wake* wird der Krimkrieg auf einen skatologischen Witz reduziert, die Schlacht von Waterloo auf ein Panorama in einem Wachsfigurenkabinett und der Weltkrieg auf einen Boxkampf; im *Ulysses* wird der Zyklop besiegt; im *Portrait* Irland verlassen. Diese seine Vorliebe für alles, was nicht gewalttätig ist, hängt zusammen mit Joyces Abscheu vor Krieg, Verbrechen und Brutalität. Sein Werk ist nicht als Schlag ins Gesicht konzipiert, sondern – das zu sehen helfen diese Briefe – als maternale Umhüllung.

Joyce so zu interpretieren bietet sich zwar von seinen Briefen aus an, ist jedoch nicht ganz befriedigend. Seine Ablehnung des Maskulinen, seine Übernahme ›femininer‹ Schwächen, das waren sekundäre Auswirkungen. Schließlich haben schon vor ihm starke Männer bei Frauen Schutz gesucht. Hinter seinen schnurrenden Exhortationen standen immer vorher getroffene Entscheidungen, an denen er unbeirrt festhielt. Er kümmerte sich um seine Tochter mit einer Besorgtheit, die weiblich genannt werden könnte, aber sein sanftes Zureden und seine Scherze zielten darauf ab, ihren Geist zur Normalität zurückzubiegen wie ein widerständiges Stück Eisen. Obwohl er in Entmutigungen wie in einem ungünstigen Klima lebte und zeitweise daran dachte, die Arbeit an seinen Büchern aufzugeben, brachte er doch jedes von ihnen mit peinlicher Sorgfalt zu Ende. Als wolle er, der im Grunde zäh und drahtig war, sich seinem weichen, gliederlosen Körper anpassen, sah er sich als formbar und passiv und fand sich mit diesem Zustand wie mit einer zweiten Existenzform ab. In diesen Briefen mischt sich der Stolz mit Gejammer, blitzt plötzlich, inmitten langer Strecken gewundener Zurückhaltung oder mitten in Bekenntnissen, die nicht zur Sache gehören, Offenheit auf, und das alles verleiht der kargen Selbstdarstellung dieser Briefe ein völlig anderes Interesse, als es sich der nuancierten Ausgewogenheit eines Henry James oder der hemdsärmeligen Eloquenz eines D. H. Lawrence abgewinnen läßt. Ein Drang zum Extrem ist immer spürbar, zuweilen dicht an der Oberfläche, zuweilen tief unter ihr verborgen. In diesem Sinne gelesen, gehören diese Briefe – ihre besten – zu den interessantesten und eindringlichsten, die je geschrieben wurden.

1 *Finnegans Wake*, S. 171. (›O! seine niedrigkeit war tiefer als alles bis dahin gesunkene!‹)

2 *A Portrait of the Artist as a Young Man* (London 1960; New York 1968), S. 256 (252).

3 *A Portrait of the Artist as a Young Man,* S. 256 (252).

4 Zu seinem Bruder Stanislaus, der es in einem Tagebuch notierte.

5 *A Portrait of the Artist,* S. 251 (247).

6 Jean-Jacques Rousseau, *Bekenntnisse,* nach der Ausgabe der exempla classica, Frankfurt am Main 1961, S. 329.

7 *A Portrait of the Artist,* S. 254 (250).

8 ›Vespasian‹ bedeutet im Pariser Argot ›Pissoir‹, so benannt nach dem römischen Kaiser, der diese Einrichtung mit Steuern belegte.

9 *Finnegans Wake*, S. 174. (›... wenn irgendwas irgendwie auf eine klare unverbloomte stehauf oder schlagnieder schlägerei hinauslief‹.)

10 *Pomes Penyeach*. (›Nimm mich, rette mich, beruhige mich, O schone mich.‹)

11 Bezieht sich auf die Fabel ›The Ondt and the Gracehoper‹ in *Finnegans Wake*. Aus der Ameise (ant) der Fabel ist Ondt (Anagramm für ›don't‹: ›tu's nicht!‹; ›ond‹ auch dänisch für ›böse‹) geworden, aus dem Grashüpfer (grasshopper) Gracehoper (›Gnadenhoffer‹).

Teil I
Dublin und Paris
1882–1904

Dublin und Paris (1882–1904)

James Joyce wurde am 2. Februar 1882 in Rathmines, einem Stadtviertel von Dublin, 41 Brighton Square West, geboren. Er war das älteste von zehn Kindern (fünf weitere starben im frühen Kindesalter), die John Stanislaus Joyce (1849–1931) und Mary Jane Murray Joyce (1859–1903) geboren wurden. Joyces Vater, ein ausschweifender, witziger, sentimentaler Mann, erhielt nach verschiedenen fehlgeschlagenen Versuchen durch politische Beziehungen eine gut bezahlte Stellung im Amt des Collector of Rates (Gemeindesteueramt). Er hatte diese Stellung von 1880 bis 1892 inne, als sie abgeschafft wurde und er eine kleine und, wie sich vorhersehen ließ, unzureichende Pension erhielt. Er übernahm dann Gelegenheitsarbeiten, hat aber während seines ganzen langen Lebens nie mehr eine regelmäßige Beschäftigung gehabt.

John Joyce war ehrgeizig darauf bedacht, seinem ältesten Sohn eine gute Ausbildung zu geben, und schickte ihn von 1888 bis 1891, als sich die Familie noch gut stand, zur besten katholischen Vorschule, dem Clongowes Wood College in Sallins, County Kildare. Als die finanzielle Belastung zu groß wurde, schickte er James aufs Belvedere College, eine katholische Tagesschule in Dublin, die er von 1893 bis 1898 besuchte. James galt dort als der begabteste Schüler, wenn seine Jesuitenlehrer in ihm auch Anzeichen einer Religionsfeindlichkeit entdeckten. Er ging dann aufs University College Dublin, an dem er 1902 den Grad eines Bachelor of Arts erwarb.

James Joyce begann seine schriftstellerische Laufbahn mit neun Jahren. Charles Stewart Parnells Tod am 6. Oktober 1891 inspirierte ihn zu dem Gedicht ›Et Tu, Healy‹, in dem er den heldenhaften Führer seinen verräterischen Anhängern gegenüberstellte. Als Schüler am Belvedere College zeichnete Joyce sich dadurch aus, daß er durch seine Aufsätze bei den Zwischenprüfungen Preise gewann. Er versuchte sich darin, Erzählungen zu schreiben, und begann unter dem Titel *Silhouettes* eine Reihe von Prosaskizzen und unter dem Titel *Moods* eine Gedichtfolge zu verfassen. Die an sich harmlosen Titel weisen vielleicht retrospektiv auf die Methode des Andeutens, die er in *Dubliners* verwenden sollte, und auf die einer Welle ähnliche Insubstantialität der Gedichte der *Chamber Music*. Er las unterdes viel und fand in den Werken von Ibsen ein Vorbild für seine eigenen Ideale, handfeste Stoffe nämlich, künstlerische Selbstbeherrschung und symbolisch angeordneten Aufbau.

Am University College Dublin ließ Joyce erkennen, daß es sein Ziel war, Schriftsteller zu werden, und setzte sich spontan für die Belange der Kunst ein, während seine Kommilitonen sich über moralische Probleme ergingen oder die nationale Bewegung feierten. Am 20. Januar 1900 hielt er vor der Literary and Historical Society am College einen Vortrag über ›Drama and Life‹; er wandte sich darin aufsässig gegen Shakespeare und die griechischen Dramatiker und nahm Partei für Ibsen, dessen Moral man damals in Irland immer noch für fragwürdig hielt. Achtzehnjährig veröffentlichte er in der *Fortnightly Review* vom 1. April 1900 den Aufsatz ›Ibsen's New Drama‹ (über *Wenn wir Toten erwachen*). Im gleichen Jahr versuchte er sich an einem Theaterstück in Prosa, *A Brilliant Career,* und an einem in Versen, *Dream Stuff;* unter dem Titel *Shine and Dark* verfaßte er eine Reihe von lyrischen Gedichten und begann eine Folge von Prosagedichten, die er *Epiphanies* nannte. Er meinte damit die plötzliche Enthüllung eines verborgenen Aspekts der Persönlichkeit oder der inneren Bedeutung einer Szene, ausgedrückt in einem manchmal lyrischen, manchmal kunstlosen Stil. 1901 schrieb Joyce den Aufsatz ›The Day of the Rabblement‹, in dem er gegen das von W. B. Yeats, George Moore und Edward Martyn ins Leben gerufene Irish Literary Theatre wegen seines unerträglichen Provinzialismus polemisierte. Er war der Ansicht, sie verurteilten Irland zur Abseitigkeit, wo es doch europäisch hätte werden müssen.

Nachdem Joyce 1902 sein Studium beendet hatte, beschloß er, sich den irischen Schriftstellern bekannt zu machen. Er wandte sich zuerst an George Russell (AE), lernte durch Russell Yeats und durch Yeats Lady Gregory kennen und beeindruckte sie alle durch seinen Hochmut und seine Begabung. Im Herbst 1902 entschloß er sich, nach Frankreich zu gehen und an der École de Médecine der Universität Paris Medizin zu studieren. Seinen Unterhalt wollte er durch schriftstellerische Arbeiten und durch Unterstützung von zu Hause bestreiten. Am 1. Dezember 1902 verließ er Dublin, unterbrach die Reise in London, um sich mit Yeats und einigen Herausgebern von Zeitschriften zu treffen, und fuhr weiter nach Paris. Er litt schon bald unter Heimweh, so daß die Familie ihn überreden konnte, die Weihnachtsferien zu Hause zu verbringen; aber als sie vorüber waren, wagte er sich noch einmal nach Paris, wo er am 23. Januar 1903 eintraf. Die Absicht, Medizin zu studieren, hatte er inzwischen aufgegeben; er schrieb Gedichte und Epiphanien, stellte die Elemente seiner ›Ästhetischen Philosophie‹ zusammen und richtete sich auf eine künstlerische Laufbahn ein. Er blieb in Paris, bis ihm sein Vater am 10. April telegraphierte, er solle nach Hause kommen, da seine Mutter im Sterben liege.

Mary Jane Joyces Todeskrankheit – Krebs, wie sich herausstellte – kam erst am 13. August 1903 zu ihrem Ende. Während dieser Monate und noch ein gutes Jahr länger ergab sich Joyce, wie es den Anschein hat, dem Müßiggang; er war viel mit Oliver St. John Gogarty und anderen jungen Leuten zusammen, die später die Modelle für seine im allgemeinen beschäftigungslosen fiktiven Charaktere abgaben. Aber plötzlich, am 7. Januar 1904, schrieb er die Skizze ›A Portrait of the Artist‹, in der von der geistigen Entwicklung eines ungenannten, aber weitgehend autobiographisch angelegten Helden berichtet wurde. Obwohl die neue Zeitschrift *Dana,* der er sie angeboten hatte, sie ablehnte, entschloß er sich, sie zu einem autobiographischen Roman, *Stephen Hero,* auszuarbeiten. Während dieses ganzen Jahres (1904) schrieb er stetig daran. Im Frühsommer desselben Jahres schlug George Russell ihm vor, einige schlichte Erzählungen für die *Irish Homestead* zu schreiben, und diese Aufforderung regte ihn dazu an, in einem enigmatisch schlichten Stil mit der Komposition der *Dubliners* zu beginnen.

Kurz vorher, am 10. Juni 1904, war Joyce Nora Barnacle begegnet, einer jungen, zwanzigjährigen Frau aus Galway, die in Finn's Hotel angestellt war. Am 16. Juni gingen sie zum ersten Mal zusammen spazieren und fanden Gefallen aneinander. Joye behielt dieses für ihn geheiligte Datum im Gedächtnis und ließ den *Ulysses* an diesem Tag spielen; seine Bewunderer forderte er auf, ihn ›Bloomsday‹ zu nennen. Er überwand die Zweifel und Befürchtungen, die er hinsichtlich Nora Barnacle hatte, und schlug ihr vor, mit ihm auf und davon zu gehen, auf den Kontinent. Sie stimmte tapfer zu, und am Samstagabend, dem 8. Oktober 1904, verließen sie Dublin. Es war Joyce von einer Agentur zur Vermittlung von Sprachlehrern zugesagt worden, daß die Berlitz

School in Zürich ihn anstellen werde. Er und Nora Barnacle machten sich auf die Reise in die Schweiz, machten aber unterwegs in Paris halt, um sich Geld zu leihen und die Reise fortsetzen zu können.

Von William Archer   23. April 1900
            2 Vernon Chambers, Southampton Row, W.C.
Sehr geehrter Herr,
Es wird Sie wohl interessieren, daß Henrik Ibsen[1] in einem Brief, den ich vor ein oder zwei Tagen erhielt, schreibt: ›Ich habe in der *Fortnightly Review* eine Besprechung von Mr. James Joyce gelesen, oder mir vielmehr zusammenbuchstabiert, die sehr wohlwollend (»velvillig«) ist und für die ich dem Verfasser herzlich gern danken möchte, wenn nur meine Sprachkenntnisse ausreichten.‹
Ihr ergebener   William Archer[1]

[1] William Archer (1856–1924), Ibsens Übersetzer und dessen führender Verfechter in England.

An William Archer   28. April 1900
              13 Richmond Avenue, Fairview, Dublin
Sehr geehrter Herr,
Ich möchte Ihnen für Ihren freundlichen Brief danken. Ich bin ein junger Ire, achtzehn Jahre alt, und ich werde die Worte Ibsens mein Leben lang in meinem Herzen bewahren. Ihr ergebener
                                                      Jas A. Joyce

An Henrik Ibsen   März 1901
              8 Royal Terrace, Fairfield, Dublin
Sehr geehrter Herr,
Ich schreibe Ihnen, um Ihnen zu Ihrem dreiundsiebzigsten Geburtstag Grüße zu senden und mich denen anzuschließen, die Ihnen aus allen Ländern Glück wünschen. Sie erinnern sich vielleicht, daß kurz nach der Veröffentlichung Ihres letzten Stückes, *Wenn wir Toten erwachen,* eine Besprechung unter meinem Namen in einer englischen Zeitschrift – *The Fortnightly Review* – erschien. Ich weiß, daß Sie sie gesehen haben, denn bald danach schrieb mir Mr. William Archer und sagte, er hätte vor einigen

Tagen einen Brief von Ihnen bekommen, in dem Sie schrieben: ›Ich habe in der *Fortnightly Review* eine Besprechung von Mr. James Joyce gelesen oder mir vielmehr zusammenbuchstabiert, die sehr wohlwollend ist und für die ich dem Verfasser herzlich gern danken möchte, wenn nur meine Sprachkenntnisse ausreichten.‹ (Ich selbst kenne mich, wie Sie sehen, mit Ihrer Sprache wenig aus, aber ich hoffe, Sie werden imstande sein zu entziffern, was ich meine.)[1] Ich kann Ihnen kaum sagen, wie sehr Ihre Mitteilung mich bewegt hat. Ich bin jung, noch sehr jung, und vielleicht lächeln Sie, wenn ich Ihnen von solchen Streichen, die mir die Nerven spielen, erzähle. Aber ich glaube bestimmt, wenn Sie zurückdenken an die Zeit, als Sie noch Student waren, wie ich es bin, und bedenken, was es für Sie bedeutet hätte, von jemandem, den Sie so hoch achteten wie ich Sie achte, ein Wort zu hören, dann werden Sie meine Gefühle verstehen. Ich bedaure nur eins, daß nämlich ein so unreifer und flüchtiger Artikel Ihnen vor Augen gekommen ist, und nicht etwas Besseres, das eher verdient hätte, von Ihnen gelobt zu werden. Es mag darin nichts willentlich Dummes gestanden haben, aber mehr kann ich darüber wahrhaftig nicht sagen. Vielleicht verdrießt es Sie, daß Ihre Werke der Gnade von Grünschnäbeln ausgeliefert sind, aber ich bin überzeugt, daß Ihnen Hitzköpfigkeit lieber sein wird als fade, ›kultivierte‹ Paradoxie.

Was soll ich noch sagen? Ich habe Ihren Namen herausfordernd im College ausgerufen, wo er entweder unbekannt oder nur von ungefähr und vage bekannt war. Ich habe für Sie den Platz in der Geschichte des Dramas beansprucht, der Ihnen rechtmäßig zusteht. Ich habe auf Ihre für meine Begriffe hervorragendste Eigenschaft hingewiesen – auf Ihre erhabene, überpersönliche Gestaltungskraft. Die sekundären Vorzüge – Ihre Satire, Ihre Technik und die harmonische Orchestrierung – habe ich ebenfalls herausgestellt. Halten Sie mich nicht für einen Heldenverehrer – das bin ich nicht. Und wenn ich von Ihnen in Debattierklubs und so weiter sprach, dann habe ich Aufmerksamkeit nicht durch törichtes Eifern erzwungen.

Aber immer behalten wir, woran wir am meisten hängen, für uns. Ich habe den Leuten nicht gesagt, was mich am tiefsten mit Ihnen verbindet. Ich habe nicht gesagt, wie ich das, was ich dunkel von Ihrem Leben erahnte, mit Stolz betrachtete, wie Ihre Kämpfe mich inspirierten – nicht die äußeren, konkreten Kämpfe, sondern jene, die hinter Ihrer Stirn ausgetragen und gewonnen wurden, wie Ihr willentlicher Entschluß, dem Leben sein Geheimnis zu entringen, mir Mut machte, und wie Sie in völliger Gleichgültigkeit gegen kanonisierte öffentliche Maßstäbe der Kunst, gegen Freunde und Schibboleths Ihren Weg im Licht Ihres inneren Heroismus gingen. Und das ist es, worüber ich Ihnen jetzt schreibe. Ihre Arbeit hier auf Erden geht dem Ende zu, und Sie sind dem Schweigen nahe. Es wird dunkel für Sie. Viele schreiben von solchen Dingen, ohne von ihnen zu wissen. Sie haben den Weg nur frei gemacht – wenn Sie ihn auch so weit gegangen sind, wie sie konnten – bis zum Ende von ›John Gabriel Borkman‹ und seiner geistigen Wahrheit –, aber Ihr letztes Stück steht, wie ich es sehe, für sich. Doch ich bin überzeugt, eine höhere, heiligere Erleuchtung liegt noch – vor uns.

Als einer aus der jungen Generation, für die Sie gesprochen haben, sende ich Ihnen Grüße – nicht demütig, weil ich im Dunkel bin und Sie im Glanz, nicht traurig, weil Sie ein alter Mann sind und ich jung bin, nicht anmaßend oder sentimental – sondern freudig, in Hoffnung und in Liebe sende ich Ihnen Grüße. Ihr sehr ergebener   JAMES A. JOYCE

1 Gorman bemerkt in seiner Biographie *James Joyce,* daß Joyce den Brief zuerst auf englisch schrieb und ihn dann ins Norwegische übersetzte.

VON W. B. YEATS   [*Oktober? 1902*]
[Fragment eines diktierten Briefes]
aber mehr als das kann ich nicht sagen. Denken Sie an das, was Dr. Johnson über jemanden gesagt hat: ›Warten wir ab, bis wir sehen, ob er eine Quelle oder eine Zisterne ist.‹ Was Sie bis jetzt geschrieben haben, ist sehr bemerkenswert für einen Mann Ihres Alters, der fern von den lebendigen geistigen Zentren lebt. Ihre Verstechnik ist sehr viel besser als die Technik all der jungen Dubliner, die ich zu meiner Zeit gekannt habe. Es könnte die Arbeit eines jungen Mannes sein, der einem literarischen Zirkel in Oxford angehört hat. Und doch haben manche ebenso vielversprechend begonnen wie Sie und haben versagt, und andere, deren Anfang weniger verheißungsvoll war, haben ihr Ziel erreicht. Die Eigenschaften, durch die jemand sein Ziel erreicht, zeigen sich häufig lange Zeit nicht in seiner Arbeit. Es sind Eigenschaften, die weniger im Talent als vielmehr im Charakter zu suchen sind –

Glaube (davon haben Sie wahrscheinlich genug), Geduld, Anpassungsfähigkeit (ohne die lernt man nichts)[1], und die Gabe, die vielleicht von allen die seltenste ist: durch Erfahrung zu wachsen.

Ich will für Sie tun, was ich kann, aber es wird leider nicht sehr viel sein. Ich kann Ihnen, obwohl Ihnen das wahrscheinlich nicht einleuchten wird, hauptsächlich dadurch von Nutzen sein, daß ich Sie mit anderen Schriftstellern zusammenbringe, die wie Sie am Anfang stehen, man lernt sein Handwerk immer von seinesgleichen, besonders von denen, die einem, was das Alter angeht, nahe genug stehen, um die eigenen Schwierigkeiten verstehen zu können. Ihr ergebener   W. B. YEATS

1 Yeats erwidert hier vermutlich auf Joyces in ›The Day of the Rabblement‹ (›Der Tag des Pöbels‹) vorgetragenen Angriff auf seine ›hinterhältige Fähigkeit zur Anpassung‹. In ›The Day of the Rabblement‹ griff Joyce den Provinzialismus der Irish National Theatre Society an, die heimatliche Volksstücke den modernen europäischen Strömungen vorzog. Das Pamphlet wurde im November 1901 privat in Dublin gedruckt und an Bekannte verteilt.

AN LADY GREGORY[1]   *ohne Datum* [*November 1902*]
                                  7 St. Peter's Terrace, Cabra, Dublin
Sehr geehrte Lady Gregory,
Ich habe meine medizinischen Studien hier abgebrochen und belästige Sie nun mit einer Geschichte. Ich habe einen B. A. von der Royal University und hatte geplant, hier Medizin zu studieren. Aber die College-Kanzlei ist entschlossen, mich daran zu hindern, man will mich, das darf ich wohl behaupten, abhalten, mir eine ruhige Stellung zu sichern, von der aus ich mich frei aussprechen könnte. Um ganz offen zu sein, mir fehlen die Mittel, die Gebühren an der medizinischen Fakultät zu bezahlen, und man weigert sich, mich – angeblich wegen Unfähigkeit – als Einpauker, Tutor oder Examinator zuzulassen, obwohl man es anderen, die bei Prüfungen, die ich bestanden habe, durchgefallen sind, gestattet hat und auch weiterhin gestattet. Ich möchte mein Medizinstudium abschließen, weil ich dann mein Werk gesichert aufbauen kann. Ich will mich auszeichnen – bedeutend oder unbedeutend, was immer ich sein werde –, denn ich weiß, daß keine Ketzerei und keine Philosophie meiner Kirche so zuwider ist wie ein Mensch, und deswegen gehe ich nach Paris. Ich beabsichtige,

an der Universität von Paris Medizin zu studieren und mich mit Englischunterricht durchzubringen. Ich gehe allein und freundelos[2] – ich weiß von jemandem, der irgendwo in der Nähe von Montmartre wohnte, aber ich habe ihn nie kennengelernt[3] – in ein anderes Land, und ich schreibe Ihnen, um zu erfahren, können Sie mir irgendwie helfen. Ich weiß nicht, wie es mir in Paris ergehen wird, aber schlimmer als hier bestimmt nicht. Am Montag, dem 1. Dezember, fahre ich von Dublin mit dem Nachtschiff ab, mein Zug geht noch in derselben Nacht von Victoria Station nach Newhaven. Ich bin trotz allem nicht verzweifelt, denn selbst wenn ich scheitern sollte, weiß ich, daß ein solches Scheitern nur wenig beweist. Ich werde mich gegen die Mächte der Welt zu behaupten versuchen. Alle Dinge sind unbeständig, nur nicht der Glaube der Seele, der alle Dinge verwandelt und ihre Unbeständigkeit mit Licht erfüllt. Und wenn es auch scheint, als würde ich als ein Irrgläubiger aus meinem Lande vertrieben, so habe ich doch niemanden gefunden, der einen Glauben hätte wie ich. Ihr ergebener   JAMES JOYCE

1 Lady Gregory, geborene Isabella Augusta Persse (1852–1932), irische Schriftstellerin, die zusammen mit Yeats das Abbey Theatre gründete. Nach dem Tode ihres Mannes im Jahr 1892 gab sie zwei Bücher heraus und veröffentlichte 1902 eine Sagensammlung, *Cuchulain of Muirthemne;* im gleichen Jahr begann sie Theaterstücke zu schreiben.
Das Original dieses Briefes ist nicht aufgefunden worden. Eine von Lady Gregory mit der Maschine geschriebene Kopie befand sich im Nachlaß von W. B. Yeats. Auf der Rückseite ist eine Bemerkung in der Handschrift von Yeats.
2 In ›The Holy Office‹ (›Das heilige Offizium‹), das zwei Jahre später entstand, gebraucht Joyce eine ähnliche Wendung:
                    ›Unfellowed, friendless and alone...‹
3 Wahrscheinlich Joseph Casey. Vgl. S. 111.

AN JOHN STANISLAUS JOYCE [Postkarte]   *3. Dezember 1902*
                              Hôtel Corneille, 5 rue Corneille, Paris
Lieber Pappie,
Ich bin gut angekommen, habe mich aber mit so vielen Leuten zu treffen, daß ich nicht vor Sonntag schreiben kann. Bis dahin hoffe ich, Näheres sagen zu können. Mr. O'Connell[1] war nicht in der Stadt, aber ich hinterließ eine Nachricht für ihn. Mr. Yeats wird mir heute oder morgen das Ergebnis schreiben. Ich schicke morgen Buchbesprechungen ab und hoffe, Stannies Brief morgen

früh zu bekommen.[2] Sag Mutter, daß Dr. Rivière[3] mir heute ein Déjeuner mit sieben Gängen gab. Soviel gespart!   JIM

1 Vermutlich ein in London ansässiger Verwandter väterlicherseits von Joyce; möglicherweise Sir Ross O'Connell, Baronet, 1902 M. P. (Parlamentsabgeordneter) für County Kerry.
2 Lady Gregorys Empfehlungsbrief an E. V. Longworth, Herausgeber des *Daily Express* (Dublin), hatte den Erfolg, daß Joyce zu Buchbesprechungen herangezogen wurde. Seine erste Besprechung erschien dort am 11. Dezember 1902. Stanislaus Joyce hatte die Aufgabe, die Honorare seines Bruders abzuholen und nach Paris zu schicken.
3 Dr. Joseph Rivière (1859–1946), Direktor und Gründer des Institut Physicothérapique in Paris. Er wechselte 1903 und dann 1926 mit Joyce einige Briefe.

AN DIE FAMILIE IN DUBLIN   *6. Dezember 1902*
                                   Grand Hotel Corneille, Paris

Ihr Lieben,
Mr. Yeats wollte den Herausgeber[1] des ›Speaker‹ in London aufsuchen, aber der war krank, und ich erwarte nun täglich einen Brief: er soll auch zu dem Herausgeber der ›Academy‹[2] gehen. Er schrieb an Miss Gonne,[3] deeren Brief ich beilege. Er stellte mich auch Arthur Symons[4] vor und möchte, daß ich ein Buch von Symons für den Speaker bespreche – eine Übersetzung der *Francesca da Rimini*.[5] Ich frühstückte, aß zu Mittag und zu Abend mit ihm, und er bezahlte alle Droschken und Busse. Ich schickte meine Besprechungen vor ein oder zwei Tagen an den ›Express‹, schaut also Anfang der Woche im Express nach. Ich habe einige genaue Auskünfte über die medizinische Ausbildung. Als erstes braucht man ein französisches baccalauréat, aber diejenigen, die einen ausländischen Abschluß haben, können davon durch den Unterrichtsminister dispensiert werden. Ich habe dem Minister geschrieben und bin heute morgen im Ministerium gewesen, wo man mir sagte, daß ich die Dispensierung wahrscheinlich in wenigen Tagen erhielte. Darauf ging ich zum Sekretär der Naturwissenschaftlichen Fakultät an der Sorbonne, und er gab mir eine vorläufige Zulassungskarte zu dem Kurs für das Physik-, Chemie- und Biologiezertifikat (das ist die Arbeit des ganzen Jahres). Für die Vorlesungen sind keine Gebühren zu zahlen, aber die Vorlesungen beginnen morgens um 9, sie dauern ein oder zwei Stunden, und die Übungen beginnen nachmittags um 1.30 und dauern zwei oder drei Stunden. Es gibt keine schriftlichen Examen: alle

Examen sind mündlich und dauern ungefähr eine Viertelstunde. Mein Examen für das Zertifikat wird im nächsten Juli sein. Ich bin etwas im Rückstand, da der letzte Tag für das Gesuch beim Minister der 1. Dezember war, aber ich glaube wohl, man wird es mir nachsehen, da ich Ausländer bin. Bis Weihnachten habe ich also noch für die Arbeit vierzehn Tage oder so. Ich habe mir einen Wecker gekauft (4 Francs), um morgens rechtzeitig aufzustehen, da das Vorlesungsgebäude ziemlich weit von hier ist. Ich habe gerade ein Bad genommen ($7^{1}/_{2}$): warm. Ich bekomme Frühstück für 3d, Déjeuner (Suppe, Fleisch, Nachtisch, Kaffee) für 8d oder 9d und Abendessen (Suppe, Fisch, Fleisch und Gemüse, Nachtisch, Kaffee) für 1s/–. Aber ich muß im Laufe des Tages ständig Kaffee trinken. Kaffee trinkt man hier tagsüber ohne Milch aber mit Zucker. Das ist ganz nach meinem Geschmack, da das Wetter hier sehr unfreundlich ist, manchmal bis zu 7 oder 9 Grad unter Null. Auch weht der Wind sehr heftig, aber es regnet nicht und es ist kein Nebel. Sagt Stannie, er soll zu Eason in der Abbey St. gehen, wo ich eine bestimmte Menge Papier bestellt und bezahlt habe, und sagen, daß man es mir schickt. Das macht die Firma, wenn das Porto bezahlt wird. Ich habe das in der Eile vor der Abreise vergessen. Ich habe noch nicht die Zeit gehabt, meine Empfehlungsbriefe – mit Ausnahme von einigen – an den Mann zu bringen, aber das werde ich im Laufe der Woche tun. Ich muß mir sofort eine Schürze und Ärmel und ein Sezierbesteck besorgen, wenn ich am Montag mit der Arbeit beginnen will, und mein Geld von Lloyd wird nicht vor Donnerstag in Paris sein. Ich werde aber wohl schon hinkommen. Ich beabsichtige, mich in der nächsten Woche nach einem Zimmer für ungefähr £ 7 oder £ 8 im Jahr umzuschauen – 35s/– für drei Monate, und es vom 1. Januar an zu mieten, mein Monat hier im Hotel geht bis zum 3. Januar, und ich glaube, die Kurse beginnen wieder am 4. Januar. In einem Laden hier stehen großartige normannische Möbel – schwere Holzschränke mit getäfelten Türen – £ 5 für einen ungefähr zweimal so groß wie Euer Kleiderschrank, und obwohl ich sie jetzt noch nicht für mein Zimmer kaufen kann, werde ich sie mir bestimmt anschaffen, sobald ich mich endgültig in Paris für mein Medizinstudium eingerichtet habe. Über mich sind niemandem irgendwelche Auskünfte zu geben, außer ›O, sehr gut, vielen Dank‹. Sagt Stannie, er soll mir die Dezember-Nr. von S. Stephens'[6] schicken und an die Unicorn Press

schreiben und mit den Büchern in meinem Zimmer sorgfältig
umgehen.   JIM

1 Richard Barry O'Brien (1847–1918), irischer Schriftsteller und Rechtsanwalt,
hauptsächlich bekannt durch *The Life of Charles Stewart Parnell,* 2 Bände (London
1899).
2 Charles Lewis Hind (1862–1927).
3 Maud Gonne (1866–1953), irische Patriotin, an die die meisten der frühen Lie-
besgedichte von Yeats gerichtet sind, lebte damals in Paris. Joyce hat sie einmal besucht, aber dann nicht wieder.
4 Arthur Symons (1865–1945), englischer Lyriker und Kritiker. Er und Yeats hatten 1894–95 ein Jahr lang eine gemeinsame Wohnung. Symons versprach Joyce bei
dieser ihrer ersten Begegnung, ihm bei seiner Suche nach einem Verleger behilflich
zu sein.
5 Symons' Übersetzung von Gabriele D'Annunzios *Francesca da Rimini* (1901) erschien 1902 in London.
6 *St. Stephen's,* Studentenzeitung des University College Dublin.

VON MRS. JOHN STANISLAUS JOYCE [Brieffragment]
                                        [*? 18. Dezember 1902*]
                                                    [*Dublin*]
nachts und wenn Du einen kleinen Spirituskocher kaufst wie ich
einen habe könntest du zu verschiedenen Zwecken Wasser kochen auch eine Lampe zum Lesen wenn früh angesteckt würde
die kalte Luft aus dem Zimmer treiben. Ich wünschte nur ich wäre
in Deiner Nähe mich um dich zu kümmern und dich zu pflegen
aber wir werden gottlob sehr bald wieder vereinigt sein denn *nach
Hause mußt du kommen* wenn nur für eine Woche.
    Mein lieber Jim wenn Du von meinem Brief enttäuscht bist und
wenn es mir wie gewöhnlich nicht gelingt zu verstehen was Du erklären möchtest, glaube mir das kommt nicht daher daß mir der
sehnliche Wunsch fehlt Dich zu verstehen und die Worte zu sprechen die Du willst sondern ich bin wie du so oft gesagt hast dumm
und kann nicht die großen Gedanken erfassen die Du hast so sehr
ich es auch wünsche. Verzehre Deine Seele nicht mit Tränen sondern sei wie sonst tapfer und sieh hoffnungsvoll in die Zukunft
Schreibe mir *postwendend* einen Brief und nimm dich um Got-
teswillen mit Deiner Gesundheit in acht und wenn Du dir den
kleinen Kocher besorgst geh *sehr vorsichtig* damit um
    Dein Pappie und ich sind beide in Sorge um Dich versäume es
also nicht zu schreiben und glaube mir ich bin Deine Dich ewig
liebende   MUTTER

Ich lege einen Brief bei der am Morgen nach Deiner Abreise von Charlie[1] kam es mag Dir ein kleiner Trost sein zu wissen was die liebevollen Herzen zu Hause von dir denken.

Sei sorgfältig damit und schicke ihn zurück da ich ihn unter meinen Andenken aufbewahren möchte

---

1 Charles Patrick Joyce (1886–1941) war das vierte Kind.

An Mrs. John Stanislaus Joyce   *21. Februar 1903*
Grand Hotel Corneille, Paris

Liebe Mutter,

Deine Anweisung über 3ˢ/4ᵈ vom letzten Dienstag war sehr willkommen, da ich seit 42 Stunden (zweiundvierzig) nichts gegessen hatte. Heute habe ich zwanzig Stunden nichts gegessen. Aber diese Fastenzeiten bin ich jetzt gewohnt, und wenn ich Geld bekomme, bin ich so verflucht hungrig, daß ich ein Vermögen aufesse (1ˢ/–), bevor einer Messer sagen kann. Ich hoffe, diese neue Lebensweise wird meiner Verdauung nicht schaden. Ich habe weder vom ›Speaker‹ noch vom ›Express‹ Nachricht. Wenn ich Geld hätte, könnte ich einen kleinen Ölkocher kaufen (eine Lampe habe ich) und Makkaroni kochen und mit Brot essen, wenn ich am Ende bin. Ich hoffe, Du tust, was ich in bezug auf Stannie sagte – aber ich bezweifle es. Ich hoffe, der Teppich, der verkauft wurde, gehört nicht zu den neuen Anschaffungen, die Du verkaufst, um mich zu ernähren. Wenn das so ist, verkaufe nicht noch mehr, oder ich werde das Geld postwendend an Dich zurückschicken. Ich glaube, ich tue für mich was ich kann, aber meistens heißt das nur, den Teufel beim Schwanz packen. Ich erwarte täglich die Mietrechnung (£ 1–6–0– mit Öl), das ist es, was mir noch zu meinem Glück fehlt. Meine Lage ist so nervenaufreibend, daß ich oft nicht vor vier Uhr morgens einschlafe, und wenn ich aufwache, sehe ich sofort unter der Tür nach, ob dort ein Brief von den Herausgebern liegt, und ich sage Dir, wenn ich Morgen für Morgen immer nur den Holzfußboden sehe, dann seufze ich und gehe zurück ins Bett, um etwas von meinem Hunger zu verschlafen. Zu Miss Gonne bin ich nicht gegangen und habe auch nicht die Absicht das zu tun. Bei äußerster Sparsamkeit werde ich mit Deiner letzten Anweisung bis Montagmittag auskommen (Porto wahrscheinlich ein halber Franc) – dann muß ich vermutlich wieder fasten. Ich bedaure das, da Montag und Dienstag Karnevalstage sind und ich wahrscheinlich der einzige sein werde, der in Paris hungert.   JIM

Upa-Upa[1]

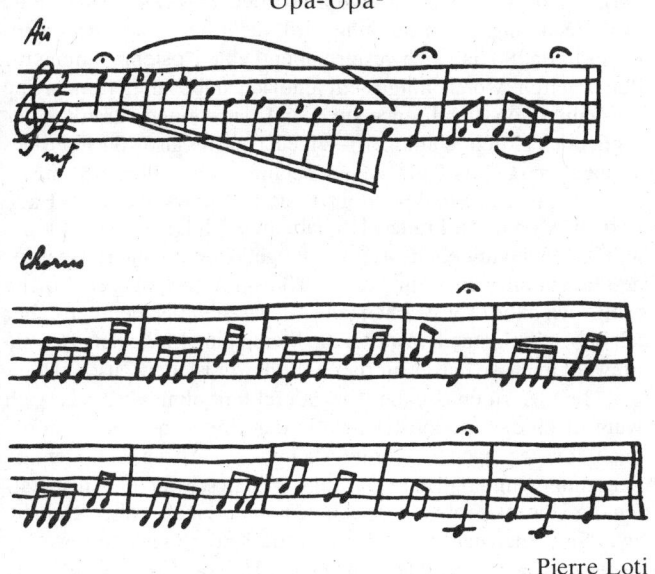

Pierre Loti

(Diese Melodie wird von einem einzelnen auf der Flöte gespielt, worauf ein Frauenchor folgt. Sie wird vor der Königin irgendeiner indischen Insel bei Staatsakten gespielt, und ihre Frauen singen den Chor.)

1 Dieses Lied ist auf die Rückseite geschrieben, als wollte Joyce den harten Ton des Briefes dämpfen.

AN MRS. JOHN STANISLAUS JOYCE   *20. März 1903*
                                                Grand Hotel Corneille, Paris
Liebe Mutter,
Ich habe noch nichts von der Zeitschrift gehört, die Du ›Men and Women‹ nennst, aber ich werde Anfang nächsten Monats schrei-

ben – vielleicht nächste Woche. Ich unterrichte weiterhin M. Douce und M. Auvergniot, aber ich sehe keine Möglichkeit, weitere Schüler zu bekommen. Ich habe mein Unterrichtsgeld angebrochen und bin von M. Douce bis zum 27. März und von M. Auvergniot bis zum 16. März bezahlt worden. Daher kann ich meine Hotelrechnung, wenn sie fällig wird, nicht bezahlen, wie ich gedacht hatte. So habe ich gestern abend eine Kostenrechnung für den zweiten Monat aufgestellt und ich habe immerhin meine Ausgaben von 161 Francs auf 106 Francs eingeschränkt (einschließlich Hotelrechnungen) – eine Ersparnis also von 56 Francs – ungefähr £ 2–3–0. Dagegen belaufen sich allerdings meine Schulden hier in Frankreich jetzt auf 19 Francs: es waren Ende vorigen Monats 18 Francs. Ich habe, wie ich Dir sagte, 7 Francs abbezahlt und mir ebensoviel wieder geliehen. Meine Einsparungen haben allerdings zur Folge, daß es mir an sauberer Wäsche fehlt – ich habe drei Wochen lang *ein* Taschentuch benutzt – aber ich habe eine graue Krawatte, die knapp eine Meile lang ist – sie umwallt mich, so daß es für die Welt schwer ist, den Zustand meines Hemdes zu entdecken. Ein Stiefel fällt allmählich aus – ich wußte, daß dieser Schuster kein Leder einnähen würde. Ich bin dazu übergegangen, den ›guten‹ schwarzen Anzug zu tragen, da der ›andere‹ unmöglich ist. An dem ›guten‹ schwarzen Anzug fallen die Hosenknöpfe einer nach dem anderen ab – aber ich habe zwei Sicherheitsnadeln und ich werde Knöpfe annähen, wo ich jetzt Geld habe, mir welche zu kaufen. Was das Essen angeht, das ich zu mir nehme – ich nehme nicht immer welches zu mir, nur wenn ich es mir leisten kann. Manchmal esse ich eine Mahlzeit am Tag und kaufe mir gekochte Kartoffeln und trocken Brot auf der Straße. Ich weiß nicht, ob ich abmagere oder nicht. Aber, das kann ich Dir versichern, ich habe den allergemeinsten Hunger. Heute ging ich lachend und vor mich hinsingend den Boulevard Saint-Michel hinunter, ohne eine Sorge in der Welt, weil ich wußte, ich war auf dem Wege zum Essen – genau genommen, zu meiner ersten großen Mahlzeit seit drei Tagen. Daran sieht man, was für Einfaltspinsel wir alle sind. Ich habe meine Besprechungen von Lady Gregorys Buch vor einer Woche abgeschickt. Ich weiß nicht, ob Longworth sie so übernommen hat, wie ich sie geschrieben habe:[1] die Besprechung war sehr hart. Ich werde Lady Gregory dieser Tage schreiben. Die beiden anderen Besprechungen schicke ich gleichzeitig mit diesem Brief ab. Ich habe mich nicht

rasiert und auch nicht die Absicht, das zu tun. Wenn ich Geld vom
›Speaker‹ bekomme, werde ich ein Bad nehmen. Ich habe P.
Ghezzi[2] auf seinen Brief geantwortet. An Tante Josephine
schreibe ich Montag. Jeden Sonntag sehe ich zu, aus der Stadt
hinauszukommen. Am letzten Sonntag ging ich nach Clamart und
spaziere durch die Wälder nach Sèvres – zurück fuhr ich mit dem
Dampfer. Ich lese täglich in der Bibliothèque Nationale und jeden Abend in der Bibliothèque Sainte-Geneviève. Ich gehe oft
zum Vespergottesdienst in Notre Dame oder Saint-Germain
l'Auxerrois. Ich gehe nie ins Theater – weil ich kein Geld habe.
Ich habe auch kein Geld, Bücher zu kaufen. Synge war hier, um
seine Sachen zu verkaufen, und gab mir sein Stück zu lesen – ein
Stück, das vom Irish Literary Theatre herausgebracht werden
soll. Ich habe es kritisiert. Synge sagt, ich hätte einen Geist wie
Spinoza! (Spinoza war ein großer hebräischer Philosoph): ich
stecke augenblicklich bis zum Hals in der Metaphysik des Aristo-
teles und lese nur ihn und Ben Jonson (ein Dichter und Dramatiker). Gogarty[3] schrieb mir dieser Tage und teilt mir mit, ›John
Eglinton‹ hätte neulich gesagt (Stannie wird Dir sagen, wer das
ist): ›Es liegt etwas Erhabenes in Joyces Isolation.‹ Mein Buch mit
Liedern wird im Frühjahr 1907 veröffentlicht werden. Meine erste Komödie etwa fünf Jahre später. Meine ›Ästhetik‹ wieder
etwa fünf Jahre später. (Dies *muß* Dich interressieren!) Yeats
(der beeindruckbar ist) sagte, er kenne mich nur kurze Zeit, und
in dieser Zeit hätte ich bei der Erwähnung von Balzac, Swinburne
etc. vor Lachen gebrüllt. Ich habe mehr als einmal ein ganzes
französisches Café durch mein Gelächter durcheinandergbe-
bracht. In Dublin ging eines Tages eine alte Frau mit ihrem
Schirm auf mich los – ich lachte so laut. Komme was wolle, ich
werde morgen mittagessen. Ich wäre Dir sehr verbunden, wenn
Du mir schriebst und sagtest, was Du von mir denkst. Ich werde
Deinen Brief mit großer Spannung lesen.   JIM

Frage Benson wegen Deiner Brille, ich bin überzeugt, daß Du Dir
damit die Augen verdirbst. Er soll Dir *richtige* Gläser verschreiben. Vergiß das nicht. Gehst Du spazieren, wie ich Dir gesagt
habe? Ich glaube, daß es Dir gesundheitlich gut geht. Ich fand
Dich nie so gut aussehen wie an dem Abend, als ich nach Hause
kam und Du in den Flur tratst. Ich fand Pappie nie so gut aussehen
wie am St.-Stephens-Tag. Sag ihm das. Er sah braun und gesund

und ordentlich aus. Ich hoffe, es geht ihm gesundheitlich weiterhin gut. Es tat mir leid, das über den armen alten Thornton[4] zu hören. Trotzdem hat in meinen Augen einer, der eine Familie groß gezogen hat, niemals ganz versagt. Du wirst das verstehen, denke ich. Warum hast Du Stannie nach den Stücken am Irish Literary Theatre gefragt?   JIM

Georgie[5] verstand mich, denke ich jetzt manchmal.

1 E. V. Longworth, der Herausgeber des *Daily Express* (Dublin), veröffentlichte die Besprechung unter dem Titel ›The Soul of Ireland‹ am 26. März 1903, fügte aber die Initialen ›J. J.‹ hinzu, um deutlich zu machen, daß Joyce verantwortlich zeichne.

In *Ulysses*, S. 277–8/216 (London 1960/New York 1961), stellt Mulligan Stephen zur Rede: »Longworth... ist nach dem, was du über die alte Schwätzerin Gregory schriebst, schrecklich krank geworden. O du inquisitorischer, besoffener Juden-Jesuit. Erst verschafft sie dir Arbeit an der Zeitung und dann ziehst du sie durch den Dreck‹ (*Ulysses,* Frankfurt 1967, S. 246).

2 Rev. Charles Ghezzi, S. J., war Joyces Italienisch-Professor am University College Dublin.

3 Oliver St. John Gogarty (1878–1957), irischer Schriftsteller und Arzt, hatte Joyce in den Weihnachtsferien 1902–3 kennengelernt. Er war im Begriff, im Januar für zwei Trimester nach Oxford zu gehen.

4 Ned Thornton, ein Teekoster, war Nachbar der Familie Joyce, als diese von 1894 bis etwa 1898 in der North Richmond Street wohnte. Er diente als Modell für ›Mr. Kernan‹ in der Erzählung ›Grace‹ (›Gnade‹) und in *Ulysses.*

5 George Alfred Joyce (1887–1902) war das fünfte Kind. Er starb an Typhus und Bauchfellentzündung. Die Schilderung des Todes von Stephens Schwester Isabel im XXII. und XXIII. Kapitel von *Stephen Hero* basiert zum Teil auf dem Tode Georges.

AN MRS. JOHN STANISLAUS JOYCE [Postkarte]   *10. April 1903*
                                                              [*Paris*]

Liebe Mutter,
Bitte schreib mir sofort, wenn Du kannst, und sag mir was mit Dir ist.[1]   JIM

1 Joyces Mutter war ernsthaft an Leberkrebs erkrankt. Sein Vater schickte ihm ein Telegramm: ›Mutter im Sterben komm nach Hause Vater‹, und mit dem Geld, das er sich von seinem Schüler Joseph Douce geliehen hatte, fuhr Joyce am Ostersonntag, dem 12. April 1903, zurück.

An Nora Barnacle[1]   *15. Juni 1904*
                                              60 Shelbourne Road
Ich bin vielleicht blind. Ich betrachtete lange Zeit einen Kopf mit
rötlich-braunem Haar und stellte fest, daß es der Ihre nicht war.
Ich ging recht niedergeschlagen nach Hause. Ich würde gern ein
neues Treffen vorschlagen, aber vielleicht paßt es Ihnen nicht. Ich
hoffe, Sie sind so freundlich, mir eines vorzuschlagen – falls Sie
mich nicht vergessen haben!   James A. Joyce

1 Nora Barnacle (21. März 1884–10. April 1951), die Joyces Frau wurde, war die
Tochter des Bäckers Thomas Barnacle und der Annie Barnacle, beide aus Galway
City. Infolge eines Familienzwists hatte sie Galway wenige Monate vorher verlassen
und ging nach Dublin, um als Stubenmädchen in Finn's Hotel, 1 und 2 Leinster
Street, zu arbeiten. Joyce hatte sie kurz vor diesem Brief kennengelernt und sich mit
ihr für den 15. Juni verabredet. Sie kam nicht zur verabredeten Zeit, und ihr erster
gemeinsamer Spaziergang fand am folgenden Abend, am 16. Juni, statt, an dem Tag
also, an dem später der *Ulysses* spielen sollte.

Von Nora Barnacle   *23. Juni 1904*
                                              2 Leinster Street
Mein teuerster Liebster,
Nur eine Zeile um Dir mitzuteilen, daß ich heute abend unmög-
lich kommen kann da wir zu tun haben[1] aber wenn es dir am
Samstagabend 8.30 paßt am selben Ort in Liebe
                                              N Barnacle
entschuldige daß ich in Eile schreibe

1 In Finn's Hotel.

An Nora Barnacle   *15. August 1904*
                                              60 Shelbourne Road
Meine liebe Nora,
Es hat gerade eins geschlagen. Ich kam um halb elf hierher. Seitdem sitze ich wie ein Idiot in einem Sessel. Ich konnte nichts tun.
Ich höre nichts als Deine Stimme. Wie ein Idiot höre ich, wie Du
mich ›Lieber‹ nennst. Ich habe zwei Männer heute beleidigt, indem ich sie kalt stehenließ. Ich wollte Deine Stimme hören, nicht
die ihre.[1]
  Wenn ich bei Dir bin, lege ich mein Mißtrauen und meine Ver-

achtung ab. Ich wünschte, ich fühlte Deinen Kopf jetzt an meiner Schulter. Ich denke, ich geh ins Bett.

Ich habe eine halbe Stunde gebraucht, um dies zu schreiben. Wirst Du mir etwas schreiben? Ich hoffe es. Wie soll ich unterschreiben? Ich werde überhaupt nicht unterschreiben, weil ich nicht weiß, wie ich unterschreiben könnte.

1 ›Because your voice was at my side
  I gave him pain...‹
      Chamber Music XVII.
(›Weil deine Stimme mir zur Seite war, / fügte ich ihm Schmerz zu...‹)

AN NORA BARNACLE   *29. August 1904*
                                        60 Shelbourne Road

Meine liebe Nora,
Ich habe gerade mein Mitternachtsmahl beendet, das ich ohne Appetit aß. Als ich halb fertig war, merkte ich, daß ich mit den Fingern aß. Mir war übel, genau wie gestern abend. Ich bin sehr bedrückt. Entschuldige diese fürchterliche Feder und dieses schreckliche Papier.

Ich habe Dich heute abend vielleicht gequält mit dem, was ich sagte, aber bestimmt ist es gut, daß Du erfährst, was ich über die meisten Dinge denke? Mein Denken lehnt die ganze gegenwärtige soziale Ordnung und das Christentum ab – das Elternhaus, die anerkannten Tugenden, Klassenunterschiede und religiöse Doktrinen. Wie sollte mir der Gedanke ans Elternhaus Freude machen? Meins war nichts als eine Mittelstands-Geschichte, heruntergewirtschaftet durch einen Hang zur Verschwendung, den ich geerbt habe. Meine Mutter wurde, wie ich glaube, durch die Mißhandlung von meinem Vater, durch Jahre der Sorgen und durch die zynische Offenheit meines Betragens langsam umgebracht. Als sie im Sarg lag, und ich ihr Gesicht sah – ein Gesicht, grau und vom Krebs zerstört – begriff ich, daß ich auf das Gesicht eines Opfers sah, und ich verfluchte das System, das sie zu einem Opfer gemacht hatte. Wir waren siebzehn in der Familie. Meine Brüder und Schwestern bedeuten mir nichts. Nur einer meiner Brüder ist fähig, mich zu verstehen.

Vor sechs Jahren trat ich aus der Katholischen Kirche aus, die ich glühend haßte. Es war mir aufgrund der Regungen meiner Natur unmöglich, in ihr zu bleiben. Ich führte einen geheimen

Krieg gegen sie, als ich Student war, und schlug die Stellungen aus, die sie mir anbot. Ich machte mich dadurch zum Bettler, aber ich behielt meinen Stolz. Jetzt führe ich einen offenen Krieg gegen sie, durch das, was ich schreibe und sage und tue. Der Gesellschaftsordnung kann ich mich nicht einordnen – außer als Vagabund. Ich habe dreimal begonnen, Medizin zu studieren, einmal Jura, einmal Musik. Vor einer Woche traf ich noch Anstalten, als Wanderschauspieler von hier fortzugehen. Ich konnte den Plan nicht energisch betreiben, weil Du mich am Arm festhieltest. Die gegenwärtigen Schwierigkeiten meines Lebens sind unglaublich, aber ich verachte sie.

Als Du heute abend hineingingst, wanderte ich in Richtung Grafton St., wo ich lange Zeit an einen Laternenpfahl gelehnt stand und rauchte. Die Straße war erfüllt von einem Leben, auf das ich einen Strom meiner Jugend ausgegossen habe. Während ich dort stand, dachte ich an ein paar Sätze, die ich vor Jahren, als ich in Paris lebte, geschrieben hatte – es waren folgende Sätze: ›Sie streichen zu zweit und zu dritt inmitten des Boulevardtreibens vorbei und gehen wie Leute, die Muße haben an einem Ort, der für sie erleuchtet ist. Sie sind in der Konditorei, schwatzen, zermahlen kleine Kuchengebilde, oder sitzen schweigend an Tischen an der Tür des Cafés, oder steigen herab aus Kutschen, mit geschäftigem Rascheln der Gewänder, sanft wie die Stimme des Ehebrechers. Sie streichen in einem Hauch von Düften vorbei. Unter den Düften haben ihre Körper einen warmen, feuchten Geruch‹ –[1]

Als ich mir dies wieder durchlas, wußte ich, daß dieses Leben noch immer auf mich wartete, wenn ich mich dafür entschiede. Es könnte mich vielleicht nicht mehr in einen Rauschzustand versetzen, wie es das früher getan hatte, aber es war immer noch da, und jetzt, wo ich weiser und beherrschter bin, war es ohne Gefahr. Es würde keine Fragen stellen, nichts von mir erwarten als einige Augenblicke meines Lebens und den Rest mir überlassen und würde mir Freude dafür versprechen. An alles das dachte ich und ohne Bedauern verwarf ich es. Es war nutzlos für mich; das was ich wollte, könnte es mir nicht geben.

Du hast, glaube ich, einige Stellen in einem Brief, den ich Dir schrieb, mißverstanden, und ich habe in Deinem Benehmen eine gewisse Scheu bemerkt, als bedrücke Dich die Erinnerung an jenen Abend.[2] Für mich jedoch war er eine Art Sakrament, und die

Erinnerung daran erfüllt mich mit freudigem Erstaunen. Du wirst vielleicht nicht sofort verstehen, warum es kommt, daß ich Dich deswegen so sehr verehre, da Du nicht viel von meinem Denken weißt. Aber gleichzeitig war es ein Sakrament, das in mir ein bestimmtes Gefühl des Schmerzes und der Erniedrigung hinterließ – des Schmerzes, weil ich Dich in einer außergewöhnlichen, zarten Schwermut sah, die dieses Sakrament als Kompromiß gewählt hatte, und der Erniedrigung, weil ich begriff, daß ich in Deinen Augen einer Konvention unserer gegenwärtigen Gesellschaft nicht entsprach.

Ich habe heute abend Dir gegenüber gespottet, aber ich meinte damit die Welt, nicht Dich. Ich hasse die Leute in ihrer Gemeinheit und Unterwürfigkeit, nicht aber Dich. Siehst Du die Einfachheit nicht, die hinter allen meinen Verkleidungen steckt? Wir alle tragen Masken. Gewisse Leute, die wissen, daß wir viel zusammen sind, beleidigen mich oft Deinetwegen. Ich höre ihnen gelassen zu, würdige sie keiner Antwort, aber das geringste Wort von ihnen wirbelt mein Herz um und um wie einen Vogel der Sturm.

Es ist nicht angenehm für mich, in Erinnerung an den letzten Blick Deiner Augen jetzt ins Bett gehen zu müssen – müde Gleichgültigkeit sprach aus Deinem Blick – und in Erinnerung an die Qual in Deiner Stimme neulich nacht. Kein Mensch hat meiner Seele je so nahe gestanden wie Du, scheint es, und doch kannst Du mit verletzender Grobheit auf meine Worte reagieren. (›Ich weiß, was jetzt aus Dir spricht‹ sagtest Du). Als ich jünger war, hatte ich einen Freund,[3] dem ich mich ganz öffnete – in gewisser Weise mehr als ich mich Dir öffne, und in gewisser Weise weniger. Er war Ire, und das heißt, er hat mich verraten.

Ich habe noch nicht ein Viertel von dem gesagt, was ich sagen will, aber es ist sehr mühselig, mit dieser verfluchten Feder zu schreiben. Ich weiß nicht, was Du von diesem Brief denken wirst. Schreibst Du mir, bitte? Glaub mir, meine liebe Nora, ich verehre Dich sehr, aber ich will mehr als Deine Zärtlichkeiten. Wieder hast Du mich der Pein des Zweifels überlassen.   JAJ

---

1 Die Stelle entspricht einer Epiphanie (Nr. 33) über die Pariser *poules,* deren letzter Satz fortgelassen ist. Sie ist in *Ulysses* (S. 51) verwendet.
2 16. Juni.
3 J. F. Byrne.

16. September 1904
                                        103 North Strand Road, Fairview[1]

Liebste Nora –

Briefeschreiben wird allmählich fast unmöglich zwischen uns.
Wie ich diese kalten, geschriebenen Wörter verabscheue! Ich
dachte, es würde mir nichts ausmachen, Dich heute nicht zu sehen, aber ich merke, daß die Stunden mir sehr lang werden. Mein
Hirn scheint jetzt sehr leer zu sein. Als ich gestern abend auf Dich
wartete, war ich sogar noch unruhiger. Mir schien es, als führte ich
Krieg für Dich gegen alle religiösen und sozialen Kräfte in Irland
und wäre dabei ganz auf mich allein gestellt. Hier ist kein Leben –
keine Natürlichkeit oder Aufrichtigkeit. Die Leute wohnen ihr
Leben lang in denselben Häusern zusammen und am Ende sind
sie so weit voneinander entfernt wie je. Bist Du sicher, daß Du
Dir keinerlei falsche Vorstellungen von mir machst? Denke daran, daß ich Dir auf jede Frage, die Du mir stellst, offen und ehrlich
antworten werde. Aber auch wenn Du nichts zu fragen hast,
werde ich Dich verstehen. Daß Du Dich dazu entscheiden kannst,
in dieser Weise in meinem Leben, das vom Hazard bestimmt ist,
neben mir zu stehen, erfüllt mich wirklich mit Stolz und Freude.
Hoffentlich zerreißt Du nicht alles, was vor Dir liegt, heute. Vielleicht könntest Du den langen morgigen Vormittag dadurch etwas verkürzen, daß Du mir einen Brief zukommen läßt. Es ist erst
eine Woche her, sagtest Du, daß wir unser berühmtes Gespräch
über die Briefe hatten, aber sind es nicht diese Dinge, durch die
wir einander so nahe gekommen sind? Erlaube mir, liebste Nora,
Dir zu sagen, wie sehr es mein Wunsch ist, daß Du alles Glück, das
mir zufallen mag, mit mir teilst, und Dir zu versichern, wie sehr
ich Deine Liebe achte, die ich zu verdienen und zu erwidern
hoffe.   Jim

1 Nachdem Joyce den Martello-Turm verlassen hatte, wohnte er, bevor er in sein
Elternhaus zurückkehrte, einige Tage bei seinem Onkel William Murry
(1858–1912) und seiner Tante Josephine Murray (1862–1924). Es war dies die
Adresse der Murrays in Fairview, einem Stadtteil im Nordosten von Dublin.

Von Nora Barnacle   *16. September 1904*
                                                      Leinster Street

Lieber Jim,
Ich fühle mich so sehr müde heute abend daß ich Dir nicht vielen

großen Dank sagen kann für deinen freundlichen Brief den ich
unerwartet heute abend erhielt ich hatte sehr viel zu tun als der
Postbote kam ich lief fort in eins der Schlafzimmer um Deinen
Brief zu lesen ich wurde fünfmal gerufen aber tat so als hörte ich
nicht es ist jetzt halb zwölf und ich brauch dir nicht sagen daß ich
die Augen kaum offenhalten kann und ich freue mich die ganze
Nacht durchzuschlafen wo ich nicht so viel an Dich denken kann
wenn ich morgen früh aufwache werde ich an nichts anderes denken als an Dich Gute Nacht bis 7 Uhr morgen abend

NORA xxxxxxxxx

AN NORA BARNACLE   *19. September 1904*
                                    103 North Strand Road, Fairview
Carissima,
Erst einige Zeit, nachdem ich Dich verlassen hatte, ging mir auf,
daß zwischen meiner Frage ›Ist Deine Familie vermögend?‹ und
Deiner anschließenden Verlegenheit eine Verbindung bestand.
Ich wollte aber doch nur erfahren, ob Du im Zusammenleben mit
mir Annehmlichkeiten entbehren müßtest, an die Du von Zu-
hause gewohnt wärest. Nachdem ich eine Weile darüber nachgedacht hatte, wurde mir Deine andere Frage klar – nämlich, daß
Du Dir unschlüssig seist, ob ich innerhalb des College oder außerhalb wohnen sollte. Ich habe letzte Nacht sehr, sehr schlecht
geschlafen, bin viermal aufgewacht. Du fragst mich, warum ich
Dich nicht liebe, aber glauben mußt Du mir doch, daß ich Dich
sehr gern habe, und wenn der Wunsch, einen Menschen ganz zu
besitzen, diesen Menschen aus tiefstem Herzen zu bewundern
und zu verehren und danach zu trachten, das Glück dieses Menschen in jeder Weise zu sichern, ›Liebe‹ ist, dann ist vielleicht
meine Neigung zu Dir eine Art Liebe. Ich will Dir auch sagen, daß
es für mich auf dieser Welt keine Seele gibt, die schöner und
schlichter wäre als Deine, und darum, weil mir das so deutlich
bewußt ist, wenn ich Dich ansehe, mag es sein, daß meine Liebe
oder Neigung zu Dir viel von ihrer Gewalttätigkeit verliert.
    Ich wollte Dir noch sagen, daß Du, kommt Dir auch nur die ge-
ringste Andeutung zu Ohren, daß von seiten Deiner Familie irgendetwas unternommen wird, sofort das Hotel verlassen und
mir ein Telegramm (an *diese* Adresse) mit der Mitteilung schikken mußt, wo ich Dich treffen kann. Deine Familie kann Dich

natürlich nicht hindern, fortzugehen, wenn Du es wünschst, aber sie kann Dir Schwierigkeiten machen. Ich muß mich mit meinem Vater heute treffen und werde wahrscheinlich in seinem Haus wohnen, bis ich Irland verlasse. Schreib also, wenn Du schreibst, dorthin. Die Adresse ist 7 S. Peter's Terrace, Cabra, Dublin. Adieu also, liebe Nora, bis morgen abend.   JIM

Teil II
Pola, Rom, Triest
1904–1915

Pola, Rom, Triest (1904–1915)

Als Joyce am 11. Oktober 1904 mit Nora Barnacle in Zürich ankam, erfuhr er zu seiner Bestürzung, daß an der Berlitz-School keine Stelle für ihn frei sei und man von seiner Bewerbung nichts wüßte. Der Direktor schickte ihn nach Triest weiter, wo, wie sich herausstellte, ebenfalls keine Vakanz war. Es gelang ihm schließlich an der Berlitz School in Pola, dem Kriegshafen der Österreichisch-Ungarischen Monarchie, angestellt zu werden. In diesem gottverlassenen Ort blieb er bis März 1905, als er nach Triest versetzt wurde.

Joyce fand in Triest noch weniger Ruhe als in Pola. Der Unterricht, den er zu geben hatte, war anstrengend und lang; seine Unabhängigkeit bewahrte er sich dadurch, daß er Italienisch und Deutsch lernte und an seinen Büchern schrieb. *Stephen Hero* brachte er von Kapitel XII auf Kapitel XXIV und schrieb während seines ersten Jahres im Ausland die meisten Erzählungen für *Dubliners.* Am 27. Juli 1905 brachte Nora Barnacle das erste Kind zur Welt, ihren Sohn Giorgio. Kurz darauf, beunruhigt durch die Pflichten, die ihm als Vater zuwuchsen, überredete Joyce seinen Bruder Stanislaus, von Dublin fortzugehen und als Englischlehrer zu ihm nach Triest zu kommen. Stanislaus traf im Oktober ein und half das Leben seines Bruders stabilisieren. Aber diese Stabilität war auf die Dauer beschwerlich, und nachdem Joyce sie rund ein Jahr genossen hatte, ergriff er die Gelegenheit beim Schopf, Korrespondent in einer Bank in Rom zu werden. Ende Juli 1906 reiste er mit Frau und Sohn nach Rom ab.

Rom war, wie sich herausstellte, ganz und gar nicht nach seinem Geschmack. Die Arbeit in der Bank war langweilig und aufreibend; die Stadt mißfiel ihm; und mit *Dubliners* machte er die trübe Erfahrung, daß ein Verleger, Grant Richards, das Buch unter Vertrag nahm, sich dann aber ängstlich weigerte, es zu veröffentlichen. Elkin Mathews' Zusage, *Chamber Music* (›Kammermusik‹) zu veröffentlichen (was 1907) geschah), war nur ein schwacher Trost. Obwohl Joyces Leben in Rom chaotischer denn je war, las er viel, schrieb zwei weitere Erzählungen für *Dubliners,* plante ›The Dead‹ (›Die Toten‹) und eine weitere Erzählung, ›Ulysses‹, aus der später der Roman wurde, und verschaffte sich ganz allgemein Klarheit über sein Verhältnis zur zeitgenössischen Literatur und zu seinem eigenen Land. Die Möglichkeiten der Verwendung eines modernen Idioms wurden ihm deullicher, und die bitteren Gefühle dem Land gegenüber, das ihn vertrieben hatte, wurden dadurch etwas gemildert, daß er sich in der Verbannung über seine unauflösliche Bindung an Irland klarwurde.

Im Februar 1907 kündigte Joyce ganz abrupt bei der Bank, und nach einigen vagen Überlegungen, sich anderswo Arbeit zu suchen, kehrte er im März nach Triest zurück. Im Sommer erkrankte er an akutem Gelenkrheumatismus und war Patient im selben Krankenhaus, in dem am 26. Juli das zweite Kind, Lucia Anna, geboren wurde. Während seiner Genesung schrieb er ›Die Toten‹ und begann dann mit der Umarbeitung des *Stephen Hero* (›Stephen der Held‹) zu *A Portrait of the Artist as a Young Man* (›Porträt des Künstlers als junger Mann‹). Er gab den Unterricht an der Berlitz School auf und lebte nur noch von Privatstunden, die besser bezahlt waren und ihm mehr Freiheit ließen.

Joyce hatte oft daran gedacht, nach Irland zurückzukehren, und 1909 fuhr er, gemeinsam mit Giorgio, besuchsweise dorthin. Kurz nach seiner Ankunft brach er nach einem Gespräch mit seinem alten Freund, Vincent Cosgrave, fast zusammen; Cosgrave erzählte Joyce (es war eine Lüge, wie sich bald herausstellte), er habe sich mit Joyce in Nora Barnacles Gunst während jenes ersten Liebessommers im Jahr 1904 geteilt. Cosgraves Prahlerei bestärkte Joyce in dem Gefühl, wenn vielleicht auch nicht von seiner Frau, so doch von seinen Freunden verraten worden zu sein. Das Thema Verrat spielt im letzten Kapitel des ›*Porträt des Künstlers*‹, in *Exiles* (›Verbannte‹) und in *Ulysses* eine große Rolle.

Joyce kehrte nach Triest zurück. Er nahm seine Schwester Eva mit, um den armseligen väterlichen Haushalt in Dublin zu entlasten, und damit Nora Joyce Gesellschaft hatte. Aber er war kaum zurück, als eine zufällige Bemerkung Evas, daß es in Dublin kein einziges reguläres Kino gäbe, ihn dazu veranlaßte, einige Triestiner Kino-Unternehmer um Unterstützung anzugehen. In ihrem Auftrag reiste er im September nach Irland zurück, um einen geeigneten Saal zu suchen. Er erfüllte seine Mission, und im Dezember 1909 war die Eröffnung des Cinematographen Volta. Gleichzeitig fand er einen Dubliner Verlag, Maunsel & Company, der bereit war, *Dubliners* zu veröffentlichen, und er unterzeichnete einen Vertrag mit George Roberts, dem Verlagsleiter.

Anfang Januar 1910 fuhr Joyce nach Triest zurück und brachte diesmal eine andere Schwester mit, Eileen. Das Volta-Unternehmen reüssierte nicht und mußte mit Verlust verkauft werden. Trotz Joyces verzweifeltem Drängen zögerte Roberts die Veröffentlichung der *Dubliners* unter verschiedenen Vorwänden hinaus. Joyce faßte den Plan, Englischlehrer an einer italienischen Höheren Schule zu werden, und bestand im April 1912 in Padua die nötigen Prüfungen, um dann feststellen zu müssen, daß sein irischer Universitätsgrad nicht anerkannt wurde. Im Juli erlaubte er seiner Frau, die sich seit langem danach gesehnt hatte, ihre Familie in Galway wiederzusehen, mit Lucia dorthin zu fahren; aber als sie ihm nicht sofort schrieb, nahm er Giorgio und reiste ihr nach. Er hoffte, die Sache mit *Dubliners* endgültig regeln zu können; Roberts aber verfolgte, zum Teil aus Böswilligkeit, eine quälende Verzögerungstaktik, mit dem Ergebnis, daß nicht nur er es ablehnte, das Buch zu veröffentlichen, sondern daß auch die Druckerei es ablehnte, die Druckbogen an Joyce zu verkaufen. Joyce kehrte nach Triest zurück und verstand sich nie wieder dazu, nach Irland zu fahren.

Im Jahr darauf, 1913, gelang es Joyce endlich, die Unterstützung zu gewinnen, die er brauchte. W. B. Yeats, dem er von seinen Schwierigkeiten bei der Suche nach einem Verleger geschrieben hatte, brachte ihn mit dem amerikanischen Dichter Ezra Pound in Kontakt. Pound wandte sich sofort an Dora Marsden, die Herausgeberin des *Egoist,* und legte ihr nahe, das ›Porträt des Künstlers‹ in ihrer Zeitschrift in Fortsetzungen abzudrukken, und der Roman erschien dann auch dort vom 2. Februar 1914 bis zum 1. September 1915. Inzwischen, im Januar 1914, erklärte sich Grant Richards, der wegen *Dubliners* seit langem ein schlechtes Gewissen hatte, zur Veröffentlichung des Buches bereit und brachte es am 15. Juni 1914 heraus. Im November 1913 hatte Joyce die *Verbannten* zu schreiben begonnen, und im März 1914 fing er den *Ulysses* an.

Der Ausbruch des Ersten Weltkrieges wirkte sich zunächst nicht sehr auf Joyce und seinen Bruder aus. Joyce gab weiterhin Privatstunden und hielt Sprachkurse an einer Handelshochschule in Triest. Im Januar 1915 aber wurde Stanislaus Joyce interniert, und nach der italienischen Kriegserklärung im Mai dieses Jahres hielt es Joyce für geraten, das Land zu verlassen. Durch die Vermittlung von Freunden erhielt er unter der Bedingung, sich neutral zu verhalten, die Genehmigung, in die Schweiz zu gehen. Ende Juni 1915 wurde ihm und seiner Familie die Ausreise mit dem Zug nach Zürich gestattet.

An Stanislaus Joyce   *31. Oktober 1904*
Via Giulia 2, s. piano, Pola,
Österreich

Lieber Stannie,
Die Schule in Triest und die Schule hier in Pola sind Privateigentum von Signor Artifoni,[1] der die Schule in Triest von Signor Bertelli[2] leiten läßt. Als man mir sagte, ich könne nicht bleiben, verbrachte ich Tage damit, eine Stellung als Englisch-Korrespondent in einem Handelshaus zu finden. Es ging uns einige Tage sehr schlecht, ich pumpte natürlich *in Triest* rechts, links und mittenmang. Es gelang mir immerhin, einen Schüler zu bekommen, und ich hätte auf die Dauer genügend Privatstunden haben können, wenn ich bis dann Geld für meinen Unterhalt gehabt hätte. Aber da kam zufällig der Besitzer der beiden Schulen geschäftlich nach Triest, und ich suchte ihn auf. Zum Glück ist er Sozialist wie ich und erklärte mir, es wäre notwendig, daß ich alle Papiere wie für Verheiratete unterschriebe. Dann bot er mir eine Stellung in Pola an, und ich nahm sie an. Ich verließ Triest am Samstagmorgen mit dem ersten Schiff, und wie du siehst, wurde meine Ankunft in Pola durch die beiliegende eindrucksvolle Notiz angekündigt.[3] Du findest Pola unten an der adriatischen Küste auf die Türkei zu. Es ist ein großer österreichischer Kriegshafen und war gestern en fête bei der Enthüllung eines Denkmals für die Kaiserin Elisabeth.[4]

Da ich in Triest mindestens vier Adressen hatte, ist meine Korrespondenz sehr kompliziert. Ich habe die Urkunden noch nicht erhalten, die Du in die Schweiz geschickt hast, aber ein Freund von mir in Zürich schickt alles nach, was für mich ankommt. Bitte, schicke mir sofort die Nummer des ›Irish Homestead‹, in der mein ›Nach dem Rennen‹ steht. Mein Koffer, den ich in Zürich ließ, soll morgen oder übermorgen hier ankommen. Schick den Schlüssel sofort.

Untergebracht hier in einem möblierten Zimmer mit Küche, umgeben von Töpfen, Pfannen und Kesseln. Die Schule ist direkt gegenüber. Bitte, schreibe sofort einen langen Brief mit Beilagen, und teile mir alle Neuigkeiten mit, da es jetzt fast einen Monat her ist, seit ich Irland verließ, und ich noch nichts erfahren habe. Ich habe Kap. XII [in Zürich] beendet und eine neue Erzählung, ›Heiliger Abend‹, zum Teil geschrieben. Wenn Du einen der Mystiker oder Byrne oder Curran triffst, kannst Du Dich lässig glücklich geben. Sag Pappie, ich werde morgen oder so schreiben, da ich möchte, daß er Dr. Rivière einen Gefallen tut.   JIM

1 Almidano Artifoni, dessen wohlklingenden Namen Joyce für Stephens Italienischlehrer in *Stephen Hero* und *Ulysses* übernahm.
2 Giuseppe Bertelli war stellvertretender Direktor der Berlitz School in Triest.
3 Der *Giornaletto di Pola* brachte am 31. Oktober 1904 auf italienisch folgende Notiz:
›Die Berlitz School erlaubt sich, jenen [Marine-]Offizieren und k. u. k. Angestellten, die sich, weil die erwünschten Zeiten bereits besetzt waren, nicht als Englischschüler eintragen konnten, bekanntzugeben, daß gestern abend der zweite Englischlehrer eingetroffen ist:

James A. Joyce B. A.
Bachelor of Arts Mod. Lit.

Man möge sich also an irgendeinem Tag für Englischunterricht zwischen 9 und 12 eintragen.
Die Direktion.‹
4 Gemahlin von Kaiser Franz Joseph; sie wurde am 10. September 1898 ermordet.

AN STANISLAUS JOYCE   *28. Dezember 1904*
                    Via Giulia 2, II, Pola, Österreich
Lieber Stannie,
Bitte schick mir die ›Irish Homestead‹, in der meine Erzählung steht, und die Weihnachts-Nummer. Ende der Woche schicke ich Dir Kap. XII., XIII., XIV. Ich bin jetzt bei Kap. XV. und habe mit der italienischen Übersetzung von ›Mildred Lawson‹[1] begonnen. Ich möchte, daß Du mir sofort zu diesen Kapiteln schreibst. Du kannst sie Cosgrave oder Curran leihen, wenn Du willst, aber keinem anderen. Du kannst sie Tante Josephine vorlesen. Sag ihr, daß ich ihr morgen schreibe.

Du bist vielleicht überrascht, daß Du solche trockenen Briefe von mir bekommst, aber ich habe eben nicht viel zu berichten. Es ist bitter kalt, und wir haben keinen Ofen. Ich schreibe hauptsächlich in den Cafés. Fräulein Globocnik,[2] die Sekretärin der Schule, hat ein Klavier und lädt uns manchmal abends ein. Sie ist eine melancholische kleine Androgyne und sehr gefühlvoll mir gegenüber. Ich muß wirklich sagen, es ist etwas in mir, was Frauen anzieht. Ich möchte mehr Geld haben und mehr Freiheit, als ich im Augenblick habe, und aus diesem Grunde arbeite ich an dem Roman und der Übersetzung.

Du stellst fest, meine Stimmung sei gesunken. Das hast Du nicht besonders gut ausgedrückt. Die Beziehung, in der ich jetzt lebe, hat mich zu einem irgendwie ernsten Menschen gemacht, und ich habe es aufgegeben, Abhandlungen zu schreiben. Ich trinke wenig oder nichts, rauche übermäßig viel, singe selten. Ich bin neuerdings sehr reizbar. Nora sagt, ich hätte das Gesicht eines Heiligen. Ich selbst finde, ich habe das Gesicht eines Wüstlings. Aber das bin ich nicht mehr – wenigstens glaube ich, es nicht mehr zu sein.

Eines Nachts hatte ich heftige Magenkrämpfe, und Nora betete: ›O mein Gott, befreie Jim von seinen Schmerzen.‹ Neulich abend gingen wir in ein Bioskop. Wir sahen eine Bilderserie über das betrogene Gretchen. Im dritten, letzten Akt wirft Lothario sie in den Fluß und läuft, vom Pöbel verfolgt, davon. Nora sagte: ›O Schutzmann, fang ihn.‹

Wir haben Streitereien gehabt – komische Affären. Nora sagt, das wären die Streitereien eines Liebespaars, und sagt, ich wäre sehr kindisch. Sie sagt, ich hätte einen wundervollen Charakter. Sie nennt mich den einfältigen Jim. Complimenti, Signor!

Wir wohnen hier ungesund, und ich bin auf der Suche nach einer neuen Wohnung. Nora ist schwanger, glaube ich, und ich möchte, daß sie so gesund wie möglich lebt. Mein Kind, wenn ich eins haben werde, wird natürlich nicht getauft, sondern nur unter meinem Namen eingetragen werden. Ich spreche jetzt noch nicht gern von dieser Sache.

Ich habe mich äußerlich wenig verändert; etwas kräftiger, neuer brauner Anzug, kleiner Schnurrbart und eine weite, scharlachrote Krawatte. Meine Stimme hat sich aus Mangel an Übung, durch zu viel Rauchen und eine chronische Erkältung sehr verschlechtert. Ich werde nächsten Monat zum Augenarzt gehen und mir ein Pincenez verschreiben lassen, das ich, da meine Augen jämmerlich schlecht sind, gelegentlich aufsetzen kann.

Ich denke nicht, daß ich viele geistige Einfälle habe, die zu verzeichnen wären. Ich glaube nicht, daß ich noch Lieder schreiben werde. Du könntest einmal alle englischen Zeitschriften des letzten Jahres durchsehen und feststellen, ob Du einen Aufsatz über D'Annunzios ›Figlia di Jorio‹[3] findest. Wenn es keinen gibt, würde ich einen schreiben. Ich erwarte Deine Antwort auf meine ›Speaker‹-Karte in dieser Woche. Wenn Du einen Schlüssel für meinen Koffer in der Duke St. bekommen könntest, wäre mir das lieb, da der Schlüssel, den Du geschickt hast, nie hier angekommen ist. Mir ist auch der alte ›Speaker‹, den ich gern haben möchte, weggekommen.

Da ich jetzt nach Hause gehe, mußt Du Dich mit diesem Brief zufriedengeben und ausführlich schreiben. Es ist sehr spät und der Heimweg kalt. Jim

Caffé Miramar

Nora Joyce
Tut mir leid, daß es keine richtigen sind[4]   Nora xxxxx
Die besten Wünsche für das Neue Jahr   xxxxx

1 Die erste Erzählung in Moores *Celibates*.
2 Amalija Globocnik, die in Pola und später in Triest freundschaftlich mit der Familie Joyce verbunden war. Joyce schrieb ihren Namen ständig *Globonik*, was korrigiert wurde.
3 Gabriele D'Annunzio, *La Figlia di Iorio, Tragedia pastorale*, erschien 1904 in Mailand.
4 Die Küsse nämlich, die durch die x-Zeichen angedeutet sind.

An den Verleger Grant Richards, London

16. Januar 1905
7 Via Medolino, Pola, Österreich
Sehr geehrter Herr,
Ich schrieb Ihnen Anfang Oktober vergangenen Jahres von Dublin aus und bat Sie, mir mitzuteilen, was Sie mit meinem Gedichtband (›Chamber Music‹) zu tun beschlossen hatten, den Ihnen Mr. Arthur Symons zur Prüfung übergeben hatte, und in Erwiderung meines Schreibens erhielt ich von Ihnen eine Karte, des Inhalts, daß Sie mir in ein oder zwei Tagen definitiv Nachricht geben würden. Darf ich Sie bitten, mir postwendend mitzuteilen, ob Sie beabsichtigen, sie zu drucken oder nicht, und sie mir, falls Sie sie nicht zu drucken beabsichtigen, unverzüglich zurückzu-

schicken, da ich versuchen möchte, sie sobald wie möglich anderswo zu veröffentlichen, und ich bereits das Angebot eines anderen Verlages[1] abgelehnt habe, weil ich glaubte, es bestünde Aussicht, daß Sie das Buch herausbrächten? Hochachtungsvoll Ihr

JAS. A. JOYCE

1 Nämlich Maunsel & Company, 1905 von George Roberts (1873–1953) gemeinsam mit Joseph Maunsel Hone (1882–1959) und Stephen Gwynn (1864–1950) gegründet. Die Firma wurde 1925 liquidiert. Hone, der später Biographien über Yeats und George Moore schrieb, gab der Firma den Namen und brachte einen großen Teil des Kapitals ein.

AN STANISLAUS JOYCE   *19. Januar 1905*
                      7 Via Medolino, 1⁰. Pola, Österreich
Lieber Stannie,
Ich schicke Dir die vierte ›Dubliners‹-Erzählung – ›Hallow Eve‹ (›Der Abend vor Allerheiligen‹) – die Du bitte unverzüglich dem Herausgeber der Irish Homestead anbietest.[1] Vielleicht sind sie über mich verärgert und wollen mir nicht mehr die Ehre antun, weiteres zu drucken. Für den Fall, daß sie angenommen wird, lege ich eine Quittung bei – Du kannst das Geld in Empfang nehmen und mir überweisen. Sag ihnen, Du würdest Dich freuen, das Geld baldmöglichst zu erhalten. Der ›Irish Independent‹ ist wirklich furchtbar – ich konnte keine von den keltischen Christkindereien[2] lesen, außer den Gedichten, die mir fast unerträglich schlecht schienen, außer dem von Collumb[3], das ich ganz gut fand. Aber frag die guten jungen Leute, ob sie es mit dem ›Abend vor Allerheiligen‹ aufnehmen können. Ich habe Grant Richards geschrieben und ein Lied ›Bid adieu‹ an ›Harper's‹ geschickt. Hast Du etwas Neues wegen Irish Voices gehört? – setz Dich mit O'Donoghue[4] in Verbindung. Sind irgendwelche Bände im Verlag von Roberts[5] erschienen und ist man dort immer noch bereit, mich zu drucken? Ich erwarte von Dir, daß Du mir viel öfter schreibst als Du es tust. Du weißt, ich habe keinen, mit dem ich sprechen kann. Nora kümmert sich natürlich einen Dreck um Kunst. Als sie ›Mildred Lawson‹ gelesen hatte, sagte sie, Moore wäre nicht imstande, einen richtigen Schluß zu schreiben – als sie sah, wie ich Epiphanien in meinen Roman übertrug, fragte sie, warum ich all das Papier verschwendete – wobei ich an Heine[6] denken mußte. Sie möchte, daß ich mich mit dem Roman beeile und reich

72

werde, so daß wir in Paris leben können. Paris und Zürich gefallen ihr sehr, aber Pola ist ein komisches altes Nest. Du darfst niemandem meine Adresse geben, ohne mich vorher gefragt zu haben – das ist der Grund, weshalb ich möchte, daß Du das Geld beim Homestead kassierst.[7] *Was* ist mit den ganzen irischen Schriftstellern los[8] – was in Dreiteufelsnamen jaulen die ewig herum? Ist es nicht komisch, Roberts' Gedichte über eine Mutter zu lesen, die ihr Baby an die Brust drückt? O blinder, jaulender, triefnasiger, verleumdeter Herre Christ, wozu wurden diese jungen Männer gezeugt?   JIM

1 Die Erzählung wurde nicht angenommen. Im Druck erschien sie zum ersten Mal unter dem Titel ›Clay‹ (›Erde‹) in *Dubliners*.
2 Die Weihnachtsnummer vom *Irish Homestead* war betitelt *A Celtic Christmas*.
3 Padraic Colum (geb. 1881), irischer Schriftsteller, hatte in *A Celtic Christmas* ein Gedicht ›Cradle Song‹ (*Irish Homestead*, 3. Dezember 1904). Gezeichnet war es Padraic Mac Cormac Colm, letzteres eine der verschiedenen Schreibweisen seines Nachnamens.
4 David James O'Donoghue (1866–1917), irischer Biograph, von 1909 bis zu seinem Tode Bibliothekar am University College Dublin. 1892 gab er *The Poets of Ireland, A Biographical Dictionary*, heraus; in einer revidierten Ausgabe (1912, S. 219) fand Joyces *Chamber Music* eine kurze lobende Erwähnung. O'Donoghue schrieb ferner Biographien von William Carleton und James Clarence Mangan.
 Irish Voices war vermutlich eine Anthologie irischer Dichter, die in Verbindung mit der geschickt zusammengestellten irischen Ausstellung innerhalb der Weltausstellung in St. Louis 1904 herausgebracht werden sollte. Herausgeber war offenbar O'Donoghue, und Joyce hatte die Hoffnung, darin vertreten zu sein. Aber das Buch ist, soweit sich feststellen läßt, nie erschienen.
5 George Roberts, in County Down geboren, kam 1900 nach Dublin und schloß sich bald dem Kreis junger Schriftsteller an.
6 Heinrich Heine (1797–1856) hatte eine Geliebte – Eugénie Mirat (›Mathilde‹) –, die er später heiratete. Sie war Verkäuferin und so gut wie ungebildet, aber er blieb ihr bis zu seinem Tod verbunden.
7 Die Tatsache, daß er in Pola war, war Joyce offenbar peinlich.
8 Joyce hatte dabei die Gruppe von Dichtern um George Russell im Sinn, zu denen Padraic Colum, Eva Gore-Booth, Thomas Keohler, Alice Milligan, Susan Mitchell, Seumas O'Sullivan, George Roberts und Ella Young gehörten. Russell brachte unter dem Titel *New Songs* eine Anthologie ihrer Gedichte heraus (Dublin und London 1904).

. AN STANISLAUS JOYCE   *28. Februar 1905*
   7 Via Medolino, Pola, Österreich
   Lieber Stannie,
   Warum setzt Du ein Ausrufungszeichen hinter den Satz über Dorans Artikel? Das Thema kommt mir merkwürdig vor: ich würde

den Artikel gern lesen. Da Du Ibsen erwähnst, lege ich Dir diesen Ausschnitt aus einer Triestiner Zeitung bei. Ich wünschte, ich könnte genug Dänisch, um die Bände zu lesen. Was für ein Artikel über Ibsen ist das in der T. P.?[1] Mir fällt auf, daß Artikel über Ibsen sehr attraktive Titel haben. Auf wessen Auskunft beziehst Du Dich, wenn Du mir schreibst: ›In Finn's Hotel sagten Sie nur, Miss Barnacle wäre gegangen‹? Ist Mrs. Wright dort fest angestellt? (Eine ekelhafte Tinte ist das.) Dein Kompliment (Coppée[2] und ich) ist ziemlich frostig: aber ich habe meine Instrumente nicht bei mir (wie Du weißt), sonst wäre ich nicht gezwungen, andere um Hilfe anzugehen. Ich dachte, Curran wäre über die vorgesehene Länge des Opus im Bilde – was heißt das über ›care‹ oder ›cure‹? Ich habe Renans ›Leben Jesu‹ gelesen (ich bat Dich, mir den Strauß zu schicken): es ist gut geschrieben und darin in vieler Beziehung ein Muster: das Temperament ist ergötzlich. Die Erzählung vom Tod werde ich vielleicht für Dich übersetzen. Er nennt Johannes den Täufer den Wermut des göttlichen Festes. Ich habe die ›Sorrows of Satan‹[3] gelesen, ›A Difficult Matter‹ (Mrs. Lovett Cameron),[4] ›The Sea Wolves‹ (Max Pemberton),[5] ›Auferstehung‹[6] und Erzählungen (Tolstoj), ›Good Mrs. Hypocrite‹ (Rita),[7] ›Tragedy of Korosko‹ (Conan Doyle),[8] ›Visits of Elizabeth‹ (Elinor Glyn)[9] und ›Ziska‹[10]. Ich habe das Gefühl, ich sollte Literat sein, aber ich habe verdammt noch mal die Gelegenheit dazu noch nicht gehabt. Du hast nichts zu tun – warum schreibst Du keine ausführlichen Briefe? Ich bekomme einige Erzählungen von Jacobsen[11] (auf deutsch) und das ›Fest auf Solhaug‹[12] (auch auf deutsch) zum Lesen. Ich habe im Deutschen große Fortschritte gemacht. Lies *Siren Voices*[13] und schreib mir darüber. Sag dem dumpfen Tier,[14] ›There would be‹ (il y aurait) ist keine Inversion. Sag ihm auch, daß ich eine ›Dubliner‹-Erzählung über ihn schreiben will. Wo ist ›Der Abend vor Allerheiligen‹ augenblicklich? Bring den noch mal zur I. H.[15] und gib Russell einen Kuß von mir. Du könntest mir einen Bericht über moderne englische Literatur schicken. Warum schreibt Tante Josephine nicht? Ich habe Dir alles, was ich über den Scheck weiß, geschrieben und nehme an, Deine Antwort wird sich mit diesen Zeilen kreuzen.

Mir scheint, daß das, was die meisten Leute bei der Länge des Romans erstaunt, die außergewöhnliche Energie des Schreibers und seine außergewöhnliche Geduld ist. Es wäre für mich leicht, kurze Romane zu machen, wenn ich wollte, aber was ich in diesem Roman abtragen will, kann nicht abgetragen werden, wenn man nicht einfach alles aufführt. Gogarty hat damals ›63‹ im Diskant gepfiffen, als ich ihm die Anzahl der Kapitel nannte. Ich bin nicht ganz zufrieden mit dem Titel ›Stephen Hero‹[16] und denke daran, den ursprünglichen Titel des Aufsatzes ›A Portrait of the Artist‹ wieder hinzusetzen, oder vielleicht besser ›Chapters in the Life of a Young Man‹. Wenn ich einen Phonographen oder eine geschickte Stenotypistin hätte, könnte ich *bestimmt* jeden der Romane, die ich kürzlich gelesen habe, in sieben oder acht Stunden schreiben.

Dein spöttisches Erstaunen über meinen Vorschlag, ›Dubliners‹ Dir zu ›widmen‹, entstammt, meiner Meinung nach, Deiner übertriebenen Vorstellung, mir seien Ermutigungen, die ich erführe, gleichgültig. Es ist für jemanden in meinem Alter schwer, gleichgültig zu sein. Es ist unwahrscheinlich, daß ich an Schüchternheit sterben werde, aber ebenso bin ich nicht bereit, mich kreuzigen zu lassen, um die Vollkommenheit meiner Kunst unter Beweis zu stellen. Ich höre nicht gern von versprengten Heldenmachern, die auf der Jagd nach mir sind.

Ich glaube, daß ich zu dem Zeitpunkt, an dem mein Roman beendet ist, über gute Deutsch- und Dänisch-Kenntnisse verfügen werde, und wenn Brandes[17] dann noch lebt, werde ich ihn ihm schicken. Ich bin soweit, daß ich meine gegenwärtige Situation als freiwilliges Exil akzeptiere – ist es nicht so? Dies scheint mir wichtig, einmal weil ich daraus wahrscheinlich eine hinreichend persönliche Zukunft gestalten kann, um Currans Herzenswunsch zu befriedigen, und dann, weil es mich auf eine Tonart stimmt, in der ich meinen Roman zum Abschluß zu bringen beabsichtige.

Ich nehme an, Du wirst diesen Brief Samstag oder Sonntag erhalten. Adressiere Deinen nächsten Brief an die Schule in Triest, Via S. Nicolo 32, da ich nach dort versetzt worden bin. Ich fahre am Sonntag morgen von Pola nach Triest, sollten aber Briefe von Dir unterwegs sein, werden sie mir nachgeschickt. Ich werde mich sofort um Deine Anstellung bei der Berlitz School kümmern. Hier einige wichtige Punkte: für England, Irland und Schottland ist *London* zuständig. Für Frankreich, Spanien, Portugal und, glaube ich, Deutschland, ist *Paris* zuständig. Für Österreich-Ungarn, Italien, die Schweiz, die Türkei, Griechenland, Ägypten ist *Wien* zuständig. Du müßtest Dich, je nachdem wohin Du willst, an diese Zentralstellen wenden. Es ist jetzt nicht sehr günstig, da alle Stellen um diese Zeit gewöhnlich besetzt sind, aber vielleicht gibt es ja Vakanzen. Im September hättest Du keine Schwierigkeiten. Wenn Du bis September warten willst, laß Dich sofort an der Royal University einschreiben und mache die Matrikulanten-Prüfung, da eine Bescheinigung von der Universität Dir sehr nützen würde. Such außerdem alle Deine anderen Zeugnisse zusammen, auch Deine Geburtsurkunde. Wenn Du wirklich gehen willst, mußt Du Umgangs-Französisch lernen, denn damit kommst Du, außer bei den einfachen Leuten natürlich, überall auf dem Kontinent durch. Wenn Du schon vor September gehen willst, schreib mir und laß es mich wissen, und ich werde herausfinden, ob das Wiener Büro augenblicklich irgendwelche Vakanzen zu vermitteln hat. Ein Agent würde drei Guineas von Dir verlangen, aber bevor Du Dich an einen Agenten wendest, teile mir seinen Namen mit, ich werde Dir dann sagen, ob er vertrauenswürdig ist. Folgendes aus eigener Erfahrung: laß Dir einen Schnurrbart wachsen, gib vor, alles zu wissen, und kleide Dich aufwendig. Wenn Du das tust, kommst Du besser voran. In welches Land möchtest Du? Ich will Dir sagen, wo Du am meisten zu tun haben wirst. In Frankreich, Italien oder Deutschland kommst Du leicht mit der Hälfte Deines Gehalts aus, aber hier ist es sehr teuer. Antworte mir auf diesen Brief so rasch und so ausführlich wie möglich. Du hättest mir manchen Kummer erspart, wenn Du mir die Zeitungen, um die ich Dich bat, geschickt hättest. Hochachtungsvoll[18] Jaysus! bin ich blöde, sowas zu schreiben.

JIM

1 ›Henrik Ibsen‹, *T. P.'s Weekly* (hrsg. von Thomas Power O'Connor) V. 117 (3. Februar 1905) 140–41.
2 François Coppée (1842–1908), französischer Schriftsteller. Der Brief, in dem Stanislaus Joyce das Werk seines Bruders mit dem von Coppée vergleicht, hat sich nicht erhalten.
3 Von Marie Corelli (London 1895). In *Ulysses* wird das Buch, *Die Sorgen Satans,* erwähnt (S. 210).
4 Mrs. Lovett Cameron, *A Difficult Matter* (London 1898).
5 Sir Max Pemberton, *The Sea Wolves* (London 1894).
6 Graf Leo Tolstoj, *Resurrection* (›Auferstehung‹), übersetzt von Louise Maude (New York 1900).
7 Rita (Mrs. Desmond Humphreys), *Good Mrs. Hypocrite* (London 1899).
8 A. Conan Doyle, *The Tragedy of Korosko, etc.* (London 1898).
9 Elinor Glyn, *Visits of Elizabeth* (London 1900).
10 Marie Corelli, *Ziska, The Problem of a Wicked Soul* (London 1897).

11 Jens Peter Jacobsen (1847–85), dänischer Schriftsteller; wahrscheinlich ist sein Erzählungsband *Mogens* (1882) gemeint.

12 Henrik Ibsen, *Das Fest auf Solhaug* (1855).

13 Ein Teil der Gesammelten Schriften von Jens Peter Jacobsen wurde in englischer Übersetzung unter dem Titel *Siren Voices · Nils Lyhne* herausgegeben (London 1896).

14 Cosgrave, vgl. S. 181.

15 *Irish Homestead.*

16 Als ›A Portrait of the Artist‹ von der Zeitscheift *Dana* abgelehnt wurde, entschloß sich Joyce an seinem Geburtstag, dem 2. Februar 1904, es nach der Ballade ›Turpin Hero‹ unter dem Titel *Stephen Hero* umzuschreiben. Stanislaus Joyce gibt an, daß beide Titel von ihm vorgeschlagen worden seien.

17 Georg Brandes (1842–1927), der mit Ibsen befreundete dänische Kritiker.

18 Von Joyce durchgestrichen.

AN STANISLAUS JOYCE   *12. Juli 1905*
                            Via S. Nicolò 30, II⁰, Triest, Österreich

Lieber Stannie,

Ich schicke Dir morgen die fünfte ›Dubliners‹-Erzählung, nämlich ›The Boarding-House‹ (›Die Pension‹). Du sollst sie, wenn Du kannst, in einer englischen oder amerikanischen Zeitung unterbringen. Ich habe eine Abschrift hier. Ich habe auch die sechste Erzählung ›Counterparts‹ (›Entsprechungen‹) geschrieben und werde sie Dir am Samstag schicken, wenn ich sie bis dahin abgeschrieben habe. Ich beabsichtige, bis Ende des Jahres mit ›Dubliners‹ fertig zu sein und einen Band ›Provincials‹ darauf folgen zu lassen. Ich bin außergewöhnlich zufrieden mit diesen Erzählungen. In der *Pension* steht eine treffliche Wendung aus fünf Wörtern: such sie.[1] John Lane hat meine Gedichte abgelehnt, und ich habe sie Elkin Mathews angeboten. Ich werde Dich während der nächsten Woche oder so mit einer Salve von Briefen eindecken, von denen dies der erste ist.

Ich nehme an, Du hast inzwischen die Karte erhalten, die ich Dir am letzten Samstag schrieb und mit der ich Dich bat, hierher nach Triest zu kommen, da ich mit Dir über eine ernste Sache sprechen möchte. Ich habe mir inzwischen überlegt, daß Du das wohl schwerlich schaffen wirst, und so werde ich die Dinge brieflich zur Sprache bringen. Du hast alles, was ich schreibe, als nur für Dich und Tante Josephine bestimmt zu betrachten, und ich warte dringend auf Antwort von Euch.

Du wirst Dich an die Umstände erinnern, unter denen ich vor neun Monaten Irland verließ. Wie alles andere, was ich in meinem Leben getan habe, war es ein Experiment. Es entspräche kaum der Wahrheit, wenn ich behaupten wollte, dieses Experiment wäre gescheitert, denn immerhin habe ich in diesen neun Monaten ein Kind gezeugt, 500 Seiten meines Romans geschrieben, 3 meiner Erzählungen geschrieben, Deutsch und Dänisch einigermaßen gut gelernt, außerdem die (für mich) unerträglichen Pflichten meines Berufs erfüllt und zwei Schneider übers Ohr gehauen. Ich glaube, außerdem, daß ich jetzt viel besser schreibe als damals in Dublin, und die Stelle in Kap. xxiii (?),[2] wo Stephen Emma Clery gegenüber in ›Liebe‹ macht, halte ich für ein beachtliches Stück Prosa. Hinzu kommt, daß ich genug gegessen und getrunken habe, um mich am Leben zu halten, mir eine Brille und eine Uhr angeschafft und mich endlich in Zahnbehandlung begeben habe. Ich glaube nicht, daß ich meine Zeit verschwendet habe, aber selbst wenn ich das getan hätte, würde es das, was ich erklären will, nicht berühren.

Vor allem anderen muß ich Dir sagen, daß Triest die grobschlächtigste Stadt ist, in der ich je gewesen bin. Es ist kaum möglich zu übertreiben, wollte man die Unhöflichkeit der Leute schildern. Die Mädchen und Frauen sind so grob zu Nora, daß sie Angst hat, auf die Straße zu gehen. Nora kennt ungefähr dreißig Wörter vom Triestiner Dialekt (ich habe vergeblich versucht, ihr Französisch beizubringen), und so muß ich sie immer, wenn sie ausgeht, begleiten, und ich muß oft einen ganzen Nachmittag herumlaufen, um etwas ganz Simples zu einem erschwinglichen Preis zu bekommen. Auch muß ich Dir sagen, daß wir sofort, als man ihr etwas anzumerken begann, aus unseren Wohnungen ausziehen mußten. Das passierte dreimal, bis ich den kühnen Plan faßte, in das Haus neben der Schule zu ziehen und die Wirtin durch den Glanz dieses wundervollen Etablissements zu berükken. Diese List hatte bis jetzt Erfolg, aber wir sind weiterhin von der Gefahr bedroht, hinausgesetzt zu werden. Der Direktor der Schule und sein Vertreter (Vegetarier und Deutscher) haben beide Frauen, aber – keine Kinder. Der Direktor, als er Nora sah, sagte, ich wäre wohl ganz verrückt. Sein Vertreter ist auch entsetzt. Er hat auf deutsch ein ›Büchlein mit Frühlingsblumen‹ geschrieben und auf seine eigenen Kosten veröffentlicht; eins der Gedichte darin beginnt:

›Beim Trinken hielt ich an mich nie‹

und ein anderes (eine wahre Glanzleistung der Phantasie unter
diesen Umständen) beginnt:

> ›O, gibt es für ein Mutterherz
> Ein schöneres Gedicht
> Als wenn ihr Kind nach mancher Müh'
> Sein erstes Wörtchen spricht.‹

Du siehst hieraus, was für eine interessante Atmosphäre mich
umgibt, aber – weiter. Nora klagt fast nur. Sie kann nur wenige
von den wässrigen italienischen Gerichten essen, und was sie auch
ißt, sie bekommt davon Schmerzen in der Brust. Sie trinkt Bier,
aber schon von der geringsten Kleinigkeit wird ihr übel. In Pola
litt sie während des Winters entsetzlich unter der Kälte, und jetzt
(das Thermometer steht auf rund 100° F) liegt sie fast den ganzen
Tag von Schwäche erschöpft auf dem Bett. Die Triestiner legen
großen Wert darauf, ›modisch‹ auf der Höhe zu sein, oft hungern
sie, um in guten Kleidern auf der Pier prunken zu können, und sie
mit ihrem entstellten Körper (Eheu! peccatum?) und ihrem kurzen Vier-Kronen-Rock und ihrem über die Ohren gekämmten
Haar wird ständig gehänselt und ausgelacht. Ich hatte kürzlich
vor, ein Logis zu mieten (das heißt zwei oder drei Zimmer und
Küche), aber der Makler sagte mir, daß es in Triest sehr schwer
wäre, ein Logis zu bekommen, wenn man Kinder hat. Wir haben
unsere Küchengeräte hier im Schlafzimmer, aber wir benutzen sie
nie, weil Nora nicht gern in anderer Leute Küche kocht. Also essen wir mittags und abends außer Haus mit dem Erfolg, daß ich
mir fortwährend von dem Direktor und dem anderen Englisch-
›Professor‹ Geld leihe und es am nächsten Tag zurückzahle.
Triest ist nicht sehr billig, und es ist sehr schwer für einen Englischlehrer, der mit einer Frau von dem Gehalt eines Kanalarbei-
ters oder eines Heizers lebt, und von dem man erwartet, daß er
sich ›wie ein Herr‹ kleidet, und der sein Intellektuellenherz[3]
durch den gelegentlichen Besuch eines Theaters oder einer
Buchhandlung befriedigen möchte. Nachdem Du den ersten Teil
der Geschichte gehört hast, wirst Du verstehen, daß das régime
dieser Schulen eine Schreckensherrschaft ist und daß ich mich in
einer noch schrecklicheren Zwangslage befände, wenn mich nicht
viele meiner Schüler (Adlige und Signori und Redakteure und
reiche Leute) dem Direktor[4] gegenüber aufs höchste gelobt hät-

ten, der als Sozialist folglich sehr darauf achtet, daß ich mich dieses Lobes auch würdig erweise. Wie die Dinge liegen, kann ich mich nicht um eine Stellung in einer anderen Schule bemühen oder überhaupt um irgendeine Stellung. Er gab mir eines Tages sehr deutlich zu verstehen, daß er einen Lehrer sofort an die Luft setzen würde, wenn er erführe, daß er sich anderswo um eine Stellung bemühe. Er hat meine BA.-Urkunde in seinem Safe verschlossen, wo er, wie er sagt, auch die Urkunden der anderen ›Professoren‹ hat (eine Lüge, natürlich, da ich hier nach dem österreichischen Gesetz der einzige Lehrer mit Eignungsnachweis bin – als Doktor[5]), und teilte mir mit, daß sein Exemplar meines Vertrages gestempelt, während meine Kopie nicht gestempelt sei. Die geringste Unzufriedenheit von seiten meiner vornehmen Schüler würde genügen, um meine Entlassung zu bewirken, und mit meiner in der Stadt ausposaunten ›Unmoralität‹ würde es für mich so gut wie unmöglich sein, hier irgendeine Arbeit zu bekommen. Keine Hoffnung, also, auf Verbesserung und die ständige Angst, alles könnte zusammenbrechen. Das ist die wirtschaftliche Situation.

Die moralische Situation ist nicht sehr verheißungsvoll. Meine eigenen Probleme stelle ich vorerst zurück, da ich Dir noch einiges über Nora erzählen muß. Ich fürchte, sie hat keine sehr robuste Konstitution. Ja, ihre Gesundheit läßt zu wünschen übrig. Aber darüber hinaus, fürchte ich, ist sie eine von den Pflanzen, die man nicht ohne Schaden verpflanzen kann. Sie weint ständig. Ich glaube nicht, daß sie mit ihrer Familie noch viel zu tun haben möchte, aber ich bin überzeugt (das sind ihre eigenen Worte), daß sie dieses Leben mit mir nicht mehr lange fortführen kann. Sie hat außer mir niemanden, mit dem sie reden kann, und das ist, lassen wir das heroische Moment dabei außer acht, nicht gut für eine Frau. Manchmal, wenn wir zusammen aus sind (mit dem anderen Englisch-›Professor‹), redet sie den ganzen Abend kein Wort. Sie scheint mir in Gefahr, in Schwermut zu verfallen, was ihrer Gesundheit sicherlich sehr abträglich wäre. Ich weiß nicht, was für ein seltsam verdrossenes Geschöpf sie nach all ihren Tränen zur Welt bringen wird, und ich beginne mich sogar zu fragen, ob die Namen, die ich ausgesucht hatte (›George‹ und ›Lucy‹) überhaupt passen. Sie ist auch empfindlich, und in Pola mußte ich einmal den Englischlehrer, einen gedankenlosen jungen Mann namens Eyers, aus dem Zimmer weisen (so sehr mir eine solche

Handlungsweise widerstrebt), weil er sie zum Weinen gebracht hatte. Ich fragte sie heute, ob sie gern ein Kind für mich aufziehen würde, und sie sagte sehr überzeugend ja, aber in meiner augenblicklichen unsicheren Situation möchte ich sie nicht gern mit einer Familie belasten. Sie kennt sich selbst mit den alltäglichsten Dingen sehr wenig aus, und sie weint, weil sie das Zeug für das Kind nicht machen kann, obwohl Tante Josephine ihr die Muster geschickt hat und ich ihr den Stoff gekauft habe. Ich habe weder die Zeit noch die Geduld, darüber zu theoretisieren, was der Staat in solchen Fällen tun sollte, ich versuche vielmehr, einfach das zu tun, was ich für das Beste halte.

Ich glaube, das Beste für die Menschen ist es, wenn sie glücklich sind, und ehrlich gesagt, sehe ich für sie keine Möglichkeit, glücklich zu sein, so lange sie dieses Leben hier fortführt. Du weißt natürlich, was für eine hohe Meinung ich von ihr habe, und Du weißt, wie gelassen sie unsere Freunde an dem Abend, als sie mit uns zum North Wall[6] kam, Lügen strafte. Ich glaube, um ihre Gesundheit und ihr Glück wäre es viel besser bestellt, wenn sie ein Leben führte, das ihrem Wesen gemäßer wäre, und ich halte es nicht für angebracht, mich zu beklagen, wenn das verquere Phänomen ›Liebe‹ selbst in ein so egoistisch ausgerichtetes Leben wie meins Unruhe bringen sollte. Das Kind ist ein Teil des Problems, der dabei nicht vergessen werden darf. Du weißt, nehme ich an, daß Nora zu keiner der Verstellungen imstande ist, die heute als Moral gelten, und die Tatsache, daß sie hier unglücklich ist, erklärt sich daraus, daß sie wirklich sehr hilflos und unfähig ist, mit Schwierigkeiten irgendwelcher Art fertig zu werden. Deine Einstellung ihr oder dem Kind gegenüber, das ihr Kind genauso wie meines sein wird, kenne ich nicht genau, aber ich glaube, das Du im Wesentlichen meine Meinung teilst. Tatsächlich weiß ich sehr wenig von Frauen und Du wahrscheinlich weißt noch weniger, und ich glaube, Du solltest diesen Teil des Problems Tante Josephine unterbreiten, die mehr weiß als Du oder ich. Einer der Englischlehrer sagte, sie wäre meiner nicht würdig, und ich bin überzeugt, daß viele so urteilen würden, aber es erfordert einen so verdammt hohen Grad an Selbstverdummung, sich in die Stimmung zu versetzen, die zu einem solchen Urteil führt, daß es mir, fürchte ich, nicht gegeben ist, das zu leisten. Schließlich sind es nur Skeffington und Leute seinesgleichen, die meinen, daß die Frau dem Manne ebenbürtig ist. Auch Cosgrave hat gesagt, ich würde nie etwas aus ihr machen können, aber mir scheint, daß es in vielen Dingen, an denen es Cosgrave und mir mangelt, gar nicht nötig ist, daß man etwas aus ihr macht. Ich habe mich ihr gewiß mehr als je irgendeinem anderen unterworfen, und ich glaube, ich hätte diesen Brief nie angefangen, wenn sie mich nicht dazu ermutigt hätte. Das Zusammenleben mit ihr hat bis jetzt bewirkt, daß meine angeborene Fröhlichkeit und Verantwortungslosigkeit zum großen Teil zerstört (oder besser abgeschwächt) wurden, aber ich glaube nicht, daß diese Wirkung unter anderen Umständen anhalten würde. Für eine Seite meiner Natur hat sie überhaupt kein Verständnis und wird es auch nie haben, und doch, einmal, als wir einen Abend grauenhafter Melancholie miteinander verbrachten, zitierte sie (allerdings falsch) eines meiner Gedichte, das anfängt: ›O, sweetheart, hear you your lover's tale.‹[7] Daraufhin hatte ich zum ersten Mal seit neun Monaten das Gefühl, daß ich ein wahrer Dichter sei. Manchmal ist sie sehr glücklich und fröhlich, und ich, der ich immer weniger romantisch werde, wünsche mir kein solches Ende für unser Liebesverhältnis wie jenes Bad im Serpentinen-Teich.[8] Gleichzeitig möchte ich es, wenn irgend menschenmöglich, vermeiden, daß jenes scheußliche, von Tante Josephine ›gegenseitige Duldsamkeit‹ genannte Gespenst in unser Leben tritt. Wirklich, jetzt wo ich tief in diesem Brief hier stecke, fühle ich mich wieder voller Hoffnung, und mir scheint, wir könnten vielleicht, wenn wir auf unsere Eigenheiten gegenseitig Rücksicht nehmen, glücklich miteinander leben. Aber dieses absurde Leben augenblicklich kann für keinen von uns länger so weitergehen.

[*Ein Blatt fehlt*]

mein Schreiben entschuldigt ihn[9] meiner Meinung nach nicht dafür, daß er sich mir gegenüber verräterisch benommen hat. Ich muß oft denken, daß ich trotz der scheinbaren Schärfe dessen, was ich schreibe, im Leben versagen könnte, weil ich zu arglos bin, und gewiß habe ich einen Fehler gemacht, als ich dachte, ich könnte, gestützt auf die Freundschaft eines Iren, meine allgemeine Anklage oder Bestandsaufnahme der Insel erfolgreich durchziehen. Die sehr erniedrigende und unbefriedigende Situation, der ich mich durch meine Verbannung ausgesetzt sehe, bringt mich auf, und ich sehe nicht ein, warum ich sie in die Länge ziehen sollte mit der Aussicht, ›eines Tages‹ mit Geld in der Tasche zurückzukehren, um die Literaten letztlich denn doch davon zu überzeugen, daß ich Talent hatte. Nach vielem Nachdenken und manchem Hin und Her habe ich mir einen Plan ausgedacht, der vielleicht als vorübergehende Lösung des Problems genommen werden könnte, und den trage ich Dir jetzt vor.

Wir sind jetzt im Monat Juli, und nächsten Monat soll das bedeutsame Ereignis stattfinden. Von jetzt bis nächste Ostern könnte ich vielleicht zwanzig Pfund sparen oder wenigstens zwölf. Ich kann meine dreiunddreißig Gedichte und meine neun Erzählungen mehreren Stellen gleichzeitig anbieten. Meine Gedichte nimmt vielleicht ein Verleger, und wenn *Dubliners* abgeschlossen ist, will ich das Manuskript Heinemann anbieten, der es bestimmt nimmt. Unabhängig davon könnte ich Dir monatlich einen gewissen Teil meines Gehaltes heimschicken, und ich glaube bestimmt, daß ich dann bis nächste Ostern in Irland zwanzig Pfund hätte, wobei die Aussicht, meine Gedichte und Erzählungen und den Roman zu verkaufen, hinzukäme. Du könntest in der gleichen Zeit mindestens den gleichen Betrag zusammensparen, und, beides zusammengenommen, könnten wir uns ein kleines Cottage[10] außerhalb Dublins in einem Vorort mieten, es möblieren und die Miete auf ein halbes Jahr im voraus bezahlen. Ich schlage das nur als ein Experiment vor, das nicht länger als zwölf Monate zu dauern brauchte, falls es sich als unzweckmäßig erweisen sollte.

Aus vielen Gründen mache ich diesen Vorschlag allerdings nur sehr zögernd. Einerseits bringt er eine entschiedene Einschränkung Deiner Freiheit mit sich, aber andererseits glaube ich nicht, daß Du wirtschaftlich sehr zu leiden hättest, da alles in Deinen Besitz übergehen könnte. Du kannst nicht wissen, wann Du vielleicht gezwungen wirst, Deine Freiheit aufs Spiel zu setzen, so wie ich dazu gezwungen worden bin, und wenn Du Dich wirklich mit dem Gedanken getragen hast, Irland zu verlassen und an einer Berlitz School auf dem Kontinent tätig zu sein, könntest Du Dich gleichwohl mit diesem Gedanken tragen. Wenn Du eine Stellung hättest, bei der Du wöchentlich dreißig Shilling verdientest, und wir unsere Ersparnisse zusammenlegten, könnten wir meinen Vorschlag, denke ich, ein Jahr lang probieren. Der zweite Grund, weswegen ich diesen Vorschlag nur zögernd mache, ist der, daß ich mir nicht sicher bin, ob er Dir zusagt oder nicht. Nicht daß ich glaube, daß die Atmosphäre des hypothetischen Häuschens durch irgendwelche Launen von seiten der beiden Ankömmlinge aus Triest unangenehmer für Dich sein könnte als die Atmosphäre, in der Du Dich augenblicklich bewegst, aber ich bin völlig im Dunkeln, was Deine Einstellung mir und ›meiner Gefährtin‹[11] gegenüber angeht. Nebenbei, könntest Du Dir nicht eine Methode einfallen lassen, wie der Hairy Jaysus beiseite zu schaffen wäre? Ist er nicht ein unerträgliches Etwas! Der dritte Grund, weshalb ich dies nur zögernd vorschlage, liegt darin, daß ich schon so vieles vorgeschlagen habe, was man mir jetzt als Narrheit auslegt, und so wenig davon verwirklicht habe, daß ich es allmählich für falsch halten muß, zu erwarten, man würde mir, der ich inzwischen ein Mann mit Familie bin, bei der Ausführung meiner Ideen helfen. Immerhin, ich habe, trotz meiner Bedenken, den Vorschlag gemacht, und damit Schluß. Ich erwarte Deine Antwort, und wenn Dir das Ganze zusagt, kann ich Dir meine erste Rate Anfang August überweisen. Ich hoffe, Du antwortest rasch.

Bitte glaub mir, wenn Dir irgendetwas an dieser Beichte und in diesem Brief übermäßig unangenehm sein sollte, so ist das meiner Torheit zuzuschreiben, die derzeit unter meine nicht versiegenden Aktiva zu rechnen ist. Möglicherweise ist meine Idee wirklich gräßlich, aber ich bin nach neun Monaten, die ich nun dieses Leben führe, so verwirrt in meines Geistes Aug, daß ich unfähig bin, die Dinge mit meiner üblichen Exaktheit zu sehen. Eins, allerdings, wird mir aus den obskuren Tiefen meines Bewußtseins deutlich, und das ist: ob mein gegenwärtiges Leben nun auf diese oder auf eine andere Weise beendet wird, es wird in Kürze enden: und das wird für alle Beteiligten eine große Erleichterung sein.   JIM

1 Möglicherweise, wie Robert Martin Adams vermutet, die Beschreibung von Polly Mooney, von der es heißt, sie habe ›wie eine kleine perverse Madonna‹ (›like a little perverse madonna‹) ausgesehen.
2 In Wirklichkeit Kapitel XXIV von *Stephen Hero*.
3 Joyce spielt an auf die Wendung ›the intellectual heart of Ireland‹, die er in *Stephen Hero* verwendet hatte (S. 193).
4 Artifoni.
5 Joyce hielt seinen Universitätsgrad für gleichbedeutend mit dem Doktorgrad auf dem Kontinent, was nicht der Fall war.
6 North Wall: Bahnhof und Schiffsstation für die Schiffe, von und nach England, am nördlichen der beiden Schutzwälle von Dublin (North und South Wall) gelegen.
7 *Chamber Music* XVIII.
8 Anspielung auf Harriet Shelleys Freitod im Serpentinen-Teich im Londoner Hyde Park 1816.

9 Oliver St. John Gogarty, dessen Verrat darin bestand, daß er Joyce aus dem Martello-Turm geworfen hatte.

10 ›... a roseschelle cottage by the sea for nothing for ever...‹ (›... eine rosenmuschlige hütte an der see für nichts und auf nimmer...‹) *Finnegans Wake* S. 179. Auch Bloom hat den Wunsch, ›durch Privatvertrag ein mit Stroh bedecktes, bungalowähnliches, zweistöckiges, nach Süden liegendes Wohnhaus zu kaufen, ... Wetterfahne und mit der Erde verbundener Blitzableiter...‹ *Ulysses* S. 727.

11 So hatte Francis Sheehy-Skeffington (›Hairy Jaysus‹) Nora Barnacle genannt, als er von Joyces Plan hörte, Dublin mit ihr zu verlassen. Vgl. S. 170, Anm. 11. Er bezog sich damit vielleicht auf *Chamber Music* XXI.

AN WILLIAM HEINEMANN[1]   *23. September 1905*
                          Via S. Nicolò 30, II⁰, Triest, Österreich

Sehr geehrter Herr,
Ich habe ein Buch fast beendet, das ich Ihnen gern vorlegen möchte. Es hat den Titel ›Dubliners‹. Es ist eine Sammlung von zwölf kurzen Erzählungen. Jede Erzählung umfaßt etwa 1800 bis 2000 Wörter. Das Buch ist keine Sammlung von Reiseeindrücken, sondern der Versuch, gewisse Aspekte des Lebens in einer der europäischen Hauptstädte darzustellen. Ich bin Ire, wie Sie aus meinem Namen ersehen. Es ist mein Ziel, das Buch sobald wie möglich zu veröffentlichen, und das ist der Grund, weshalb ich es Ihnen schon vor Beendigung anbiete. Ich wäre Ihnen sehr verbunden, wenn Sie mir mitteilten, ob Sie es lesen möchten oder nicht, und verzeihen Sie mir, falls meine Bitte ungewöhnlich ist.[2]
Hochachtungsvoll Ihr   JAS. A. JOYCE

1 Nach dem im *Bookseller* (London) Nr. 2037 (21. Dezember 1944) 688 gedruckten Text. Heinemann hatte Ibsens Werke veröffentlicht und schien daher als Verleger für *Dubliners* in Frage zu kommen.

2 Heinemann war bereit, das Manuskript zu lesen, lehnte es aber ab.

AN GRANT RICHARDS   *15. Oktober 1905*
                          Via S. Nicolò 30, II⁰, Triest, Österreich

Sehr geehrter Mr. Grant Richards,
Mr. Symons schrieb mir, daß Messrs. Constable & Co., mit denen er über mich gesprochen hatte, mich bäten, ihnen die Manuskripte meiner beiden Bücher zu schicken. Daraufhin machte ich eine Abschrift von *Chamber Music* und schickte sie ihnen heute. Ich weiß nicht, ob Sie meine Handlungsweise für unhöflich halten, aber ich weiß kaum, was ich tun soll. Ich glaube, es ist besser,

Sie behalten meine Gedichte, da Messrs. Constable & Co. das Buch höchstwahrscheinlich ablehnen werden.

Das zweite Buch, das ich fertig habe, hat den Titel *Dubliners*. Es ist eine Sammlung von zwölf Short Stories. Möglicherweise sehen Sie darin ein Buch, das in den Handel zu bringen sich lohnen würde. Ich würde es Ihnen gerne vorlegen, bevor ich es an Messrs. Constable schicke, und falls Sie mir versprechen könnten, es bald herauszubringen, würde ich gern zustimmen. Unglücklicherweise bin ich durch die Umstände, in denen ich mich befinde, gezwungen, die beiden Bücher so bald wie möglich zu veröffentlichen.

Ich glaube, bisher hat noch kein Schriftsteller Dublin der Welt dargestellt. Es ist seit Jahrtausenden eine europäische Hauptstadt, man spricht von der Stadt als der zweiten des britischen Imperiums, und sie ist fast dreimal so groß wie Venedig. Überdies scheint mir der Ausdruck ›Dubliner‹ auf Grund vieler Einzelheiten, die ich hier nicht anführen kann, eine gewisse Bedeutung zu haben, und ich bezweifle, ob das gleiche von Wörtern wie ›Londoner‹ und ›Pariser‹ gesagt werden kann, die beide von Schriftstellern als Titel verwandt worden sind. Von Zeit zu Zeit sehe ich in Verlagsanzeigen Bücher über irische Themen angekündigt, so daß ich annehme, daß die Leute für den besonderen Hauch des Verderbens, der, wie ich hoffe, über meinen Erzählungen liegt, zu zahlen bereit sind. Hochachtungsvoll Ihr

JAS. A. JOYCE[1]

1 Grant Richards erwiderte am 18. Oktober 1905: ›Natürlich habe ich nicht das geringste dagegen, daß Sie Ihr Manuskript an Messrs. Constable schicken, und ich hoffe für Sie, daß dieser Verlag sich zur Veröffentlichung der Gedichte entschließt... Sollte das nicht der Fall sein, dann hoffe ich immer noch, daß wir vielleicht doch noch hier etwas mit ihnen machen können. Ich würde mich sehr freuen, wenn Sie mir Gelegenheit gäben, *Dubliners* zu lesen.‹

AN MRS. WILLIAM MURRAY   *4. Dezember 1905*
                    Via S. Nicolò 30, II⁰, Triest, Österreich

Liebe Tante Josephine,
Ich habe Dich sehr lange auf eine Antwort auf Deine Briefe warten lassen, aber ich hatte sehr viel zu tun. Gestern schickte ich mein Buch *Dubliners* an einen Verlag. Es enthält zwölf Erzählungen, von denen Du außer der dritten Erzählung, *Arabia,* und der letzten, *Gnade,* alle gelesen hast. Auch die Tatsache, daß zwi-

schen Stannie und einer oder mehreren unbekannten Personen eine ausgedehnte Korrespondenz stattfand, hat mich vom Schreiben abgehalten, und ich wollte warten, bis ich sicher sein konnte, ein offenes Ohr zu finden. Außerdem habe ich Dir kaum etwas Neues zu berichten. Ich vermute, Du hast es leid, Dir mein explizites oder implizites Gejammer über mein augenblickliches Leben anzuhören, und deswegen werde ich Dich in diesem Brief nicht allzu sehr damit behelligen. Du darfst daraus nicht schließen, daß ich auch nur im geringsten resigniert hätte. Tatsächlich warte ich bloß auf eine kleine finanzielle Veränderung, die es mir ermöglicht, mein Leben zu ändern. Das wird spätestens in zwei Jahren der Fall sein, aber selbst wenn es nicht geschieht, werde ich mein Bestes tun. Ich habe lange gezögert, Dir zu sagen, daß sich vermutlich in der augenblicklichen Beziehung zwischen Nora und mir etwas ändern wird. Ich sage es jetzt auch nur deswegen, weil ich mir überlegt habe, daß Du jemand bist, der das Thema wohl kaum mit anderen besprechen wird. Es ist möglich, daß ich selbst zum Teil schuld bin, wenn eine solche Veränderung, wie ich sie vorauszusehen glaube, stattfindet, aber sie wird kaum durch mein Verschulden allein stattfinden. Ich muß sagen, es ist für eine Frau schwer, mit jemandem wie mir fertigzuwerden, aber andererseits habe ich nicht die Absicht mich zu ändern. Nora scheint zwischen mir und den anderen Männern, die sie gekannt hat, keinen großen Unterschied zu machen, und ich glaube kaum, daß sie dazu ein Recht hat. Ich bin nicht gerade ein Haustier – schließlich bin ich, wie ich meine, Künstler – und manchmal, wenn ich an das freie und glückliche Leben denke, das zu führen ich alles Talent habe (oder hatte), gerate ich in Verzweiflung. Gleichzeitig beabsichtige ich nicht, mit den Scheußlichkeiten des durchschnittlichen Ehemannes zu rivalisieren, und darum werde ich warten, bis ich meinen Weg deutlicher vor mir sehe. Ich nehme an, Du schüttelst jetzt den Kopf ob meiner Kaltherzigkeit, welches wahrscheinlich nur das falsche Wort ist für einen bestimmten geistigen oder gefühlsmäßigen Scharfblick. Ich glaube kaum, daß die Tausenden von Familien, die nur mühsam durch die Erinnerung abgestorbener Gefühle zusammengehalten werden, viel Recht haben, mich der Unmenschlichkeit zu zeihen. Um die Wahrheit zu sagen, ich bin es trotz meines auf der Hand liegenden Egoismus ein wenig leid, auf andere Leute Rücksicht zu nehmen.

Vielleicht kannst Du mir aus einer Dubliner Zeitung eine Kritik

über Moores Roman[1] schicken, in dem Pater O. Gogarty vor-
kommt. Ich hoffe, es geht Dir gesundheitlich gut.   JIM

1 *The Lake* (London 1905).

AN GRANT RICHARDS   *26. April 1906*
                        Via Giovanni Boccaccio 1, Triest
Sehr geehrter Mr. Grant Richards,
Sie schreiben mir, daß der Drucker, dem Sie meine Erzählung
Zwei Kavaliere schickten, bevor Sie sie selbst gelesen hatten, sich
weigert, sie zu drucken, und deswegen bitten Sie mich, sie entweder fortzulassen oder sie derart abzuändern, daß sie keinen An-
stoß erregt.[1] Weder zu dem einen noch zu dem anderen sehe ich
mich imstande. Ich habe mein Buch mit beträchtlicher Sorgfalt
unter hunderten von Schwierigkeiten und nach Maßstäben geschrieben, in denen ich die klassische Tradition meiner Kunst
sehe. Ich darf Ihnen daher sagen, daß mich die Meinung Ihres
Druckers darüber nicht im geringsten interessiert. Darüberhinaus kann ich weder die blau angestrichenen Stellen in der Erzählung *Entsprechungen* ändern, noch wüßte ich außer ›bloody‹ ein
anderes Wort für die Erzählung *Gnade.*
  Ich hatte die Absicht, Ihnen heute *A Little Cloud (Eine kleine
Wolke),* die vierzehnte und letzte Erzählung des Bandes, zu
schicken, die jetzt fertig ist. Das werde ich indes nicht tun, bis ich
Antwort von Ihnen habe: und ich werde auch die Manuskripte
der beiden Erzählungen hierbehalten, die Sie mir schickten.
Wenn Sie mir in Ihrem nächsten Brief schreiben, daß Sie eine
Möglichkeit sehen, mein Buch so zu drucken, wie ich es geschrieben habe, und daß Sie einen Drucker gefunden haben, der seine
unsterbliche Seele einer derartigen Gefahr auszusetzen bereit ist,
werde ich Ihnen alle drei Erzählungen zusammen schicken. Wenn
Sie sich anders entscheiden, können Sie mir die anderen elf Erzählungen zurückschicken, und wir können die Sache als erledigt
betrachten. Natürlich würde es mir leid tun, wenn unsere Beziehungen auf diese Weise zu einem Ende kämen. Es wäre für mich
fast eine Katastrophe, aber leider steht es nicht in meiner Macht,
den Dienst, um den Sie mich dem Gewissen Ihres Druckers zuliebe bitten, zu erfüllen.

1 Richards hatte Joyce am 23. April geschrieben: ›Es tut mir leid, aber »The Two Gallants« können wir, so wie der Text ist, nicht veröffentlichen. Tatsächlich haben die Drucker, denen er geschickt wurde, bevor ich ihn selbst gelesen hatte, gesagt, sie würden ihn nicht drucken. Sie sehen, es gibt immer noch Beschränkungen, denen der englische Verleger unterworfen ist! Ich schicke Ihnen den Text daher mit der Bitte zurück, ihn entweder herauszulassen oder ihn, was besser wäre, so abzuändern, daß er durchgeht. Vielleicht ist es Ihnen möglich, das sofort zu machen.

Ebenso wäre mit zwei blau angestrichenen Stellen auf Seite 15 von »Counterparts« zu verfahren.

Außerdem bitte ich Sie – Sie werden mich für sehr lästig halten, aber ich möchte nicht, daß die Kritiker wie eine Herde fetter Schweine über Ihr Buch herfallen – mir einen Ausdruck zu nennen, den wir anstelle von »bloody« in der Erzählung »Grace« einsetzen können.‹

AN GRANT RICHARDS   16. Juni 1906
            Via Giovanni Boccaccio 1, II⁰, Triest, Österreich
Sehr geehrter Mr. Grant Richards,
Ich habe mir Ihren Brief vom 16. Mai[1] angesehen, und besonders den ersten Absatz, dem ich entnehme, daß Sie mir in Anbetracht von drei Streichungen, mit denen ich mich einverstanden erklärt hatte, gestatteten, ein Wort stehen zu lassen, das von Anfang an in einer der Erzählungen stand. Unter bestimmten Bedingungen bin ich weiterhin bereit, diese drei Zugeständnisse zu machen.

Im zweiten Absatz des genannten Briefes lassen Sie einen Ihrer Einwände fallen und verlangen, daß eine andere Wendung in der zur Diskussion stehenden Erzählung gestrichen würde. In dieser Erzählung stehen zwei weitere Wendungen, die jemand mit Blaustift angestrichen hat: und in Erwiderung Ihres Briefes habe ich erklärt, daß ich bereit sei, die Stelle zu ändern, sie aber nicht weglassen könne. Jetzt sagen Sie, eine der beiden Wendungen müsse gestrichen werden, und ich vermute, Sie wählten diese Lösung, weil sie Ihnen besser schien als mein Vorschlag, nämlich die Stelle zu ändern, in der die beiden beanstandeten Wendungen stehen. Ich bin weiterhin zu einem dieser beiden Zugeständnisse bereit, das heißt entweder die Stelle zu ändern (ohne sie wegzulassen) oder es unter gewissen Bedingungen Ihnen zu überlassen, *die* Wendung zu streichen, deren Steichung Ihnen am notwendigsten erscheint.

Im dritten Absatz Ihres Briefes vom 16. Mai erklärten Sie, Sie wollten noch eine andere Erzählung des Bandes fortgelassen haben, aber Sie würden nicht darauf bestehen, falls ich in den anderen Punkten nachgäbe. In meiner Antwort machte ich die oben erwähnten Zugeständnisse.

Im vierten und fünften Absatz desselben Briefes schrieben Sie, daß die Erzählung *Zwei Kavaliere* auf jeden Fall weggelassen werden sollte, und fügten hinzu, daß ich sie ja wohl leichteren Herzens weglassen könnte, da sie nicht zu dem Buch in seiner ursprünglichen Gestalt gehört habe. In meiner Antwort wies ich Sie darauf hin, daß ich mich bereits zu einer Streichung in dieser Erzählung bereitgefunden hätte, daß sie meines Erachtens eine der wichtigsten Erzählungen des Bandes sei, daß ich keine Möglichkeit sähe sie umzuschreiben, und daß, wenn man sie wegließe, meiner Meinung nach das Buch verstümmelt würde. Ich bin, womit ich mich bereits einverstanden erklärt hatte, weiterhin bereit, das Wort ›bloody‹ in dieser Erzählung zu streichen, falls Sie bereit sind, sie in das Buch aufzunehmen.

Ich nehme an, daß Ihnen jetzt meine gegenwärtige Einstellung ziemlich klar ist. Die Zugeständnisse, zu denen ich mich hinsichtlich des Buches in seiner ursprünglichen Gestalt bereitfand, habe ich einzig unter dem Gesichtspunkt gemacht, daß die Erzählung *Zwei Kavaliere* aufgenommen werden würde, von der Sie, wenn sie auch nicht ursprünglich zu dem Buch gehörte, wußten, daß sie in Arbeit war, und die Sie schließlich selber angefordert haben, als das Buch in Satz ging. Sollten Sie *Zwei Kavaliere* trotz der Streichung, zu der ich mich bereitgefunden habe, unter gar keinen Umständen aufnehmen können, so entfällt das Motiv, das mich veranlassen würde, die anderen Zugeständnisse zu machen, und ich bin bereit Ihnen zu gestatten, das Buch ohne sie, und so wie ich es ursprünglich geschrieben habe, zu drucken, obgleich ich, wie ich Ihnen sagte, in einer derartigen Auslassung eine fast tödliche Verstümmelung meines Werkes sehe.

Das Gespenst des Druckers, das ich erlegt zu haben glaubte, erscheint wieder in Ihrem Brief vom 14. dieses Monats. Dieses Phantom ist mir äußerst zuwider, und ich hoffe, es wird die Korrespondenz nicht noch einmal belasten. Ich trachte nicht danach, in die Geheimnisse seines Wesens und seiner Existenz einzudringen, zum Beispiel, woher er sein Gewissen hat und seine Bildung, wieso es ihm in Ihrem Lande zusteht, die Pflichten des Autors mit seinem eigenen ehrbaren Gewerbe zu vereinen, wie er dazu kam, der Repräsentant des öffentlichen Bewußtseins zu werden, auf welche Weise er sich wie durch Zauber auf das herniedersenkte, was er zu übersehen bestimmt war, und (nebenbei) warum er mein Buch auf der dritten, im Manuskript mit 5 A^2 bezeichneten Seite der sechsten Erzählung zu setzen begann. Das alles sind für mich Rätsel, und sie dürfen es auch bleiben. Aber ich kann einem Drucker nicht gestatten, mein Buch für mich zu schreiben. In keinem anderen zivilisierten Land in Europa ist es, wie ich glaube, einem Drucker gestattet, den Mund aufzumachen. Falls irgendwelche Einwände geltend zu machen sind, dann kann der Verleger das tun, wenn ihm das Buch eingereicht wird: wenn er die Einwände fallen läßt, bezahlt er den Drucker dafür, daß er das Buch druckt, und wenn er sie aufrecht erhält, belästigt er den Drucker gar nicht erst mit der Bitte, ihm das Buch zu drucken. Ein Drucker ist nichts weiter als ein Arbeiter, der für eine gewisse Summe pro Tag oder pro Auftrag gemietet wird.

Ich bin erfreut und überrascht zu hören, daß es heutzutage unmöglich ist, einen Kritiker von Rang zu kaufen. Offensichtlich hat, seit ich die Britischen Inseln verlassen habe, eine außergewöhnliche religiöse Revolution stattgefunden. Demnächst hoffe ich zu hören, daß die Praktiken der Selbstverdummung und Prostituierung unter Schriftstellern aus der Mode gekommen sind.

Im letzten Absatz Ihres Briefes scheinen Sie die Möglichkeit anzudeuten, daß wir uns in Rom treffen. Ich würde mich freuen, wenn es dazu käme, da mir das Korrespondieren über strittige Punkte höchst unbefriedigend zu sein scheint. Dank der sechs oder sieben Briefe, die wir gewechselt haben, sind uns jetzt immerhin, wie ich hoffe, unsere gegenseitigen Standpunkte klargeworden.

Zum Schluß danke ich Ihnen, daß Sie mir so rasch geantwortet haben, und würde mich freuen, wenn Sie diesen Brief ebenso prompt beantworteten. Ich verbleibe, sehr geehrter Mr. Grant Richards, Ihr ergebener JAS A JOYCE[3]

---

1 Richards hatte Joyce in einem Brief vom 14. Juni an Zugeständnisse erinnert, die er in diesem früheren Brief verlangt hatte. Er hatte darauf bestanden, daß in ›Counterparts‹ ein Satz zu streichen, und daß ›Two Gallants‹ fortzulassen sei; würden diese Bedingungen erfüllt, dann wäre er bereit, ›An Encounter‹ zu drucken. Er fügte hinzu: ›Leider ist es unter den gegebenen Umständen nicht möglich, einen wichtigen Kritiker zu kaufen, und erst recht nicht zwei; manchmal wünschte ich, daß man es könnte!‹

2 Wahrscheinlich willkürlich gewählte Seiten als Probedruck.

3 In einem Brief vom 19. Juni ging Richards auf einige der von Joyce vorgebrachten strittigen Punkte ein und bat darum, daß das ganze Manuskript (einschließlich ›A

Little Cloud‹), das er Joyce zurückgesandt hatte, noch einmal nach London geschickt würde, damit er sich erneut ein Urteil bilden könne.

AN STANISLAUS JOYCE   *7. August 1906 11 h vormittags*
                                        52 Via Frattina, II⁰ p, Rom
Lieber Stannie,
Auf der Überfahrt wurde uns nicht schlecht. Von Fiume nach
Ancona schliefen wir alle drei die Nacht an Deck. Georgie hielt
bis wenige Meilen vor Rom tapfer durch: dann begann er unruhig
zu werden. Die Reise und das Herumgejage haben ihm überhaupt nichts ausgemacht.

Fiume ist eine saubere asphaltierte Stadt, wo eine sehr moderne
haste-was-kannste-Luft weht. Sie ist, wenn man die Größe be-
denkt, weit schöner als Triest. An Ancona erinnere ich mich nur
mit Abscheu. Die Stadt hat etwas Irisches in ihrer öden, finsteren,
bettlerhaften Häßlichkeit. Der Geldwechsler hat mich um 2 Lire
betrogen, der Kutscher um eine halbe Lira und der Bahnbeamte
um drei Lire. Aber ich war so in Eile, daß ich mich nicht beschwe-
ren konnte. Wir mußten ungefähr drei Meilen von der Pier zur
Bahn fahren. Was für ein Häuser-Panorama!

Über meine Unterredung mit dem Leiter der Bank gibt es nichts
Besonderes zu berichten. Er ist übrigens österreichisch-ungari-
scher Konsul. Er wollte wissen, ob mein Vater noch lebte, wie alt
ich sei, ob Harrington[1] ein Freund unserer Familie sei. Ich bin augenblicklich in der Abteilung für italienische Korrespondenz,
Arbeitszeit $8^1/_2$ bis 12 und 2 bis $7^1/_2$. Die Arbeit ist sehr leicht und
mechanisch. Die Atmosphäre kommt mir noch etwas widerwär-
tiger vor als in der B. S.[2] Die Bank hat fünfzig bis sechzig Ange-
stellte.

Ich habe die St. Peterskirche, den Pincio, das Forum, das Colosseum gesehen. Der Vatikan ist am Sonntag, meinem einzigen
freien Tag, geschlossen. Die Peterskirche kommt mir nicht viel
größer vor als St. Paul's in London. Die Kuppel wirkt von innen
nicht so hoch wie von außen. Petrus ist in der Mitte der Kirche begraben. Der Pincio ist ein schöner Garten mit einem Blick auf eins
der Tore der Stadt. Ich glaubte, ich würde bei der Messe in der Peterskirche große Musik zu hören bekommen, aber es war nicht
viel. Allerdings war es nur ein Hochamt an einem Seitenaltar. Die
Kirche hat ungefähr zwanzig Altäre. Die Gegend um das Colos-

seum wirkt wie ein alter Friedhof mit zerbrochenen Tempelsäulen und Platten. Du kennst das Colosseum von Bildern. Als wir mitten darin standen und mit ernster Miene alles ringsum pflichtschuldigst betrachteten, hörte ich eine Stimme aus London in einem der untersten Ränge sagen:

– Das Colosseum –

Fast im selben Moment erschienen zwei junge Männer in Serge-Anzügen und Strohhüten an einer Mauereinfassung. Sie lehnten sich auf die Brüstung, und dann durchbrach eine zweite Stimme aus eben dieser Stadt die Stille des Abends mit den Worten:

    – Solange das Colosseum steht, wird Rouhm stehn.

    Wenn das Colosseum fällt, wird Rouhm fallen.

    Und wenn Rouhm fällt, wird die Welt fallen –[3]

Aber dann fügte sie fröhlich hinzu:

    Also dann, hier geht's raus –

Darüberhinaus belästigte mich ein Mann, dem ich 50 Postkarten abkaufen sollte. Ich sagte ihm, ich wäre nicht der Kaiser, aber er beschwor mich in gebrochenem Cockney, sie ihm für einen halben Franc abzukaufen. Und dann, kaum bin ich in dem Gebäude, nähert sich mir eine flinke Person und sagt:

    – Führer, Herr? –

Hinzu kam eine Gesellschaft von Emorkaner-Maidchen, welche eine alte Schachtel beaufsichtigte, die beteuert, daß sie kein Wort von allem glaube. Es ist ein Segen, wenn man die Sprache manchmal nicht versteht. Aber genug jetzt von stumpfsinnigen Denkmälern.

Das erste, wonach ich in einer Stadt suche, ist ein Café. Rom hat ein einziges Café, und das ist nicht so gut wie irgendeins von den besten in Triest. Das ist für mich verdammt lästig. Es gibt allerdings zahllose kleine Kaffee-Bars. Ich bin gezwungen, in ein kleines griechisches Restaurant[4] zu gehen, in dem Amiel, Thakeray, Byron, Ibsen und Co. verkehrt haben; Speisekarte auf englisch, $1\frac{1}{2}$ für einen Kaffee, eine Kanne Tee mit 6 Tassen 6d, *Daily, Mail, N. Y. Herald, Journal*. Also mußt Du die Zeitungen für mich lesen – ich brauche Dir ja nicht zu sagen, daß in *D. M. und N. Y. H.* nichts steht –, bis Wyndham[5] zurückkommt: dann finde ich vielleicht etwas Besseres. Du kannst den Bäcker bezahlen. Seine Rechnung dürfte sich auf fünf oder sechs Kronen belaufen. Nenn mir den Betrag, wenn er Dir zu hoch erscheint. Wenn nicht, bezahle ihn in zwei Raten. Sag den Schneidern, meine Adresse sei Edinburgh oder Glasgow. Den Ärzten kannst Du meine Adresse geben und sie von mir grüßen. Du hast eine (nicht zwei) Postkarten beigelegt: von der Tochter.[6] Was die Mietrechnung von F.[7] angeht: laß ihn davon anfangen. Dann könntest Du sagen: ich kann die Schulden meines Bruders nicht bezahlen, aber ich will für mein Zimmer die volle Miete für 1 Monat bezahlen. Tu das allerdings nicht, bevor Du nicht um Aufschub gebeten hast, um mir zu schreiben. Bevor Du zu Canaruttos Vetter gehst, geh zu Can.[8] und frage ihn, ob die Möbel verkauft sind. Weise ihn darauf hin, daß er mir versprochen hat, sie zu einem guten Preis zu verkaufen, und erinnere ihn daran, daß ich ihm 120 Kronen bezahlt habe, und daß es nicht anständig von ihm wäre, wenn ich nichts davon zurückbekäme. Gib Scholz[9] meine Adresse mit einer Empfehlung von mir und sag ihm, er soll mir schreiben, was ich tun soll. Frage ihn, ob er für die Übersetzung Geld bekommen hat. Ich finde, 30 Kronen waren lächerlich für die Arbeit, und sag das bitte A,[10] wenn er Dir die Fahnen zum Korrigieren gibt. Ich habe jetzt nur noch 100 Lire übrig. Aber immerhin kenne ich die Stadt jetzt ein bißchen besser. Sie ist eine Kleinigkeit teurer. Ich glaube, es ist für uns besser, daß wir erst umziehen, wenn die zwei Monate um sind. Dann kann ich Dich, wenn Du das möchtest, hier unterbringen. Irgendwelche Nachrichten von G. R.?[11] Schick mir alle Briefe aus Dublin nach und schreib auf die Briefe, die Du mir schreibst, das Datum.

Buchstäblich alle Leute in Rom sprechen und lachen mit Georgie. Sie schenken ihm Gebäck, Obst etc. Ich glaube, er hat noch kein einziges Mal geschrien. Wenn er an einen Ort mit Echo kommt, ruft er laut: im Colosseum und in der Peterskirche. Die Wirtin mag ihn sehr gern: sehr nette Person, wie Maria[12] sagen würde. Bitte, antworte mir auf meine Briefe postwendend, bis die Verhältnisse etwas geordneter sind. JIM

1 Joyce hatte der Bank eine Abschrift des Empfehlungsschreibens geschickt, das ihm Timothy Charles Harrington (Bürgermeister von Dublin von 1901 bis 1903) im November 1902 für seinen Pariser Aufenthalt ausgestellt hatte.
2 Berlitz School.
3 Byron, *Childe Harold's Pilgrimage* IV, cxlv.
4 Offenbar das Caffè Greco.
5 Ein anglo-irischer Bekannter von Joye in Rom, möglicherweise sein Hauswirt. Vgl. S. 294.
6 Nicht zu identifizieren.

7 Francini Bruni. Vom 24. Februar bis 30. Juli 1906, als die Joyces nach Rom abreisten, teilten er und seine Familie gemeinsam mit den Joyces eine Wohnung in der Via Giovanni Boccaccio 1, II.

8 Moise Canarutto, Joyces Hauswirt in der Via San Nicolò 30 in Triest.

9 Scholz war wie Joyce Lehrer an der Berlitz School; sie hatten gemeinsam an einer Übersetzung – vermutlich aus dem Deutschen ins Englische – gearbeitet.

10 Artifoni.

11 Grant Richards.

12 In Joyces Erzählung ›Clay‹ (›Erde‹). Modell für Maria war zum Teil eine Verwandte seiner Mutter gewesen.

AN STANISLAUS JOYCE [Postkarte]
Poststempel 16. September 1906 Sonntag abd.
52 Via Frattina, II, Rom

Lieber Stannie,

Ich weiß wirklich nicht, was zum Teufel ich diesmal tun soll. Ich komme gerade noch bis Dienstag abd. Um zu sparen, habe ich heute außer einer Suppe nichts gegessen. Ich habe meinen Schüler zweimal gefragt, ob er irgendjemand wüßte, der Stunden nehmen wolle, aber er wußte keinen. Du wirst diese Karte vermutlich Dienstag bekommen, und wenn es Dir unmöglich war, mir gestern etwas zu schicken, könntest Du vielleicht etwas telegraphisch überweisen. Ich habe noch 10 Lire. Wenn ich von Dir nichts bekomme, weiß ich nicht, woher ich etwas nehmen soll, Wunder kann ich nicht vollbringen. Und kein Wort von diesem verfluchten Hundsfott in London.   JIM

Nora und George haben ihre Mahlzeiten richtig gehabt.

AN STANISLAUS JOYCE
25. September 1906
Via Frattina 52, II, Rom

Lieber Stannie,

Am heutigen Montagmorgen warte ich ungeduldig auf eine Geldsendung von Dir. Meine Aktiva belaufen sich auf zwei Centesimi, da ich mich gestern rasieren lassen und eine Wäscherechnung bezahlen und für Georgie, der eine schwere Erkältung hat, Medizin kaufen mußte. Ich schrieb gestern wieder einen dringenden Brief an G. R. und bat ihn, postwendend zu antworten. Ich schickte Dir gestern den U. I. mit einem Aufsatz von Gogarty, dessen Würze Du, wie ich hoffe, voll auszukosten verstehst.[1] Der Teil über die lieben Nachbarn ist besonders ergiebig.[2] Ich sehe mit Freuden, daß dies nur der Anfang einer Serie ist. Tante J. hat aufgehört, mir Skeffingtons Zeitung[3] zu schicken oder überhaupt zu schreiben. Ich muß ein sehr unempfindlicher Mensch sein. Gestern ging ich zum Forum. Ich setzte mich auf eine Steinbank, von der man einen Blick auf die Ruinen hat. Es war sonnig und heiß. Wagen voll Touristen, Verkäufer von Postkarten, Verkäufer von Denkmünzen, Verkäufer von Photographien. Ich war so bewegt, daß ich fast einschlief und mich mit Gewalt zum Aufstehen bringen mußte. Ich betrachtete reuevoll die Steinbank, aber sie war zu hart, und der Rasen beim Colosseum war zu weit weg. So ging ich betrübt nach Hause. Rom kommt mir vor wie ein Mann, der davon lebt, daß er die Leiche seiner Großmutter für Reisende zur Schau stellt. Ist es nicht seltsam, daß O. G. das häßliche England genau in dem Augenblick verflucht, wo ich wünschte, ich wäre in einem englischen Seebadeort. Was die Speisehäuser angeht, die für Sludge[4] errichtet werden müssen: O. G. sollte ein wenig das schöne Italien und das künstlerische Frankreich bereisen. Mrs. G. dürfte während ihres Aufenthalts in England nicht sehr unterhaltsam gewesen sein, da O. G. die Zeit fand, jene beiden Spalten zu schreiben. Ich stelle übrigens fest, daß Colm neuerdings nichts tut, um sein Geld zu verdienen. Jedenfalls hat er lange Zeit keine Torfballen zum U. I. beigesteuert. Auf dem Heimweg vom Forum ging ich, weil ich sehr müde war, in eine Dominikanerkirche, in der ich einen bequemen Korbstuhl fand. Ich beobachtete zwei Nonnen bei der Beichte. Als die Beichte vorüber war, verließen Beichtvater und Büßerinnen die Kirche in Richtung des Kreuzgangs. Aber die Nonnen kamen sehr bald zurück und knieten neben mir nieder. Dann begann die Vesper. Dann der Rosenkranz. Dann eine Predigt. Der Herr, der sie hielt, richtete die meisten seiner Bemerkungen an mich – Gott weiß warum. Ich machte vermutlich einen frommen Eindruck. Ich wartete den Segen nicht ab. Während ich dem Gottesdienst beiwohnte, überkam mich ein heftiges Bedauern, daß ich mir nie auf Grund historischer Studien ein genaues Bild von einem Orden wie dem der Dominikaner würde machen können. Ich denke, meine Politik, sich selbst und seine Nachkommenschaft der Kirche zu entziehen, ist zu langsam. Ich glaube nicht, daß der Kirche durch die Zahl der Abtrünnigen entscheidend geschadet worden ist. Ein Orden wie dieser könnte seine gewaltige Kirche mit Pacht etc. nicht auf Grund der Spenden der zwar religiösen aber knickerigen Italiener unterhalten. Und genauso in Frankreich, wie ich vermute. Sie müssen ausgedehnte Besitzungen an Land unter verschiedenen Eigentümernamen, und Gelder investiert haben. Das ist ein Grund, weswegen sie sich der ganz unketzerischen Theorie des Sozialismus widersetzen, denn sie wissen, daß eins seiner Ziele die Enteignung ist.

Ich erhielt heute gerade noch zur rechten Zeit Deine Anweisung über 17 Lire. Jetzt habe ich nur die eine Angst, daß man mir mein Geld nicht am 29. auszahlt. Mit diesem Geld komme ich bis Donnerstag abend aus. Teile mir bitte mit, wieviel ich Dir am 1. zurückzuschicken habe und auf welche Weise. Ich werde abwarten, ob man mich hier weiter beschäftigen wird, und wenn ja, werde ich Deinetwegen bei der B.S.[5] vorsprechen. Meinst Du, ich sollte 2 Lire herausschmeißen, um ein Buch von Gissing zu kaufen – oder sollte ich einen Band Bret Harte[6] kaufen. Ich habe Dir oft gestanden, wie überrascht ich darüber sei, daß an dem, was ich schreibe, irgendetwas Außergewöhnliches sein sollte, und immer nur in den Momenten, wo ich das Buch eines anderen aus der Hand lege, scheint mir das schließlich nicht so ganz unwahrscheinlich. Wenn ich manchmal an Irland denke, will es mir scheinen, als wäre ich unnötig streng gewesen. Ich habe (in *Dubliners* wenigstens) nichts, was an der Stadt anziehend ist, gestaltet, und habe mich doch, seit ich sie verließ, außer in Paris in keiner anderen Stadt wohlgefühlt. Ich habe ihre freimütige Insularität und ihre Gastfreundschaft nicht gestaltet. Die letztgenannte ›Tugend‹ gibt es, soweit ich sehe, nirgends sonst in Europa. Ich bin ihrer Schönheit nicht gerecht geworden; denn sie ist meiner Meinung nach von Natur schöner als alles, was ich in England, in der Schweiz, in Frankreich, Österreich oder Italien gesehen habe. Und doch weiß ich, wie nutzlos diese Überlegungen sind. Denn sollte ich das Buch ›in einem anderen Sinne‹ umschreiben, wie G. R. vorschlägt (wo zum Teufel kriegt er die sinnlosen Phrasen her, die er verwendet), so weiß ich genau, ich fände wieder, wie Du es nennst, den Heiligen Geist im Tintenfaß sitzen, und auf dem Höcker meiner Feder säße der boshafte Teufel meines literarischen Gewissens. Und schließlich ist *Zwei Kavaliere* – mit den sonntäglichen Spaziergängen und der Harfe in Kildare Street und Lenehan – ein Stück irischer Landschaft. Das Getue wegen Gorki kommt, glaube ich, daher, daß er der erste seiner Klasse war, der in den Bereich der europäischen Literatur eingedrungen ist. Ich, ohne mit dem Anspruch Gorkis auftreten zu können, habe ein bescheideneres Ziel. Ibsen selbst scheint einiges von der Gerüchtemacherei zurückgewiesen zu haben, die von *Ein Puppenheim* ausging. Verdrießlich sagte er, wenn man der I. I.[7] glauben kann, bei einem Interview mit einem Italiener: ›Aber ihr Leute könnt das nicht richtig verstehen. Sie hätten in Norwegen sein sollen, als in Christiania zum ersten Mal die Pariser Mode-Journale verkauft wurden.‹ Das ist in Wahrheit der Grund, weshalb ich widerstrebende Verwandte zu Hause ständig damit belästige, mir Zeitungen und Zeitungsausschnitte von dort zu schicken. Ich wünschte, es gäbe hier einen irischen Club. Ich bin überzeugt, daß hier zehnmal so viel Iren und irische Amerikaner sind wie Skandinavier. *Wie* hat sich übrigens der dumme alte Aibsen hier durchgeschlagen? Unmöglich durch Unterricht: er muß in einem deutschen Büro gearbeitet haben.

Meiner Meinung nach rechtfertigt Griffiths Rede bei der Zusammenkunft des National Council die Existenz seines Blattes.[8] Wahrscheinlich muß er seine Spalten Skribenten wie Gogarty und Colm und jungfräulichen Märtyrern, wie sein stellvertretender Schriftleiter einer ist, zur Verfügung stellen. Aber, soweit meine Kenntnis irischer Belange reicht, war er vor neun Jahren in Irland der erste, der die Idee des Separatismus in moderner Form wiederbelebt hat. Er fordert die Einrichtung von irischen Konsulaten im Ausland und die Gründung einer irischen Bank im eigenen Lande. Dabei verstehe ich nicht, wieso, während er offensichtlich das Reden und das Denken besorgt, zwei oder drei Schafsköpfe wie Martyn und Sweetman[9] nichts tun, um die Pläne wenigstens in Angriff zu nehmen. In einem seiner Artikel schrieb er, daß es einen dänischen Kaufmann weniger koste, Butter nach Christiania und dann auf dem Seewege nach London zu schicken, als es einen irischen Kaufmann koste, seine Butter von Mullingar nach Dublin zu schicken. Vieles an seinem Programm ist vielleicht abwegig, aber zumindest versucht er, eine Art Geschäftsleben in Irland zu inaugurieren, und ich muß Dir ehrlich sagen, in Triest fühlte ich mich einige Male gedemütigt, als ich hörte, wie das kleine Mädchen von den Galattis sich über mein verarmtes Land lustig machte. Vielleicht erinnerst Du Dich, daß ich bei der Ankunft in Triest tatsächlich ›einige Schritte unternahm‹, um dort eine Niederlassung von Foxford Tweeds einzurichten. Wogegen ich in seiner Zeitschrift am heftigsten bin, ist das Bestreben, das irische Volk nach dem alten Schmus vom Rassenhaß erziehen zu wollen, während doch jeder sehen kann, daß die irische Frage, wenn es überhaupt eine gibt, in erster Linie eine Frage ist, die das irische Proletariat betrifft. Ich habe mich, fürchte ich, schlecht ausgedrückt, aber vielleicht verstehst Du, worauf ich hinaus will. Eine Tuchfirma aus Belfast wickelt einen großen Teil ihrer Geschäfte in Rom über diese Bank ab. Alles in allem halte ich es für ungerecht, ihn mit einem borniertem Scharlatan wie Knickerbokkers[10] zu vergleichen.

Georgies Erkältung scheint sich gebessert zu haben. Er kann jetzt allein durchs Zimmer gehen und hat zwei neue Zähne. Das römische Klima ist bestimmt sehr gesund. Es ist jetzt Mittag und ich bin ziemlich hungrig. Gestern abend, zum Beispiel, hatte ich zum Essen Suppe, Spaghetti al sugo, ein halbes Beefsteak, Brot und Käse, Trauben und einen halben Liter Wein. Der Wein hier ist wie Wasser, ein kümmerliches Gesöff, meiner Meinung nach! Das Obst ist sehr teuer. Die blöden Ausländer, die hier in Scharen herkommen, treiben alle Preise hoch. Vor zwanzig Jahren, habe ich gehört, war es viel billiger.   JIM

1 Oliver Gogarty hatte den ersten von drei Artikeln über ›Ugly England‹ am 15. September 1906 in *Sinn Féin* veröffentlicht. Die anderen erschienen am 24. November und 1. Dezember 1906. Gezeichnet waren sie alle ›O. G.‹
2 Im letzten Abschnitt schrieb Gogarty über den gemeinen Mann in England: ›In seiner Selbstgerechtigkeit wandte er sich mit heiligem Entsetzen gegen die Unmoral der französischen Nation, während er gleichzeitig wie der Zöllner fröhlich ward, daß sein eigenes Haus sauber sei. Dabei ist es für jeden, der Augen im Kopf hat, nur allzu klar, daß es dieses englische Monstrum ist, das jede Art von Unanständigkeit, die Paris hervorzubringen vermag, fordert und unterstützt. Er entrüstet sich über die Gottlosigkeit fremder Regierungen, indem er auf ihre Behandlung jener Frauen weist, die sich mit ihren Soldaten einlassen, und hält sich seine eigene, tugendhafte Enthaltsamkeit zugute, während er gleichzeitig für jeden, der es zu kaufen bereit ist, ein Buch herausgebracht hat – er ist zu dreckig und zu sehr von allen guten Geistern verlassen, um die eigene Scheinheiligkeit zu erkennen –, in dem Statistiken beweisen, falls es überhaupt noch eines Beweises bedarf, daß seine eigene Armee verdorbener und unmoralischer ist als irgendeine andere oder alle europäischen Armeen zusammen. Und während er mit andächtig erhobenen Augen verharrt, entgeht ihm, daß es vor seinen eigenen Füßen in Indien Sklavenlager gibt, wo Frauen grauenvoller als in Harems eingesperrt sind, um zum Vergnügen der Armee mißbraucht zu werden, einer Armee, von der, wie ihre eigenen Statistiken zeigen, bereits mehr als die Hälfte durch venerische Exzesse leprös ist. So sehr sind Sludges Gedanken auf das Gebiet konzentriert, daß es ihm an Zeit fehlt, sich die Tatsache, wiewohl er sie anderen anzukreiden weiß, vor Augen zu führen, daß die Armee in seinem eigenen Lande moralisch so heruntergekommen ist, daß nicht einmal Zeit für jenen Aufschub bleibt, der vor der Zerstörung von Sodom gewährt wurde.‹

99

3 *Dialogues of the Day.* Vgl. S. 291, Anm. 1, und S. 294.

4 Gogarty nennt den einfachen Mann in England ›Sludge‹ (Morast, Schlick) anstelle von ›John Bull‹. Er rügt die übermäßige Gefräßigkeit der Engländer und sagt, ›ihr einziges Evangelium ist die Ankündigung, was es zu essen gibt‹.

5 Berlitz School.

6 Offensichtlich *Gabriel Conroy* von Bret Harte (Boston und New York 1903). Dieser Roman lieferte Joyce den Namen für die Hauptperson von ›The Dead‹ und beeinflußte ihn bei der Schilderung des Schneefalls in dieser Erzählung. Vgl. Gerhard Friedrich, ›Bret Harte as a Source for James Joyce's ‚The Dead'‹, *Philological Quarterly* xxxii, 4 (Oktober 1954) 442–44.

7 *Irish Independent.* Ibsen war am 23. Mai 1906 gestorben.

8 Arthur Griffith, Herausgeber von *Sinn Féin,* hielt Anfang September 1906 bei der zweiten Jahresversammlung des National Council in der Rotunda in Dublin das Hauptreferat. Er sprach sich für einen Boykott bestimmter britischer Waren aus, für einen nach nationalen Prinzipien ausgerichteten Volksschul- und Mittelschulunterricht und für die Schaffung eines nationalen Banksystems und einer nationalen Beamtenschaft.

9 Edward Martyn (1859–1923), Dramatiker, war der wiedergewählte Präsident des National Council, und John Sweetman (1844–1937?), Vorsitzender des Meath County Council (1902–08) und ehemaliger M. P. (Parlamentsabgeordneter), wurde neben Griffith zum Vizepräsidenten gewählt.

10 Francis Sheehy-Skeffington.

AN STANISLAUS JOYCE [Postkarte]

Poststempel 30. September 1906
Via Frattina 52, II⁰, Rom

Ich schicke Dir 60 Lire und werde Dir morgen ausführlich zu dieser einnehmenden Frage schreiben. Kann es heute nicht schicken, da die Post geschlossen ist. Habe G. R. nicht geantwortet,[1] habe aber Arthur Symons die ganze Geschichte geschrieben. Ich hoffe an G. R. zu schreiben,[2] wenn Symons antwortet. Morgen gehe ich mich mit einem Anwalt besprechen, der für internationales Recht zuständig ist. War beim englischen Konsul, der mir die Adresse ihres Beraters gab.

   Georgie ist, fürchte ich, an Bronchitis erkrankt. Wenn morgen nicht besser, werde ich den Arzt holen. Was ist jetzt mit der Keltenkaste? Nur noch einmal, Bester. Gib's auf, Jimmy, alter Junge.[3]   [*ohne Unterschrift*]

Noch eine Neuigkeit. Die Wirtin hat gerade die Miete für unser Zimmer erhöht. Wie rücksichtsvoll!

P.P.S. Ich habe eine neue Erzählung für Dubliners im Kopf. Sie handelt von Mr. Hunter.[4]

1 Grant Richards schrieb Joyce am 24. September, daß er *Dubliners* nicht veröffentlichen könne. ›Sie sind uns hinsichtlich unserer Einwände gewiß ein gutes Stück entgegengekommen – Einwände, die sich auf die Vorurteile anderer gründen, nicht auf unsere eigenen, wie ich Ihnen klarzumachen versucht habe – aber das Buch ist doch immer noch so, daß es, wie ich glaube, kein Erfolg werden kann, daß es die Mehrheit der Leser gegen seinen Verleger einnehmen würde und einem Erfolg irgendwelcher künftiger Bücher von Ihnen im Wege stehen würde.‹ Er drängte Joyce, ihm das Manuskript seines ersten Romans zu schicken, und versprach eine Entscheidung innerhalb von vierzehn Tagen nach Empfang. Wäre der Roman veröffentlicht, könnte *Dubliners* folgen.
2 Joyce imitiert die Ausdrucksweise von Richards.
3 Joyce antwortet hier vermutlich auf ermutigende Worte von Stanislaus Joyce in einem Brief des Bruders, der verloren ist. Stanislaus mag ihm geschrieben haben, wie bestürzt die keltische Kaste, das heißt die in Mode stehenden Schriftsteller Dublins, sein würde, wenn *Dubliners* erschiene. ›Nur noch einmal, Bester‹ bezöge sich primär auf die Aufforderung, *Dubliners* an noch einen weiteren Verleger zu schicken, und ›Gib's auf, Jimmy‹ wäre Joyces resignierende Replik.
4 Die Erzählung sollte den Titel ›Ulysses‹ erhalten. Joyce hat sie nie geschrieben, aber die Anfänge von *Ulysses* gehen, wie Joyce später häufig betont hat, auf Rom zurück. Alfred H. Hunter war Dubliner, sollte Jude sein und eine Frau haben, die ihm untreu war.

AN GRANT RICHARDS   *13. Oktober 1906*
                                    Via Frattina 52, II⁰, Rom

Sehr geehrter Mr. Grant Richards,
Da die Veröffentlichung der Gedichte, deren Ms. seit über zwei Jahren in Ihren Händen gewesen ist, nach Ihren letzten Vorschlägen praktisch auf unbestimmte Zeit verschoben würde, habe ich mich entschlossen, ein Angebot anzunehmen, das mir Mr. Arthur Symons hinsichtlich ihrer Veröffentlichung gemacht hat, und bitte Sie daher freundlichst, mir das Gedicht-Ms. postwendend zurückzuschicken.

Nun zu *Dubliners,* worüber Sie nach Ihrem Brief vom 24. Sept. Antwort von mir erwarten. Nachdem ich diesen Brief zum ersten Mal gelesen hatte, hielt ich ihn für eine Absage und glaubte, Sie zögen die Veröffentlichung meines Erzählungsbandes nicht weiter in Betracht, obwohl ich soweit gegangen war und mir soviel Mühe gemacht hatte, allen Ihren Einwänden, so wenig ich Ihnen auch beipflichten konnte, gerecht zu werden. Ich konnte jedoch nicht glauben, daß dies angesichts unseres Vertrags und Ihrer diese Sache betreffenden Briefe an mich der Fall sein könnte, und so habe ich mir die Zeit genommen, sie noch einmal sehr sorgfältig durchzugehen und meine Position in dieser Angelegenheit gründlich zu überprüfen, um Sie womöglich dazu zu bringen, Ihr Versprechen ohne jeden weiteren Aufschub oder weitere Verzögerung verabredungsgemäß zu erfüllen und endlich die Erzählungen an den Tag zu geben, von denen Sie, wie Sie mehr als einmal zu betonen die Güte hatten, eine so hohe Meinung haben.

Dieses wünschenswerte Ziel könnte daher, wie ich immer noch glaube, ohne Beschneidung meiner unbestreitbaren Rechte auf der Grundlage Ihrer Briefe vom 16. Mai und 14. Juni dieses Jahres erreicht werden: nämlich:

1. Streichung des Wortes ›bloody‹ in den Erzählungen:
   a) Grace (Gnade)
   b) The Two Gallants (Zwei Kavaliere)
   c) Ivy Day in the Committee-Room (Efeutag im Sitzungszimmer)
2. Beibehaltung des Wortes ›bloody‹ in:
   a) The Boarding-House (Die Pension)
3. Streichung einer Stelle und Neufassung einer anderen Stelle in
   a) Counterparts (Entsprechungen)
4. Aufnahme natürlich der letzten Erzählung, an der nichts auszusetzen war:
   a) A Little Cloud (Eine kleine Wolke).

Soweit bin ich, wenn auch äußerst widerwillig, zu gehen bereit, aber weiter nicht.

Zum Schluß ein Wort zu meinem Roman. Ich bin nicht in der richtigen Verfassung, um ihn zu beenden. Zwei Jahre lang habe ich nun gehofft, und jetzt, da ich sehe, daß diese zwei Jahre des Wartens und Hoffens mir nichts genützt haben, ist es wirklich zuviel verlangt, von mir zu erwarten, daß ich meine zwei fertigen Bücher beiseite lege und an dem dritten weiterschreibe und dann wieder warte und hoffe. Denn ich bin überzeugt, daß die gleichen Briefe mit den gleichen Einwänden geschrieben würden. Es ist wahr, ich brauche notwendig einen Verleger, aber der Verleger, den ich brauche, müßte wenigstens bereit sein, etwas für eine Sache zu riskieren, von der er eine so hohe Meinung hat, einstweilen aber bin ich froh, daß die Verhältnisse, in denen ich mich befinde, so bescheiden sie auch sein mögen, es mir gestatten, daß meine

Arbeit vor Verstümmelung und meine Begabung vor Korruption bewahrt bleibt. Dennoch rechne ich darauf, daß Sie sich angesichts der Tatsachen, die ich in diesem Brief angeführt habe, doch noch imstande sehen, den Erzählungsband zu veröffentlichen, und möchte Sie bitten, mir das Ms. der Gedichte in jedem Falle zurückzuschicken. Ihr ergebener JAS A JOYCE

AN STANISLAUS JOYCE [Postkarte] *24. Dezember 1906*
Via Monte Brianzo 51, IV⁰, Rom
Lieber Stannie,
Es ist heiliger Abend. 7 Uhr. Ich habe elf Lire in der Tasche. Ich dachte, Du würdest mir bis heute vielleicht etwas schicken können, aber Du konntest wohl nicht. Morgen werden wir von Nudelzeug leben, da ich sonst nicht bis zum Ende des Monats komme. Da wir etwas Geld erwarten, hat Nora vier oder fünf Lire Schulden bezahlt. Nun! (wie Mr. Pater so schön sagt) ich habe aller Weihnachten Niedrigwassermarke heuer erreicht. Die Bank ist nur morgen geschlossen. Vermutlich hast Du keinerlei Möglichkeit, die Qual zu beenden? JIM
Laß es mich wissen.

AN STANISLAUS JOYCE, Berlitz School, Triest [Telegramm]
14. Februar 1907
Rom
habe gekündigt rückkehre triest überweise vierzig express monte brianzo telegraphiere ob artifoni einverstanden
[*ohne Unterschrift*]

AN STANISLAUS JOYCE *16. Februar 1907*
Via Monte Brianzo 51, IV, Rom
Lieber Stannie,
Es ist nichts passiert.[1] A. hatte mir – so habe ich das verstanden – zugesichert, ich könnte zurückkommen, wann immer ich wollte; sonst hätte ich nicht gekündigt. Teil mir bitte mit, wie es mit der Schule steht. Könnte ich nicht nach Triest zurückkommen und Privatstunden geben? Eine angenehme Verfassung, in der ich mich befinde. Ich habe da wohl eine *coglioneria*[2] gemacht. Du

kannst Dir vielleicht den Zustand meiner Nerven vorstellen. Wer weiß, wie das ausgehen wird. Ich für meinen Teil habe nur ein Leben. Ich spüre neuerdings, wie es mir entgleitet, ›wie Wasser durch ein Täschchen aus Musselin‹. Coppinger ist ein ›Merrion Square-Chirurg‹[3]. Synge ist ein Sturmzentrum: aber ich habe nichts zustande gebracht. John Long hat mir nicht geantwortet. Ich habe ihm heute einen unverschämten Brief geschrieben: also werde ich wohl das Ms. der *Dubliners* nie wiedersehen. Ich wäre gern wieder in Triest, nicht wegen der Schule, sondern weil ich dann manchmal Gelegenheit hätte, mit jemandem zusammen zu sein, der mir bis zu einem gewissen Grade im Temperament gleicht. Ich habe Georgie gern, natürlich, aber ich fürchte (komisch, gerade wie ich das Wort hinschreibe, stoßen es zwei Amerikaner mir gegenüber aus), ich fürchte, daß die Barke meines Geistes auf Felsen aufgelaufen ist. Ich bin überzeugt, daß ein durchaus gesundes Moment sich in dieser meiner letzten verrückten Unternehmung ausdrückt. Ich fühle irgendwie, daß ich bin, was Pappie meinte, ich wäre es nicht, ein Gentleman. Aber das ist Mumpitz [*balls*], wie Rudolph Ellwood sagen würde. Ich bin jedenfalls wie ein Fisch auf dem Land. Ich würde gern nach Triest zurückgehen, weil ich mich an manche Sommernacht erinnere, da ich durch die Straßen ging und über den oder jenen Satz in meinen Erzählungen nachdachte. Ich habe gerade gehört, wie Amerikaner über Giordano Bruno diskutierten, zu dessen Ehren hier morgen eine Prozession stattfindet.[4] Sie scheinen einiges über ihn zu wissen, aber mir mißfällt der Akzent.

Ich werde Dir nach Empfang Deines Briefes ausführlicher schreiben. Gegenwärtig bin ich zu durcheinander, um einen langen Brief schreiben zu können. Dein *coglionato*[5] Bruder   JIM

---

1 Stanislaus Joyce hatte offenbar vermutet, sein Bruder hätte in der Bank irgendwelche Schwierigkeiten gehabt.

2 ›Eine Dummheit.‹

3 Charles Coppinger, ein 17 Merrion Square North wohnhafter Arzt. Sein Name war offenbar in Zusammenhang mit den Tumulten im Abbey Theatre genannt worden. Merrion Square ist Residenz der vornehmen Ärzte.

4 Giordano Bruno (ca. 1548–1600), war am 17. Februar 1600 wegen seiner ketzerischen Philosophie auf dem Scheiterhaufen verbrannt worden. Ende des neunzehnten Jahrhunderts wurde er rehabilitiert. Eine Statue wurde 1889 auf dem Campo de' Fiori errichtet, und alljährlich an seinem Todestag fand eine Prozession statt.

5 Eher ›durcheinandergebracht‹ als in der üblichen Bedeutung ›übertölpelt‹.

AN STANISLAUS JOYCE   [*?1. März 1907*]
                                   Via Monte Brianzo 51, IV⁰, Rom

Lieber Stannie,
Ich werde diesen Brief wahrscheinlich ein- oder zweimal beiseite-
legen, um Karten an Dich zu expedieren. Ich werde auch um je-
derlei finanzielle Einzelheiten herumsteuern, wenigstens bis ich
zunächst das andere vom Halse habe. Ich muß allerdings sagen,
daß ich diesen Schritt kaum unternommen hätte, wenn ich A.'s
Versprechen nicht für bare Münze genommen hätte: und darüber
hinaus entnahm ich Deinen Briefen, daß Du sehr viel mehr zu tun
hättest, als Du zeitlich schaffen könntest. Aber wir wollen diese
beklagenswerte Seite ›rasch hinter uns lassen‹.
   Ich bin zu dem Schluß gekommen, daß es an der Zeit ist, mir zu
überlegen, ob aus mir ein Schriftsteller oder ein geduldiger Cou-
sins werden soll. Ich sehe zwar auch, daß ich gleichwohl andere
Arbeit werde tun müssen, aber so wie jetzt weiterzumachen
würde mit Sicherheit meinen geistigen Untergang bedeuten. Es
ist Monate her, daß ich eine Zeile geschrieben habe, und selbst
das Lesen ist mir verleidet. Der Sozialismus und alles andere, wofür ich mich interessierte, ist mir gleichgültig geworden. Ich bin
tiefer und tiefer gerutscht, bis ich aufgehört habe, irgendein Interesse für irgendein Thema zu haben. Ich betrachte Gott und
sein Theater mit den Augen meiner Mitangestellten, so daß mich
nichts mehr überrascht, berührt, erregt oder anekelt. Von meinem früheren Sinnen und Denken scheint nichts mehr übrig zu
sein, außer einer erhöhten Affektivität, die ihre Befriedigung im
60-Meilen-die-Stunde-Pathos eines Kinematographen oder vor
einem geschmacklosen italienischen Gazetten-Bild findet. Und
doch habe ich gewisse Ideen, die ich gern in eine Form bringen
würde: nicht als Doktrin, sondern in Fortführung jener Selbstdarstellung, mit der ich, wie ich jetzt sehe, in *Chamber Music* begann.
Diese Ideen oder Instinkte oder Intuitionen oder Impulse mögen
rein persönlich sein. Ich habe nicht den Wunsch, mich selbst als
Anarchisten oder Sozialisten oder Reaktionär zu kodifizieren.
Das Schauspiel, das die Prozession zu Ehren des Nolaners[1] bot,
ließ mich ganz kalt. Ich begreife, daß die Antikirchengeschichte
wahrscheinlich zu einem großen Prozentsatz aus Lügen besteht,
aber das genügt nicht, mich heulend zu meinen Göttern zurück-
zutreiben. Dieser Zustand der Gleichgültigkeit sollte eigentlich
eine Vorstufe zu künstlerischer Betätigung sein, aber das ist nicht

der Fall. Denn ich brauche fast vierzehn Tage, um ein kleines Buch zu lesen. Ich habe etwa zwei Tage für den Entschluß gebraucht, ob ich mir die *Götterdämmerung* ansehen sollte. Ich hielt mir die Kälte, die Entfernung, das Gedränge, die Unbequemlichkeit etc. vor Augen. Schließlich ging ich hin und versuchte, mich dafür zu interessieren, langweilte mich aber beträchtlich.

Der Fehler liegt, glaube ich, eher bei mir als bei Wagner, aber gleichzeitig kann ich nicht umhin, mich zu fragen, was für eine Beziehung denn überhaupt bestehen kann zwischen einer solchen Musik und den Herren, mit denen ich auf der Galerie war. Übrigens scheinen sowohl der Bankier wie sein Bruder recht gebildet zu sein, doch habe ich sie nie über etwas anderes reden hören als den Verbleib des ›blauen Hefts‹ (das Buch, in dem der Abgang von Wertpapieren notiert wird) und des ›roten Hefts‹ (das Buch, in dem der Eingang derselben notiert wird). Ich habe versucht, Carduccis[2] Gedichte zu lesen, angeregt durch die Tatsache, daß er ungestärkt durch die Weihen der R.K.K. starb. Aber nicht nur interessieren sie mich nicht: sie scheinen mir sogar verlogen und übertrieben zu sein. Ich mag italienische Gedichte nicht. Ich finde, den italienischen Männern fehlt es an Takt und an Männlichkeit. Sie sind in der Regel intelligent und gewandt, aber babyhaft. Weder die Männer noch die Frauen haben auch nur einen Anflug von Takt. Bei den letzteren stört dieser Mangel mich nicht so sehr. Am Tage der Prozession zum Gedenken an Bruno stand ich in der Menge und wartete auf die Ankunft des Umzugs. Es war ein düsterer Tag, und ich hatte mich, da Sonntag war, nicht gewaschen. Ich trug einen weißen, von heftigen Regenfällen verwaschenen Filzhut. Scholzens Fünf-Kronen-Umhang hing arschwärts an mir herab. Meine Stiefel waren, da Sonntag war, vom Dreck einer Woche verkrustet, und eine Rasur hatte ich auch nötig. Ich war in der Tat ein gräuliches Exemplar der Freidenkerei.[3] Nicht weit von mir standen zwei gut aussehende junge Frauen, Mädchen aus dem Volke, besser gesagt. Sie befanden sich in der Obhut einer älteren Frau und eines Mannes mittleren Alters. Sie waren nicht groß, hatten quittengelbe Gesichter und liebenswerte Hundeaugen. Eine von ihnen trug an einer langen Kette einen Anhänger, und den hob sie fortwährend langsam an die Lippen und ließ ihn dort eine Weile, während sie die Lippen langsam öffnete und die ganze Zeit gelassen um sich blickte. Ich sah ihr dabei ziemlich lange zu, bis ich entdeckte, daß der Anhänger ein

106

Miniaturrevolver war! Ich versuchte einigen Italienern zu erklären, was ich dabei empfand, und erzählte ihnen die Geschichte, so gut ich konnte. Sie sahen darin nichts Seltsames oder Typisches oder Bezeichnendes. Einer von ihnen erzählte mir, daß viele Italienerinnen einen Cazzo als Anhänger trügen, und daraufhin redeten sie nach Herzenslust über Cazzo und Co. – ein Thema, das in irgendeiner Form interessant zu gestalten meiner Meinung nach großes Talent oder andernfalls großen Mut erfordert. Wenn ich morgens in die Bank komme, warte ich schon darauf, daß jemand etwas über seinen Cazzo, Culo oder seine Coglioni[4] bekannt gibt. Das geschieht gewöhnlich nur viertel vor neun.

Ich erhielt gestern einen Brief von John Long, in dem er schreibt, sein Lektor hätte abgeraten, das Buch herauszubringen und etc. etc.[5] Also schmoren die *Dubliners* wieder einmal auf meinem Bord. Mit gleicher Post erhielt ich von Elkin Mathews die Fahnenabzüge von *Chamber Music.* Es ist ein schmales Buch, und auf dem Titelblatt ist ein geöffnetes Klapfier! Soll ich Dir die Fahnen zur Korrektur schicken. Ich weiß nicht, ob die Reihenfolge stimmt. Ich mag das Buch nicht, hätte es aber gern veröffentlicht, und dann zum Teufel damit. Wie auch immer, es ist das Buch eines jungen Mannes. Ich habe damals so gefühlt. Es ist keineswegs ein Buch mit Liebesgedichten, stelle ich fest. Aber einige davon sind hübsch genug, vertont zu werden. Ich hoffe, daß das jemand einmal macht, jemand, der alte englische Musik kennt, wie ich sie gern habe. Außerdem sind sie unprätentiös und haben eine gewisse Anmut. Ich werde ein Exemplar für mich behalten und (soweit ich mich entsinne) oben auf jede Seite eine Adresse oder eine Straße schreiben, damit ich, wenn ich das Buch aufschlage, die Orte, an denen ich die einzelnen Lieder schrieb, wieder vor mir sehen kann.

Ich finde es schade, daß Du nichts über den Krawall in der Abbey Street geschrieben hast.

Ich reise hier am 15. oder 30. nächsten Monats mit unbekanntem Ziel ab. Ich habe auf Anzeigen und an mehrere Agenturen in verschiedenen Teilen Italiens und Frankreichs geschrieben. Aber ich würde, wenn möglich, aus Italien gern raus. Ich habe über Eglinton und seinen Kuchen gelacht, aber ich fürchte, ich habe meinen fast aufgegessen[6]: trotzdem muß seiner verglichen mit diesem ein bißchen trocken sein. Ich würde gern in einer warmen Stadt an der See leben, wo ich in Muße schreiben und denken könnte. Marseille[7] ist keine Touristenstadt, sondern ein Hafen wie Triest, und ich habe die Stadt ausgesucht, weil man billig hinkommt, es lebendig ist, gutes Klima hat und billiger sein muß als Rom. Außerdem gibt es dort eine 100 000köpfige italienische Kolonie. Ich hasse Bürokratie. Ich würde sogar die Arbeit in einem Heuerbüro im Hafen vorziehen, wo ich rein- und rauslaufen könnte. Letzten Endes muß ich schon etwas wert sein, sogar vom geschäftlichen Standpunkt aus. Ich kann drei Sprachen[8] sehr gut und zwei weitere[9] einigermaßen gut, und durch Greenham und Sanguinetti[10] und hier in Rom habe ich ›Erfahrungen‹ gesammelt, und ich habe für die ›Fortnightly Review‹, die ›Saturday Review‹, den ›Speaker‹ *ETC.* geschrieben.

Ich habe Dir heute ein Exemplar der Fahnen der Gedichte geschickt, damit Du prüfst, ob die Reihenfolge stimmt. Das andere habe ich korrigiert und zurückgeschickt. Ich habe auf verschiedene Anzeigen geschrieben und hoffe, eine Stellung zu bekommen, bei der ich den Mut finde, wieder zu schreiben. Es scheint mir besser, es in dieser Richtung zu versuchen, da mir das vielleicht Geld bringt. Was Nora und Georgie angeht, kann man, wie mir scheint, leicht übertreiben. Zum Verhungern wird es wohl kaum kommen. Du scheinst zu meinen, ich sollte mich hier festsetzen, um eine *carriera* zu machen, für zunächst 250 frs im Monat und zuletzt nach 20 Jahren 450 frs im Monat, mit allem, was eine solche *carriera* mit sich bringt, Wohnung, Dienstmädchen, Kindern in der Schule, einem kleinen Bankkonto und einer großen Angst vor allem, was in mir ist. Das ist es, was ich tun *sollte,* aber ich bezweifle sehr, ob ich es je tun *werde.* Wir werden sehen. Was auch passiert, mich wird es kaum überraschen. Ich habe ein paar Verse in *Chamber Music* geändert, das heißt, ich habe meinem späteren Ich gestattet, die Musik zu unterbrechen und das Gedicht dadurch vielleicht verbessert, wie im Fall des Mithridates-Gedichts.[11] Aber die Verse sind es nicht wert, daß man über sie redet: noch sind es die Erzählungen, wie mir neuerdings in den Kopf kommt. [*ohne Unterschrift*]

1 Giordano Bruno war in Nola geboren. In seinem frühen Aufsatz ›The Day of the Rabblement‹ (›Der Tag des Pöbels‹) hatte Joyce von ihm ohne nähere Erklärung nur als von dem Nolaner gesprochen.
2 Giosuè Carducci (1836–1907), italienischer Lyriker.
3 ›Sie sehen in mir, sagte Stephen mit grimmigem Ärger, das grausige Exemplar eines Freidenkers.‹ *Ulysses,* S. 26.

4 Slang für Penis, Anus, Hoden.
5 Longs ablehnender Brief, vom 21. Februar 1907, ist in Cornell.
6 In *Ulysses* gibt John Eglinton dasselbe Sprichwort von sich: ›Man kann seinen Kuchen nicht aufessen und ihn doch haben‹ (S. 232).
7 Joyce hatte sich um eine Stelle in Marseille beworben.
8 Englisch, Italienisch und Französisch.
9 Deutsch und Dänisch.
10 Eine Triestiner Firma, bei deren Auslandskorrespondenz Joyce offensichtlich geholfen hatte. Richard Greenham, ein Engländer, der jetzt in Mailand lebt, erinnert sich nicht an Joyces Beschäftigung bei ihm, vermutlich war sie auch nur von kurzer Dauer.
11 *Chamber Music* XXVII. Vgl. S. 200.

Von Ettore Schmitz[1]   *8. Februar 1909*
                                                                     Triest

Lieber Mr. Joyce,
Ich glaube wirklich nicht, daß ich berechtigt bin, Ihnen, dem Verfasser, eine schlüssige Meinung über den Roman[2] zu sagen, den ich nur teilweise kennenlernen konnte. Ich meine damit nicht nur meine mangelnde Zuständigkeit, sondern besonders die Tatsache, daß Sie sich, da wo Sie aufhörten zu schreiben, einem sehr wichtigen geistigen Entwicklungsstadium Stephens gegenüber sahen. Ich habe bereits eine Probe davon, in welcher Richtung sich dieser von Ihrer Feder beschriebene Geist wandeln mag. Tatsächlich war die Entwicklung von Stephens kindlicher Religion zu einer stark empfundenen und eindringlich oder in allen ihren Einzelheiten (nach seiner Sünde) besser gelebten, starken Religion so wichtig, daß keine weitere wichtiger sein könnte. Mir gefallen Ihr zweites und drittes Kapitel sehr gut, und ich glaube, Sie sind sehr im Irrtum, wenn Sie bezweifeln, daß Sie einen Leser finden würden, der an den Predigten des dritten Kapitels Vergnügen finden könnte. Ich habe sie mit sehr starker Beteiligung gelesen, und ich kenne in meiner eigenen kleinen Stadt eine Menge Leute, die sicher von den gleichen Gefühlen betroffen werden würden. Jedes Wort dieser Predigten gewinnt seine künstlerische Bedeutung durch die Wirkung, die es auf den Geist des armen Stephen ausübt. Am Ende hat der Leser ein genaues Bild von der Erziehung, durch die Stephen hindurchgegangen ist; es könnte nicht genauer sein, selbst wenn sie in den beiden vorangegangenen Kapiteln ausdrücklich behandelt worden wäre. Ich habe Einwände gegen das erste Kapitel. Ich hatte sie schon, als ich nur

dieses gelesen hatte, aber ich habe sie noch entschiedener, nachdem ich die beiden anderen kennengelernt habe. Ich glaube, ich habe schließlich auch den Grund entdeckt, warum diese beiden Kapitel für mich so schön sind, während das erste mich nicht so tief beeindruckt, obwohl es gewiß genauso konstruiert und von demselben Autor, der gewiß seine Haltung nicht geändert hat, mit offenbar denselben künstlerischen Zielen geschrieben ist. Ich finde, es werden darin Ereignisse behandelt, denen es an Gewicht fehlt, und Ihre strenge Methode der Beobachtung und der Beschreibung gestattet es Ihnen nicht, einer Tatsache Gehalt zu geben, die nicht in sich gehaltvoll ist. Sie sollten nur über starke Dinge schreiben. In Ihren geübten Händen werden sie vielleicht noch stärker. Ich glaube nicht, daß Sie Dingen den Anschein von Stärke geben können, die in sich belanglos, unbedeutend sind. Ich muß sagen, wenn Sie einen ganzen Roman schreiben müßten, mit dem einzigen Ziel, das alltägliche Leben zu schildern, und ohne ein Problem, das Sie selbst geistig stark berührt (Sie würden sich einen solchen Roman nicht vornehmen), dann wären Sie gezwungen, Ihre Methode aufzugeben und nach künstlichen Farben zu suchen, um den in sich leblosen Dingen Leben zu verleihen.

Verzeihen Sie mir, lieber Mr. Joyce, diese Bemerkungen, aus denen vielleicht nur meine Überheblichkeit spricht, und erlauben Sie mir, zu zeichnen als Ihr sehr ergebener

Ettore Schmitz

---

1 Ettore Schmitz (1861–1928) schrieb unter dem Pseudonym Italo Svevo Romane und Erzählungen. Er leitete in Triest eine Firma, die rostverhütende Schiffsfarbe herstellte. Schmitz und seine Frau Livia Veneziani nahmen beide bei Joyce Englischunterricht. Wie aus diesen Briefen hervorgeht, ließ sich Joyce von Schmitz für ein Jahr im voraus bezahlen, um nach Dublin reisen zu können.

3 Die ersten drei Kapitel des *Portrait*, die Joyce seinem Schüler zum Lesen gegeben hatte und über die er ihn ›zur Übung‹ etwas aufzuschreiben bat. Schmitz' mit der Maschine geschriebener Brief enthält eine Anzahl von handgeschriebenen Korrekturen, die offensichtlich von Joyce veranlaßt waren.

An Nora Barnacle Joyce [Postkarte]

[Poststempel 29. Juli 1909]
44 Fontenoy Street, Dublin

Wir sind hier heute abend gut angekommen.[1]

Das erste, was ich auf der Pier in Kingstown sah, war Gogartys fetter Rücken, aber ich bin ihm aus dem Weg gegangen.

Alle sind von Georgie entzückt, besonders Pappie.

Schreib an eins der Mädchen, was mit ihm alles gemacht werden muß.

Alles Liebe für Lucia   JIM

1 Joyce war mit seinem Sohn Giorgio Ende Juli 1909 nach Dublin gereist und blieb dort bis zum 9. September.

AN NORA BARNACLE JOYCE   *6. August 1909*
                                                    44 Fontenoy Street, Dublin
Nora, ich fahre nicht nach Galway, Georgie auch nicht.

Die geschäftliche Angelegenheit, deretwegen ich hergekommen bin und von der ich mir eine Besserung meiner Lage erhofft hatte, schmeiße ich hin.

Ich war Dir gegenüber ehrlich in dem, was ich Dir von mir erzählt habe. Du warst es mir gegenüber nicht.

Damals, als ich mich mit Dir immer an der Ecke Merrion Square traf und mit Dir spazierenging und spürte, wie Deine Hand mich in der Dunkelheit berührte, und Deine Stimme hörte (O Nora! Nie wieder werde ich diese Musik hören, weil ich nie wieder glauben kann), damals, als ich mich mit Dir immer traf, hattest Du, *jeden zweiten Abend,* draußen vor dem Museum eine Verabredung mit einem Freund von mir, Du gingst mit ihm durch dieselben Straßen, am Kanal entlang, am ›Aufbewahrungsinstitut‹ vorbei, hinunter zum Ufer der Dodder. Du standst mit ihm: er legte den Arm um Dich und Du hobst Dein Gesicht zu ihm auf und küßtest ihn. Was habt Ihr noch zusammen getan? Und am nächsten Abend trafst Du Dich mit *mir!*

Ich habe dies gerade vor einer Stunde aus seinem Mund gehört.[1] Meine Augen sind voller Tränen, Tränen des Kummers und der Demütigung. Mein Herz ist voller Bitterkeit und Verzweiflung. Ich sehe immer nur Dein Gesicht, wie es sich damals einem anderen entgegenstreckte. O Nora, hab Mitleid mit mir in meiner Qual. Ich werde Tage weinen. Mein Glaube an dieses Gesicht, das ich liebte, ist zerbrochen. O Nora, Nora hab Mitleid mit meiner armen, elenden Liebe. Ich kann Dich bei keinem zärtlichen Namen nennen, weil ich heut abend erfahren habe, daß das einzige Wesen, an das ich glaubte, mir nicht treu war.

111

O Nora, muß alles zwischen uns vorbei sein?

Schreib mir, Nora, um meiner toten Liebe willen. Ich werde von Erinnerungen zerquält.

Schreib mir, Nora, ich habe nur Dich geliebt: und Du hast meinen Glauben an Dich zerbrochen.

O Nora, ich bin unglücklich. Ich weine um meine arme, unglückliche Liebe.

Schreib mir, Nora.   JIM

---

1 Vincent Cosgrave. Seine Behauptung war falsch, wie Joyce bald entdeckte.

AN NORA BARNACLE JOYCE   *7. August 1909*
                                           44 Fontenoy Street

Es ist halb sieben morgens, und ich schreibe in der Kälte. Ich habe die ganze Nacht kaum geschlafen.

Ist Georgie mein Sohn? Es war am 11. Oktober in Zürich, daß ich zum erstenmal mit Dir schlief, und er wurde am 27. Juli geboren. Das sind 9 Monate und 16 Tage. Ich erinnere mich, daß in dieser Nacht sehr wenig Blut kam […]

Sags mir. Als Du mit diesem anderen (einem ›Freund‹ von mir) auf dem Feld an der Dodder warst (an den Abenden, an denen ich *nicht* da war), legtet Ihr euch da hin, wenn Ihr euch küßtet? Berührtest Du ihn mit der Hand, wie Du es bei mir im Dunkeln tatest, und sagtest Du zu ihm, was Du zu mir sagtest: ›Was ist das, Liebling?‹ An einem dieser Tage ging ich kreuz und quer durch Dublins Straßen und hörte nichts als diese Worte, sagte sie wieder und wieder vor mich hin und blieb stehen, um die Stimme meiner Liebe besser zu hören.

Was soll jetzt aus meiner Liebe werden? Wie soll ich das Gesicht vertreiben, das sich zwischen unsere Lippen jetzt drängen wird? Jeden zweiten Abend durch dieselben Straßen!

Ich bin ein Narr gewesen. Die ganze Zeit habe ich gedacht, Du gäbest Dich nur mir, und dabei hast Du Deinen Körper zwischen mir und einem anderen geteilt. In Dublin hier geht das Gerücht um, daß ich nahm, was andre übrigließen. Vielleicht lachen sie, wenn sie mich mit ›meinem‹ Sohn durch die Straßen paradieren sehen.

O Nora! Nora! Nora! Ich spreche jetzt zu dem Mädchen, das ich liebte, das rotbraune Haare hatte und auf mich zugeschlendert kam und mich so leichthin in die Arme nahm und mich zum Mann machte.

Ich werde nach Triest zurückfahren, sobald Stannie mir das Geld schickt, und dann können wir alles so regeln, wie es am besten ist.

O Nora, gibt es für mich noch Hoffnung auf Glück? Oder soll mein Leben kaputt sein? Man sagt hier, ich hätte Schwindsucht. Wenn ich meine Bücher und meine Kinder vergessen könnte, und vergessen, daß das Mädchen, das ich liebte, falsch gegen mich war, und mich an es nur noch erinnerte, wie ich es mit den Augen meiner jungenhaften Liebe sah, würde ich zufrieden aus dem Leben gehen. Wie alt und elend ich mich fühle!   JIM

AN NORA BARNACLE JOYCE   *19. August 1909*
                                            44 Fontenoy Street, Dublin

Mein Liebling,

Ich bin schrecklich in Sorge, weil Du nicht geschrieben hast. Bist Du krank?

Ich habe über die Geschichte mit Byrne, einem alten Freund von mir, gesprochen, und der ergriff großartig Deine Partei und sagt, es sei alles eine ›verdammte Lüge‹.

Was für ein nichtswürdiger Bursche bin ich! Aber von jetzt an werde ich Deiner Liebe würdig sein, Liebste.

Ich habe Dir heute drei Riesenbeutel ungeschälten Kakao geschickt. Schreib mir, wenn Du sie erhalten hast.

Meine Schwester Poppie geht morgen fort.

Heute habe ich einen Vertrag über die Veröffentlichung der *Dubliners* unterschrieben.

Entschuldige mich bei Stannie, daß ich ihm nicht geschrieben habe.

Meine süße edle Nora, ich bitte Dich, mir mein niederträchtiges Verhalten zu verzeihen, aber die beiden miteinander[1] hatten mich zum Wahnsinn getrieben, Liebling. Wir werden ihr feiges Komplott zunichte machen, Liebe. Verzeih mir, mein Herz, bitte.

Sag nur ein Wort zu mir, Liebste, ein Wort, daß alles nicht wahr ist, und o, wie wird mich das Glück beflügeln!

Geht es Dir gut, mein Liebling? Du quälst Dich doch nicht damit, nicht wahr? Lies nur nicht diese grauenhaften Briefe wieder durch, die ich geschrieben habe. Ich war damals außer mir vor Wut.

Ich muß jetzt den ganzen Weg zum G.P.O. gehen, um diesen Brief abzuschicken, da hier die Post schon fort ist: es ist nach eins in der Nacht.

Gute Nacht, ›mein Schatz‹!

Kein Mann, glaube ich, ist je der Liebe einer Frau würdig.

Verzeih mir, mein Liebling. Ich liebe Dich, und das ist der Grund, warum auch nur der Gedanke an Dich und diesen gemeinen, schändlichen Kerl mich so zum Wahnsinn getrieben hatte.

Nora, Liebling, demütig bitte ich Dich um Verzeihung. Nimm mich wieder in Deine Arme. Mach, daß ich Deiner würdig werde.

Ich werde dennoch siegen, und dann wirst Du an meiner Seite sein.

Gute Nacht, ›meine Liebste‹, ›mein Schatz‹. Ein ganzes Leben liegt jetzt offen vor uns. Es ist eine bittere Erfahrung gewesen, und unsere Liebe wird jetzt nur noch süßer sein.

Gib mir Deine Lippen, mein Lieb.

> ›My kiss will give peace now
> And quiet to your heart.
> Sleep on in peace now,
> O you unquiet heart‹[2]

JIM

---

1 Byrne deutete Joyce gegenüber an, daß Cosgrave und Gogarty unter einer Decke steckten, um Joyces eheliches Verhältnis zu zerstören. Vgl. S. 424.
2 *Chamber Music* XXXIV.
(Mein Kuß wird Frieden nun / Und Ruhe deinem Herzen geben. / Schlaf du in Frieden nun, / O du unruhig Herz.)

AN NORA BARNACLE JOYCE   *21. August 1909*
44 Fontenoy Street, Dublin

Meine liebe kleine Nora,

Ich *glaube,* Du hast mich lieb, hm? Der Gedanke daran, daß Du meine Gedichte liest, macht mir Freude (wenn Du auch fünf Jahre brauchtest, um etwas an ihnen zu finden). Als ich sie schrieb, war ich ein sonderbarer einsamer Junge, lief nachts allein umher und dachte daran, daß eines Tages ein Mädchen mich lieben würde. Aber ich konnte nie mit den Mädchen reden, die ich bei Leuten kennenlernte. Ihr falsches Gehaben hemmte mich von vornherein. Dann kamst Du zu mir. Du warst nicht in dem Sinne das Mädchen, von dem ich geträumt und für das ich die Verse geschrieben hatte, die Du jetzt so betörend findest. Es war vielleicht (wie ich es mir in meiner Phantasie vorstellte) ein Mädchen, dem die Kultur von Generationen, die vor ihr gelebt hatten, eine seltsame schwermütige Schönheit eingeprägt hatte, die Frau, für die ich Gedichte wie ›Gentle lady‹ oder ›Thou leanest to the shell of night‹ schrieb.[1] Aber dann sah ich, daß die Schönheit Deiner Seele die meiner Gedichte überstrahlte. In Dir war etwas – höher als alles, was ich in sie hineingelegt hatte. Und so ist aus diesem Grunde das Gedichtbuch für Dich. In ihm ist die Sehnsucht meiner Jugend enthalten, und Du, Liebling, warst die Erfüllung dieser Sehnsucht.

Bin ich grausam zu Dir gewesen? Einer Grausamkeit, wenigstens, habe ich mich nicht schuldig gemacht. Ich habe nicht die warme impulsive lebenspendende, aus der Fülle Deiner Natur kommende Liebe getötet. Schau nun, Liebste, in die Tiefen Deines eigenen Herzens und sag mir, daß Du Dein Herz im Zusammenleben mit mir nicht hast altern und sich verhärten sehen. Nein, Du bist jetzt tieferer zarterer Gefühle fähig als damals. Sag mir, Du, meine kleine Nora, daß das Zusammensein mit mir gut war für Dich, und ich will Dir frei heraus sagen, was alles das Zusammensein mit Dir für mich bedeutet hat.

Weißt Du, was eine Perle ist, und was ein Opal ist? Meine Seele war, als Du damals an jenen süßen Sommerabenden auf mich zugeschlendert kamst, schön, aber hatte die bleiche leidenschaftslose Schönheit einer Perle. Deine Liebe ist durch mich hindurchgegangen, und jetzt fühle ich, daß mein Inneres so etwas wie ein Opal ist, das heißt, es ist voller seltsamer unbestimmter Farben und Tönungen, voll warmen Lichts und wechselnder Schatten und abgerissener Musik.

Es beunruhigt mich so sehr, Nora, Liebe, daß ich nicht weiß, wie ich das Reisegeld für Eva und mich zusammenbekommen soll, und auch für die Fahrt nach Galway, um Deine Familie zu besuchen. Ich habe heute an Deine Mutter geschrieben, aber eigentlich möchte ich gar nicht fahren. Sie werden von Dir sprechen und von Dingen, die ich nicht kenne. Mir graut davor, ein Bild von Dir als Mädchen gezeigt zu bekommen, denn ich werde denken: ›Ich habe sie damals nicht gekannt und sie mich auch nicht. Wenn sie am Morgen zur Messe schlenderte, schickte sie manchmal ihre langen Blicke zu irgendeinem am Wege stehenden Jungen hinüber. Zu anderen, nicht zu mir.‹

Ich muß Dich bitten, mein Liebling, Geduld mit mir zu haben. Ich bin in absurdem Grade eifersüchtig auf die Vergangenheit.

Sei fröhlich, meine lautere Nora, bis ich komme. Sag Stannie, er soll mir einen ganzen Haufen Geld schicken, und rasch, damit wir uns bald wiedersehen. Erinnerst Du Dich noch daran, wie ich Dich eines Tages beiläufig fragte: ›Wo find ich Dich heut abend?‹, und Du, ohne nachzudenken, sagtest: ›Wo Du mich findest, meinst Du? Du findst mich im Bett, denk ich.‹

Magari! Magari!² JIM

1 *Chamber Music* XXVIII, XXVI.
2 ›Ich wollt, es wär so.‹

AN NORA BARNACLE JOYCE   *22. August 1909*
                                    44 Fontenoy Street, Dublin

Meine Liebste,
Wie leid, leid, leid mir Dublin ist! Es ist eine Stadt des Versagens, der Ranküne und der Unglückseligkeit. Ich sehne mich fort von hier.

Ich denke immer an Dich. Wenn ich nachts ins Bett gehe, ist das für mich eine Art Folter. Ich werde hier nicht hinschreiben, was meinen Sinn erfüllt, der wahre Irrsinn der Begierde. Ich sehe Dich in hundert Posen, bizarr, verschämt, jungfräulich, schmachtend. Gib Dich mir hin, Liebste, alles, alles, wenn wir uns wiedersehen. Alles was heilig ist, verborgen vor anderen, mußt Du mir einschränkungslos geben. Ich möchte Herr Deines Körpers und Deiner Seele sein.

Es gibt einen Brief, den ich nicht als erster zu schreiben wage, und von dem ich doch jeden Tag hoffe, Du schriebest ihn mir. Einen Brief für nur meine Augen. Vielleicht wirst Du ihn mir schreiben, und vielleicht wird er die Qual meiner Sehnsucht lindern.

Was kann jetzt noch zwischen uns treten? Wir haben gelitten und sind geprüft worden. Alle Schleier der Scham oder Scheu scheinen von uns gefallen zu sein. Werden wir nicht in unser bei-

116

der Augen die Stunden und Stunden des Glückes sehen, die uns erwarten?

Schmücke Deinen Körper für mich, Liebste. Sei schön und glücklich und liebevoll und aufreizend, voller Erinnerungen, voller Glut, wenn wir uns wiedersehen. Erinnerst Du Dich an die drei Adjektive, die ich in *The Dead (Die Toten)* verwendet habe, als ich von Deinem Körper spreche? Es sind diese: ›muscial and strange and perfumed‹ (›wie Musik und sonderbar und duftend‹).

Die Eifersucht schwelt noch in meinem Herzen. Deine Liebe zu mir muß stürmisch und gewalttätig sein, um mich *völlig* vergessen zu machen.

Laß mich nie die Liebe verlieren, die ich jetzt für Dich empfinde, Nora. Wenn wir so zusammmen durchs Leben gehen könnten, wie glücklich würden wir sein. Laß mich Dich lieben, Nora. Töte meine Liebe nicht.

Ich bringe Dir ein kleines Geschenk mit. Es ist ganz meine eigene Idee, und ich habe große Mühe gehabt, es so gemacht zu bekommen wie ich wollte. Aber es wird Dich immer an diese Zeit erinnern.

Schreib mir, Liebste, und denk an mich.

Was sind eine Woche oder zehn Tage, gemessen an der ganzen Freudenzeit, die vor uns liegt! JIM

AN NORA BARNACLE JOYCE *31. August 1909*
44 Fontenoy Street, Dublin

Mein Liebling,
Es ist jetzt fast zwei Uhr morgens. Meine Hände zittern vor Kälte, denn ich habe fortgehen müssen, um meine Schwestern von einer Gesellschaft abzuholen: und jetzt muß ich bis zum G.P.O. laufen. Aber ich will nicht, daß meine Liebste am Morgen ohne ihren Brief ist.

Den Schmuck, den ich eigens für Dich machen ließ, habe ich jetzt in der Tasche stecken. Ich zeige ihn allen, damit alle wissen, daß ich Dich liebe, Nora, Liebe, und an Dich denke, Liebling, und Dir eine Ehre erweisen möchte.

Vor einer Stunde habe ich Dein Lied *The Lass of Aughrim* gesungen. Die Tränen kommen mir und meine Stimme zittert vor Erregung, wenn ich diese schöne Weise singe. Es hat die Reise nach Irland gelohnt, nur um das von Deiner armen freundlichen Mutter zu hören – die ich *sehr* gern habe Nora, Liebe.

Es ist vielleicht die Kunst, Nora, Liebste, in der Du und ich Erquickung für unsre eigne Liebe finden werden. Ich möchte Dich umgeben wissen von allem, was zart und schön und edel in der Kunst ist. Du bist kein armes ungebildetes Mädchen, wie Du sagst. Du bist meine Braut, Liebling, und alles was ich Dir in diesem Leben an Freude und Wonne geben kann, möchte ich Dir geben.

Nora, Liebling, unsere Liebe, wie sie jetzt ist, darf nie enden. Du verstehst jetzt Deinen seltsamen irrenden eigensinnigen eifersüchtigen Geliebten, nicht wahr, Liebste? Du wirst versuchen, in allen seinen unsteten Launen an ihm zu halten, nicht doch, Liebste? Er liebt Dich, daran mußt Du immer glauben. Außer für Dich hat er nie auch nur einen Funken Liebe für irgendjemandem empfunden. Du bist es, die einen tiefen Einschnitt in sein Leben gerissen hat.

Jedes gemeine Wort, das ich höre, verletzt mich jetzt, weil ich spüre, daß es Dich verletzen würde. Als ich um Dich warb (und Du warst erst neunzehn, Liebling, wie ich es liebe, daran zu denken!), war es genauso. Du bist für mich als jungen Mann gewesen, was die Vorstellung der Heiligen Jungfrau für mich als Knaben war.

O sag mir, meine süße Geliebte, daß Du jetzt mit mir zufrieden bist. Ein lobendes Wort von Dir erfüllt mich mit Freude, einer sanften, rosengleichen Freude.[1]

Unsere Kinder (so sehr ich sie liebe) *dürfen nicht* zwischen uns kommen. Wenn sie gut geraten und edelmütig sind, dann haben sie das von *uns,* Liebe. Wir begegneten uns und vereinigten unsere Körper und Seelen einschränkungslos und edel, und unsere Kinder sind die Frucht unserer Körper.

Gute Nacht, mein liebstes Mädchen, meine kleine Galway-Braut, meine zarte Geliebte aus Irland.

Wie liebend gern würde ich Dich jetzt im Schlaf überraschen! Es gibt eine Stelle, auf die würde ich Dich jetzt gerne küssen, eine *sonderbare* Stelle, Nora. *Nicht* auf die Lippen, Nora. Weißt Du wohin? Gute Nacht, Geliebte!   JIM

---

1 Vgl. *A Portrait of the Artist as a Young Man* (London 1964), S. 177; (New York 1964) S. 172–73.

27. Oktober 1909
                                    44 Fontenoy Street, Dublin

Mein Liebling,

Heut nacht ist das alte Liebesfieber wieder in mir erwacht. Ich bin
nur das Gehäuse eines Menschen: meine Seele ist in Triest. Nur Du
kennst mich und liebst mich. Ich bin mit Vater und Schwester im
Theater gewesen – ein elendes Stück[1], ein abscheuliches Publikum.
Ich fühlte mich (wie ich mich immer fühle) als Fremder in meinem
eigenen Land. Wenn aber Du bei Dir [sic] gewesen wärest, hätte
ich den Haß und den Zorn, die ich in meinem Herzen brennen fühlte, Dir ins Ohr sagen können. Vielleicht hättest Du mich gerügt,
aber verstanden hättest Du mich auch. Mit Stolz erfüllte mich der
Gedanke, daß mein Sohn – meiner und Deiner, der hübsche liebe
kleine Junge, den Du mir geschenkt hast, Nora – in Irland immer
ein Fremder sein wird, ein Mann, der eine andere Sprache spricht
und in einer anderen Kultur aufgewachsen ist.

Mich widern Irland und die Iren an. Sie starren mich an auf der
Straße, obwohl ich als einer der ihren geboren wurde. Vielleicht
lesen sie in meinen Augen meinen Haß auf sie. Ich sehe rechts
und links von mir nichts als das Bild des ehebrecherischen Prie-
sters und seiner Diener und das Bild verschlagener ränkevoller
Frauen. Es ist nicht gut für mich, hierherzukommen oder hier zu
sein. Vielleicht würde ich, wenn Du bei mir wärest, nicht so sehr
leiden. Doch manchmal, wenn diese grauenvolle Geschichte[2] aus
Deiner Mädchenzeit mir durch den Kopf geht, befällt mich der
Zweifel, ob nicht selbst Du heimlich gegen mich bist. Ein paar
Tage, bevor ich von Triest abfuhr, bin ich mit Dir in der Via Sta-
dion spazierengegangen (es war der Tag, als wir den Glastopf für
die *conserva*[3] kauften). Ein Priester kam an uns vorbei und ich
sagte zu Dir: ›Empfindest Du nicht einen Abscheu oder Wider-
willen, wenn Du einen von diesen Männern siehst?‹ Du antworte-
test ein wenig kurz und trocken: ›Nein, gar nicht.‹ Du siehst, ich
vergesse alle solche Kleinigkeiten nicht. Deine Antwort verletzte
mich und ich verstummte. Dies und ähnliches andere, was Du zu
mir gesagt hast, geht mir lange im Kopf herum. Bist Du auf meiner Seite, Nora, oder bist Du heimlich gegen mich?

Ich bin ein eifersüchtiger, einsamer, unzufriedener, stolzer
Mensch. Warum hast Du nicht mehr Geduld mit mir und bist
nicht freundlicher zu mir? An dem Abend, als wir zusammen in
die *Madame Butterfly* gingen, hast Du mich sehr ungezogen be-

handelt. Ich wollte einfach nur diese schöne zarte Musik gemeinsam mit Dir hören. Ich wollte fühlen, wie Deine Seele so wie meine schmachtend und sehnsüchtig sich wiegt, wenn sie im zweiten Akt die Romanze ihrer Hoffnung, *Un bel di,* singt: ›Eines Tages sehn wir ein Streifchen Rauch im Osten überm Meer in die Lüfte steigen: Sein Schiff wirst du erkennen.‹ Ich bin ein wenig von Dir enttäuscht. Dann, ein andermal, kam ich nachts vom Café nach Hause an Dein Bett und begann Dir von all dem zu erzählen, was ich in der Zukunft zu tun und zu schreiben hoffte, und von den grenzenlosen Ambitionen, die in meinem Leben die eigentlich treibenden Kräfte sind. Du wolltest nichts davon hören. Es war sehr spät, ich weiß, und natürlich warst Du erschöpft nach dem langen Tag. Aber ein Mann, in dessen Hirn das Feuer der Hoffnung und des Selbstvertrauens brennt, *muß* irgend jemandem erzählen, was er fühlt. Wem sonst als Dir sollte ich das erzählen?

Ich liebe Dich tief und wahrhaftig, Nora. Ich fühle mich Deiner jetzt würdig. Es gibt in meiner Liebe kein Fetzchen, das nicht Dir gehört. Trotz dieser Dinge, die meinen Sinn in meiner Einstellung zu Dir verdüstern, sehe ich Dich immer in Deinen besten Eigenschaften vor mir. Wenn Du mich nur ließest, würde ich Dir alles erzählen, was in meinem Geist vorgeht, aber manchmal scheint mir Dein Blick zu bedeuten, daß ich Dich nur langweilen würde. Trotzdem, Nora, ich liebe Dich. Ich kann nicht ohne Dich leben. Ich würde Dir gern alles geben, was mein ist, alles Wissen, das ich habe (so wenig es auch ist), alle Empfindungen, die ich habe oder gehabt habe, alle Neigungen oder Abneigungen, die ich habe, alle Hoffnungen, die ich habe, oder Gewissensqualen. Ich würde gerne Seite an Seite mit Dir durchs Leben gehen und Dir mehr und mehr erzählen, bis wir zu einem Wesen zusammengewachsen wären, bis für uns beide die Stunde schlüge, in der wir sterben müßten. Selbst jetzt stürzen mir die Tränen aus den Augen und Seufzer würgen mir in der Kehle, während ich dies schreibe. Nora, wir haben nur ein kurzes Leben, in dem wir lieben können. Oh mein Liebling, sei nur ein wenig freundlicher zu mir, hab ein wenig Nachsicht mit mir, selbst wenn ich unbedacht und schwer zu lenken bin, und glaube mir, wir werden glücklich miteinander sein. Laß mich Dich auf meine Weise lieben. Laß Dein Herz dem meinen immer nahe sein, um jeden Pulsschlag meines Lebens zu hören, jedes Leid, jede Freude.

Erinnerst Du Dich an jenen Sonntagabend – wir kamen vom *Werther*[4] nach Hause, noch spielte in unserem Gedächtnis das Echo der traurigen, todesähnlichen Musik fort, und, auf dem Bett in unserem Zimmer liegend, versuchte ich Dir die Verse aus dem *Connacht Love Song* vorzusagen, die ich so sehr liebe. Sie fangen an

>›It is far and it is far
> To Connemara where you are‹[5]

Erinnerst Du Dich, daß ich die Verse nicht zu Ende sagen konnte? Das unermeßliche Gefühl zärtlicher Verehrung für Dein Bild, das sich meiner Stimme bemächtigte, als ich die Zeilen aufsagte, war zu viel für mich. Meine Liebe zu Dir ist wirklich eine Art Anbetung.

Nun, Liebste, ich möchte, daß wir glücklich sind. Sieh zu, daß sich Dein Gesundheitszustand bessert, während ich fort bin, und bitte, gehorch mir in den kleinen Dingen, um die ich Dich bitte. Zunächst einmal, iß so viel Du kannst, damit aus dem lieben linkischen simplen schlanken kleinen Mädchen, das Du bist, so etwas wie eine Frau wird. Wenn der Kakao alle ist, soll Stannie mehr bestellen: er kostet 5 s/6 d. Trink mittlerweile reichlich von dem anderen Kakao und der Schokolade. Bezahl etwas von der Rechnung an Deinen Schneider. Ich habe Dir heute zwei Schnittmusterhefte geschickt, nach denen Du aussuchen kannst. Am Samstag schicke ich Dir sieben oder acht Yard Donegal-Tweed, aus dem Du Dir ein neues Kleid machen lassen kannst. Ich habe mich nach einer Pelzgarnitur für Dich umgetan, und wenn es mit meinen Geschäften hier gut geht, werde ich Dich in Pelzen und Kleidern und Hüten aller Art einfach ersticken. Ich habe ein paar sehr schöne Pelze für Dich im Sinn.

Schreib jetzt, meine liebe Liebste, und sag mir, daß Du tust, worum ich Dich bitte. Sag mir, daß Du glücklich bist, weil Du siehst, daß ich Dich liebe und Dir treu bin und an Dich denke. Ich bin Dir treu, Nora, und denke den ganzen Tag und immer an Dich.

Gutnacht, Liebling. Sei glücklich diese kurze Zeit, die wir getrennt sind, und wann immer Du an mich denkst, gib Georgie, meinem Abbild, einen Kuß.

Addio, mia *cara* Nora!   JIM

1 Entweder *Sweet Lavender* im Gaiety Theatre oder *The Still Alarm* im Queen's Theatre.

2 Vgl. S. 168 f.

3 Marmelade.

4 Jules Massenet, *Werther* (1892).

5 In Wirklichkeit der ›Mayo Love Song‹, Text von Alice L. Milligan, Musik von C. Milligan Fox (in Charlotte Milligan Fox, *Four Irish Songs,* Dublin, Maunsel, o. J., etwa 1909). Die beiden folgenden Zeilen lauten:
> To where its purple glens enfold you
> As glooming heavens that hold a star...

(Die ganze Stelle lautet deutsch: ›Wie weit es ist, wie weit es ist / nach Connemara, wo du bist, / Wo Purpurtäler dich umhüllen / Wie düstrer Himmel einen Stern ...‹)

AN NORA BARNACLE JOYCE   *3. Dezember 1909*
                                    44 Fontenoy Street, Dublin

Mein kleiner Klostermädchen-Liebling,

Irgendein Stern ist der Erde zu nahe, denn noch immer habe ich wie einen Anfall von Fieber ein tierisches Verlangen in mir. Heute blieb ich oft mit einem Ausruf auf der Straße stehen, jedes Mal nämlich, wenn ich an die Briefe dachte, die ich Dir gestern nacht und die Nacht davor geschrieben hatte. Sie müssen sich gräßlich lesen im kalten Tageslicht. Vielleicht hat ihre Derbheit Dich angeekelt. Ich weiß, Du bist eine viel zartere Natur als Dein außergewöhnlicher Liebster [...] Als ich heute morgen Deinen Expreßbrief bekam und sah, wie besorgt Du um Deinen nichtswürdigen Jim bist, schämte ich mich dessen, was ich geschrieben habe. Doch jetzt ist die Nacht, die heimliche, sündige Nacht wieder auf die Welt herabgekommen, und ich bin wieder allein und schreibe an Dich, und wieder liegt vor mir auf dem Tisch aufgefaltet Dein Brief. Bitte mich nicht, ins Bett zu gehen, Liebe. Laß mich an Dich schreiben, Liebe.

Wie Du weißt, Liebste, benutze ich beim Reden nie unanständige Wörter. Du hast mich nie vor anderen ein unpassendes Wort äußern hören, nicht wahr. Wenn Männer hier in meiner Gegenwart dreckige oder schlüpfrige Geschichten erzählen, lächle ich kaum einmal. Du aber scheinst mich in eine Bestie zu verwandeln. Du warst es selbst, Du freches schamloses Mädchen, Du hast mich zuerst auf diesen Weg gebracht [...]

Allmächtiger Gott, was für eine Sprache ist das, in der ich meiner stolzen blauäugigen Königin schreibe! Wird sie sich weigern, mir meine derben beleidigenden Fragen zu beantworten? Ich weiß, ich riskiere einiges, wenn ich in dieser Weise schreibe, aber wenn sie mich wirklich liebt, wird sie spüren, daß ich vor Lust verrückt bin und daß ich alles wissen muß.

Antworte mir, mein Herz. Selbst wenn ich erführe, daß auch Du gesündigt hast, vielleicht würde mich das sogar noch enger an Dich binden. Ich liebe Dich in jedem Falle. Ich habe Dir Dinge geschrieben und gesagt, die einer anderen Frau zu sagen mir mein Stolz *nie wieder* gestatten würde.

Mein Liebling Nora, ich lechze vor Gier nach Deinen Antworten auf meine dreckigen Briefe. Ich schreibe Dir offen, weil ich jetzt fühle, daß ich mein Wort Dir gegenüber halten kann.

Sei nicht böse, liebe liebe Nora, meine kleine wilde Heckenblume. Ich liebe Deinen Körper, sehne mich nach ihm, träume von ihm.

Sprecht zu mir, liebe Lippen, die ich in Tränen geküßt habe. Wenn dieses Dreckige, das ich geschrieben habe, Dich beleidigt, bring mich mit der Peitsche wieder zur Vernunft, wie Du es schon früher getan hast. Gott helfe mir!

Ich liebe Dich, Nora, und es scheint, daß auch dies ein Teil meiner Liebe ist. Vergib mir! Vergib mir!   JIM

AN NORA BARNACLE JOYCE [Brieffragment]

[*?13. Dezember 1909*]

[*Dublin*]

zu anderen gehen? Du gibst mir alles und mehr, als die mir geben können. Glaubst Du endlich an meine Liebe, Liebste? Ah, Du mußt, Nora! Weißt Du, alle, die mich je gesehen haben, lesen es in meinen Augen, wenn ich von Dir spreche. ›Sie leuchten wie Kerzen in meinem Gesicht auf‹, wie Deine Mutter sagt.

Die Zeit wird jetzt im Flug vergehen, mein Liebling, bis Deine zarten liebenden Arme mich umfangen. Ich werde Dich *nie* wieder verlassen. Nicht nur will ich Deinen Körper (wie Du weißt), sondern ich will auch Deine Gesellschaft. Mein Liebling, ich glaube, daß verglichen mit Deiner herrlichen großmütigen Liebe zu mir, sich meine Liebe zu Dir sehr armselig und kärglich ausnimmt. Aber es ist das Beste, was ich Dir geben kann, mein innig geliebtes Herz. Nimm sie, meine Geliebte, rette mich und schirme mich. Ich bin Dein Kind, wie ich Dir sagte, und Du mußt streng mit mir sein, meine kleine Mutter. Bestrafe mich soviel Du willst.

Ich wäre entzückt, mein Fleisch unter Deiner Hand brennen zu fühlen. Weißt Du was ich meine, Nora, Liebe? Ich wünschte, Du würdest mich schlagen oder sogar auspeitschen. Nicht im Spaß, Liebe, im Ernst und auf mein nacktes Fleisch. Ich wünschte, du wärst stark, *stark*, Liebe, und hättest einen großen vollen stolzen Busen und große dicke Schenkel. Mir wäre es eine Lust, von Dir gepeitscht zu werden, Nora, Geliebte! [...] Verzeih mir, Liebe, wenn dies alles albern ist. Ich habe diesen Brief so ruhig angefangen und doch *muß* ich ihn auf meine eigene irre Weise enden.

Bist Du beleidigt durch mein grauenvolles, schamloses Schreiben, Liebe? Bei manchen dieser dreckigen Dinge, die ich geschrieben habe, bist Du bestimmt rot geworden. Bist Du beleidigt, weil ich gesagt habe, ich sähe den braunen Fleck so gern an, der hinten auf Deiner mädchenhaften weißen Hose durchkommt?[1] Du hältst mich sicher für einen dreckigen, gemeinen Kerl. Wie wirst Du auf diese Briefe antworten? Ich hoffe und hoffe, *auch Du* wirst mir Briefe schreiben, die noch irrer und schmutziger sind als meine an Dich.

Du kannst das, wenn Du es nur willst, Nora, denn ich muß Dir auch sagen, daß [*bricht ab*]

---

1 Vgl. *Ulysses* S. 808.

AN NORA BARNACLE JOYCE   *22. Dezember 1909*
                                    44 Fontenoy Street, Dublin
Meine liebste Nora,
Ich schicke Dir mit gleicher Post eingeschrieben, per Expreß und versichert, ein Weihnachtsgeschenk.[1] Es ist das Beste (so armselig es letzten Endes ist), was ich Dir anzubieten vermag, um Deine aufrichtige und treue und gläubige Liebe zu vergelten. Ich habe jede Einzelheit durchdacht, während ich nachts wachlag oder im Wagen durch Dublin raste, und ich glaube, es ist alles in allem hübsch geworden. Aber selbst wenn Du bei seinem ersten Anblick nur für einen einzigen kurzen Augenblick vor Wonne errötetest, oder wenn dadurch Dein treues, zärtlich liebendes Herz vor Freude rascher schlüge, fühlte ich mich für meine Mühe *sehr, sehr, sehr* reichlich entlohnt.

Vielleicht wird dieses Buch, das ich Dir jetzt schicke, Dich und mich überleben. Vielleicht wird die Hand irgendeines jungen

Mannes oder eines jungen Mädchens (unsere Kindeskinder) die Pergamentblätter ehrfürchtig umschlagen, wenn die beiden Liebenden, deren Initialen sich auf dem Deckel ineinander verflechten, längst nicht mehr auf dieser Erde weilen. Nichts, Liebste, wird dann geblieben sein von unseren armen, von Leidenschaft getriebenen Menschenleibern, und wer kann sagen, wo die Seelen, die einander durch ihre Augen ansahen, dann sein werden. Ich würde beten, daß meine Seele in den Wind verstreut würde, wenn Gott mich nur sanft und auf ewig um eine seltsame einsame dunkelblaue regendurchnäßte Blume in einer wilden Hecke in Aughrim oder Oranmore wehen ließe. JIM

1 Das gebundene Manuskript von *Chamber Music*.

VON NORA BARNACLE JOYCE   *11. Juli 1912*
                                   4 Bowling Green, Galway
Mein Liebling Jim,
seit ich Triest verließ[1] denke ich ständig an dich wie kommst du ohne mich zurecht oder vermißt Du mich überhaupt. Ich bin furchtbar einsam nach dir ich bin Irland schon ganz leid nun ich bin am Montagabend in Dublin angekommen dein Vater charley Eva Florrie waren am Bahnhof alle sahen sehr gut aus wir gingen alle zu Finn's Hotel ich blieb zwei Nächte in dem Hotel aber Dublin hat mich ganz krank gemacht es ist eine grauenvolle Stadt es ist ganz richtig was du sagtest daß ich sie bald leid haben würde, jetzt bin ich in Galway allen hier geht es sehr gut meine Mutter ist sehr dick und sieht sehr gut aus auch alle meine Schwestern und Bruder ich fühle mich hier sehr fremd aber die Zeit wird rasch verfliegen bis ich zu dir wieder zurückkomme also Jim sicher würdest Du gern etwas über deinen Verleger hören also am Dienstag sind Dein Vater Charley und ich hingegangen und haben den reizenden Herrn richtig in die Enge getrieben also ich fragte ihn was er sich dabei denkt daß er Dich so behandelt aber dann fing dein Vater an zu sprechen so daß Roberts von mir keine weitere Notiz nahm sprach nur mit deinem Vater er machte einige Entschuldigungen und sagte er hätte sehr viel zu tun und wir sollten wiederkommen und so sind Charley und ich am nächsten Tag zweimal vorbeigegangen aber ich muß leider sagen er ging uns aus dem Wege aber Charley will alles tun was er kann sagt er er will ihm

125

jeden Tag auflauern dann wird er Dir schreiben. Es tut mir leid es wird eine Sache sein eine endgültige Antwort zu bekommen auf meiner Rückreise werde ich noch einmal vorbeigehen ich hoffe Charley kann etwas tun.

also Jim Lieber ich hoffe du gibst auf dich 8 und wie geht es dem armen kleinen Georgie ich hoffe es geht ihm gut achte darauf Lieber daß er nicht zu viel ißt sag ihm ich schick ihm etwas zum Geburtstag mein Onkel nachdem er seinen Urlaub genommen hatte mußte sich einen Knochen aus der Nase schneiden lassen Mutter sagt er hat einen Eimer Geld ausgegeben so daß ich fürchte Lieber es ist nicht möglich daß Du kommen kannst ich werde Dir jedenfalls schreiben wenn ich weitere Neuigkeiten habe einen Gruß an Stannie leb wohl Liebster und bleib gesund

liebe Grüße an Georgie   NORA

1 Nora Joyce war mit Lucia nach Irland gereist und kam dort am 8. Juli an. Joyce war mit Giorgio in Triest geblieben; sie hofften allerdings, Noras begüterter Onkel Michael Healy würde Geld schicken, so daß die ganze Familie in Galway Ferien machen könnte.

AN NORA BARNACLE JOYCE [Postkarte]

[*? 12. Juli 1912*]
Via della Barriera Vecchia 32, III
Triest (Österreich)

Liebe Nora,
Fünf Tage läßt Du mich ohne eine Nachricht und dann kritzelst Du mit mehreren anderen zusammen Deine Unterschrift auf eine Postkarte. Kein Wort über die Stellen in Dublin, wo ich mich mit Dir traf und die für uns beide so voll von Erinnerungen sind! Seit Deiner Abreise ist ein beständiger dumpfer Groll in mir. Ich halte die ganze Geschichte für falsch und ungerecht.

Ich kann weder schlafen noch denken. Ich habe immer noch die Schmerzen in der Seite. Gestern nacht hatte ich Angst, mich niederzulegen. Ich dachte, ich würde im Schlaf sterben. Ich habe Georgie dreimal aufgeweckt aus Angst vor dem Alleinsein.

Es ist ungeheuerlich, sich vorzustellen, daß Du schon nach fünf Tagen mich vergessen und die schönen Tage unserer Liebe vergessen zu haben scheinst.

Ich verlasse Triest heute abend, da ich Angst habe, hierzubleiben – Angst vor mir selbst. Ich werde am Montag in Dublin ein-

126

treffen. Solltest Du auch vergessen haben, ich habe es nicht. Ich werde *allein* gehn, um das Bild derjenigen, an die ich mich erinnere, zu treffen und mit ihm zu wandern.

Du kannst mir an die Adresse meiner Schwester in Dublin schreiben oder telegraphieren.

Was sind Dublin und Galway verglichen mit unseren Erinnerungen? JIM

AN GRANT RICHARDS *23. November 1913*
Via Donato Bramante 4, Triest

Sehr geehrter Herr,

Ich habe Ihnen vor zwei Jahren die Abschrift eines mein Buch *Dubliners* betreffenden Briefes, den ich der Presse zugehen ließ, geschickt. Das Buch hat seitdem ein noch ereignisreicheres Schicksal gehabt. Es wurde vollständig gedruckt, und die gesamte Auflage von 1000 Exemplaren wurde vom Verleger verbrannt. Ein vollständiges Umbruchexemplar ist in meinem Besitz. Angesichts der sehr merkwürdigen Geschichte des Buches – Annahme und Ablehnung durch zwei Verlage, mein Brief an den gegenwärtigen König, seine Antwort, mein Brief an die Presse, meine Verhandlungen mit dem zweiten Verleger – Verhandlungen, die mit der böswilligen Verbrennung der ganzen ersten Auflage endeten – und ferner angesichts der Tatsache, daß Dublin, von dem das Buch so kompromißlos handelt, augenblicklich im Mittelpunkt des allgemeinen Interesses steht,[1] glaube ich, daß vielleicht die Zeit für die Veröffentlichung meines unglücklichen Buches gekommen ist.

Ich habe ein Vorwort geschrieben, das die Geschichte des Buches schildert, und da in dieser Stadt 100 Bestellungen darauf vorliegen, bin ich, wenn nötig, bereit, mich an den Kosten für die Veröffentlichung zu beteiligen – Kosten, die sich vermutlich verringern, da das Buch nach der gedruckten Vorlage gesetzt werden wird.

In Erwartung Ihrer raschen Antwort, bin ich, sehr geehrter Herr, Ihr ergebener JAMES JOYCE

1 In London war Anfang 1913 erneut die Frage von Irlands *Home Rule* aktuell geworden, und im Oktober hatten sich, als Gegenstück zu den unionstreuen Freiwilligen-Armeen in Ulster, die patriotischen irischen Gruppen in Dublin zur Bildung von Freiwilligen-Truppen zusammengeschlossen.

AN HARRIET SHAW WEAVER   *5. März 1915*
                                        c/o Gioacchino Veneziani,
                                      Murano, Venedig (Italien)[1]

Sehr geehrte Miss Weaver,
Ich wäre Ihnen sehr verbunden, wenn Sie mir an die obige
Adresse mitteilen wollten, ob die letzten Fortsetzungen meines
Romans jetzt in Ihrer Zeitschrift erschienen sind und ferner, ob
die Art dieser Fortsetzungen, seit der ersten, beibehalten worden
ist.[2] Sie hatten mir freundlicherweise zugesichert, Sie würden
zwei Exemplare jeder Nummer von dem Zeitpunkt an, da ich sie
nicht mehr bekäme, zurücklegen. Ein an die obige Adresse an
mich gerichteter Brief wird mich, nach einer gewissen Verzögerung, erreichen, obwohl ich natürlich weiterhin an meiner alten
Adresse wohne und nicht belästigt werde.
   Ich hoffe, daß Ihre Zeitschrift trotz der schlechten Zeiten weiter
erscheint. Mit vielen freundlichen Grüßen und Dank Ihr ergebener   JAMES JOYCE

1 Die Farbenfabrik in Triest, deren Leiter Ettore Schmitz war, hatte eine Zweig-
stelle in Murano, die von Schmitz' Schwiegervater Gioacchino Veneziani
(1845–1921) geleitet wurde. Da Italien noch neutral war und erst im Mai in den
Krieg eintrat, war es für Joyce leichter, Briefe aus Ländern, die gegen Österreich
Krieg führten, über diese Zwischenadresse zu erhalten. Joyce blieb bis Ende Juni
1915 in Triest.
2 Der *Egoist* war 1914 zweimal monatlich erschienen, kam aber 1915 nur noch
einmal im Monat heraus. – Der Vorabdruck des *Portrait* war erst mit der Ausgabe
vom 1. September 1915 beendet. Miss Weaver teilte Joyce in einem Brief vom 17.
März 1915 mit, daß der Satz nicht stehengeblieben war.

AN STANISLAUS JOYCE [Postkarte; deutsch geschrieben][1]
                                                   16. Juni 1915
                                       Via Donato Bramante 4, II.,
                                                         Triest

Lieber Stannie,
Wir sind noch hier und bei guter Gesundheit. Ich hoffe dass Du
bist es auch. Falls wir reisen ab ich werde Dir schreiben. Hab'
keine Angst für uns. Bis jetzt hat man uns immer gut behandelt.
Ich habe etwas geschrieben. Die erste Episode meines neues Roman ›Ulysses‹ ist geschrieben. Die erste Teil, die Telemachie, besteht aus vier Episoden: die zweite von fünfzehn, dass ist, Ulysses

Wandlungen:² und die dritte, Ulysses Heimkehr, von andre drei
Episoden.³ Leb wohl.
    Absender: James Joyce.   JIM

1 Stanislaus Joyce, der seine liberalen, gegen die Kirche gerichteten Ansichten auch
nach dem Ausbruch des Kriegs nicht verhehlte, war am 9. Januar 1915 festgenom-
men und in ein österreichisches Internierungslager gesteckt worden. Die Postkarte
ist adressiert: ›Stanislaus Joyce, Kriegsgefangener, Schloß Kirchberg a. d. Wild,
Nieder-Oesterreich‹. Die Bestimmungen verlangten offenbar, daß Briefe in deutscher Sprache geschrieben würden. Die Karte ist nicht bei Gilbert-Ellmann
veröffentlicht. Sie findet sich in dem Band von Stelio Crise, *Epiphanies & Phado-
graphs, Joyce e Trieste,* Milano 1967.
2 Joyce meint vermutlich ›Wanderungen‹.
3 Joyce änderte seinen ursprünglichen Plan ab: der mittlere Teil des Romans besteht aus zwölf, der erste aus drei Episoden oder Kapiteln.

Teil III
Zürich, Triest
1915–1920

Zürich, Triest (1915–20)

Nach einer ziemlich aufreibenden Reise als feindliche Ausländer durch Österreich kamen Joyce und seine Familie am 30. Juni 1915 in Zürich an. Sie hatten nicht eigentlich die Absicht, sich in dieser Stadt niederzulassen, blieben aber während des Krieges und noch fast ein Jahr nach dem Waffenstillstand dort. Die Probleme des täglichen Lebens lösten sich diesmal leichter. Durch seine Triestiner Beziehungen bekam Joyce einige Sprachschüler und fand verschiedene neue Freunde, wie Ottocaro Weiss, Edmund Brauchbar, Victor Sax und Georges Borach. Mit weniger Schwierigkeiten als in der Vergangenheit kam allmählich Geld ins Haus. Nora Joyces Onkel Michael Healy schickte etwas, um ihnen über die Anfangsschwierigkeiten in der Schweiz hinwegzuhelfen. Mit Hilfe von Yeats und der Einwilligung von Edmund Gosse gelang es dann Ezra Pound, vom Royal Literary Fund ein Stipendium für Joyce zu erwirken. Hinzu kamen eine kleine Beihilfe von der Society of Authors und eine offiziellere Zuwendung in Form eines Stipendiums, das der Premierminister im August 1916 Joyce aus einem Sonderfonds bewilligte.

Wichtiger noch waren die Unterstützungen, die er von privater Seite erhielt. Harriet Shaw Weaver, berührt durch Joyces äußere Lebensumstände und von seiner Genialität überzeugt, begann ihm, zunächst anonym, am 22. Februar 1917, Geld zu schicken und versuchte ihm später durch Übereignung von Wertpapieren eine Stiftung auf Lebenszeit zu machen. Edith Rockefeller McCormick, eine damals in Zürich lebende, vermögende Amerikanerin, Förderin der Künste und der Psychoanalyse, ließ Joyce von März 1918 bis September 1919 monatlich einen stattlichen Betrag zukommen. Ihm wurde auch anderweitig geholfen, zudem gingen Honorare ein, so daß Joyce, der mittellos in Zürich angekommen war, am Ende seines dortigen Aufenthalts Einkommen und Vermögen hatte. Im Laufe dieser vier Jahre veränderte er unmerklich seinen sozialen Status.

In Zürich konsolidierte Joyce seine Rolle als neue Kraft innerhalb der modernen Literatur. Er hatte zwar weiterhin Schwierigkeiten mit der Veröffentlichung seiner Bücher, aber doch weniger gravierende als bisher. Der Vorabdruck von *A Portrait of the Artist as a Young Man* im *Egoist* war im September 1915 beendet.

Als James B. Pinker, der im gleichen Jahr Joyces literarischer Agent geworden war, das Buch nirgends unterbringen konnte, gründete Miss Weaver die Egoist Press, um einen ersten Versuch auf dem Gebiet der Buchpublikation zu wagen. Ein neues Problem kam auf, als kein englischer Drucker sich auf das Risiko einlassen wollte, das Buch zu setzen. Da schaltete sich B. W. Huebsch mutig ein und veröffentlichte *A Portrait* Ende 1916 in New York. Gleichzeitig importierte er von Grant Richards Rohbogen der *Dubliners* und brachte die erste amerikanische Ausgabe dieses Buches ebenfalls heraus. 1917 konnte dann Miss Weaver, die amerikanischen Rohbogen verwendend, eine englische Ausgabe von *A Portrait* veröffentlichen.

Diese zwei Bücher und die enthusiastischen Besprechungen, die sie in beiden Ländern bekamen, erweckten das Interesse an *Ulysses,* dem Buch, an dem Joyce jetzt arbeitete. Ezra Pound schlug Margaret Anderson und Jane Heap, den Herausgeberinnen der New Yorker *Little Review,* vor, das Buch in Fortsetzungen abzudrucken, und die Damen stimmten begeistert zu. Von März 1918 bis September/Dezember 1920 erschienen dort mehr als dreizehn der achtzehn Kapitel. Unterdes brachte Miss Weaver 1919 in fünf Nummern des *Egoist* einen kleineren Teil des Buches heraus. Auch gelang es Joyce, *Exiles* im Mai 1918 gleichzeitig bei Richards und Huebsch zu veröffentlichen, und als das Stück in deutscher Übersetzung am 7. August 1919 in München aufgeführt wurde, wurde eine noch privatere Ambition befriedigt. Obwohl es nach der ersten Aufführung abgesetzt wurde, gab die Entrüstung, die es bei den Kritikern und Zuschauern ausgelöst hatte, Joyce die Hoffnung, daß es künftig mehr Erfolg haben würde.

Joyces Aufenthalt in Zürich war dadurch gekennzeichnet, daß sich seine schöpferischen Kräfte entfalteten. Die Extravaganz seiner Begabung aber auch das Vertrauen in sie nahmen zu, seine Freunde waren verwirrt und zuweilen sogar beunruhigt. Gleichzeitig änderte sich sein Verhältnis zu Irland; es war nicht mehr so gespannt, seit er ein internationales Publikum gefunden hatte. Er konnte jetzt freier jener Faszination Ausdruck geben, die das Leben in Dublin immer auf ihn ausgeübt hatte, besonders das klassenlose, fast anarchische Leben auf den Straßen, auf dem Friedhof, in den Wirtshäusern, auf den Stufen der Bibliothek. Auch daß er Leopold Bloom zum Helden des Buches gemacht hatte, hatte auf ihn eine befreiende Wirkung, denn Bloom konnte ein alles andere als verbitterter, komischer Zeuge all dessen sein, was Stephen Dedalus mit seinen vereitelten Ambitionen und verstellten Idealen mit soviel Unmut und Zorn betrachtete. Die Konzeption einer modernen Odyssee kam auch Joyces Liebe zur Gelehrsamkeit entgegen; sie gab ihm die Möglichkeit, ingeniöse Spekulationen über den Ursprung der griechischen und der semitischen Kultur anzustellen, über den realen Hintergrund der halbmythischen Irrfahrten des Odysseus, über das Einssein aller Zeitalter, ein Thema, das ihn schon immer angezogen hatte. Er begann systematisch gegen das konventionelle Englisch anzukämpfen, baute die Sprache neu auf, indem er ihre Sätze zerstückte, ihre alten Wörter zu neuen zusammensetzte, die approbierten Stilarten parodierte und ganz allgemein die englische Prosa mit Slang, Archaismen, den Rhythmen gelehrter Texte – seltsam vermischt mit denen der Umgangssprache – und verdichteter Poesie durchsetzte. Hinter ihm saß, plötzlich mit diesen und anderen Manifestationen eines revolutionären Geistes konfrontiert, wie eine strenge Großmutter die Stadt Zürich, längst immun und gleichgültig gegenüber dem Gestammel einer ihr fremden Nachkommenschaft.

Joyce war von seinem Temperament her anfällig für Streitereien. In Dublin hatte er sich mit Oliver St John Gogarty gestritten, dann mit Vincent Cosgrave und schließlich mit George Roberts, von Rom und Triest aus hatte er sich vergeblich mit Grant Richards angelegt. In Zürich fand er im britischen Empire einen imposanteren Widersacher. Dieser Kampf begann verhältnismäßig harmlos im April 1918, als Joyce und der englische Schauspieler Claud W. Sykes eine Theatertruppe gründeten, der sie den Namen English Players gaben. Joyce geriet mit Henry Carr, einem Angestellten des Britischen Generalkonsulats in Zürich, der selber in der Truppe als Schauspieler fungierte, aneinander; als der Generalkonsul keine Sympathie bekundete, brachte er den Fall vor den britischen Botschafter in Bern und schließlich, durch Vermittlung von Ezra Pound, vor das Außenministerium. In der Stadt selbst führte er zwei Prozesse gegen Carr, von denen er einen am 15. Oktober 1918 gewann und den anderen am 11. Februar 1919 verlor. Ende April 1919 faßte er diesen Krieg eines Künstlers gegen die offizielle Gesellschaft in einem Offenen Brief zusammen, so wie er es im August 1911 bei seinem Streit mit Roberts wegen der *Dubliners* getan hatte.

Der Streit mit dem britischen Generalkonsul hatte zwar etwas rein Erquickendes, aber ansonsten waren die drei Jahre, die Joyce noch in Zürich blieb, getrübt und vergällt durch das Augenleiden, das sich bis jetzt in Grenzen gehalten hatte. Im Februar und März 1917 hatte er Anfälle von Glaukom; es schien durch die Behandlung zurückzugehen, aber am 18. August hatte er einen weiteren, so heftigen Anfall, daß er sich sechs Tage darauf einer Irisdektomie unterziehen mußte. Das war die erste von elf Augenoperationen, die er in den folgenden fünfzehn Jahren über sich ergehen lassen mußte. Am 12. Oktober 1917 fuhr er nach Locarno, um sich in dem milderen Klima der italienischen Schweiz zu erholen, aber da ihm auch dieses Klima nicht zuträglich war, kehrte er im Januar 1918 nach Zürich zurück.

Teils komisch, teils nicht ohne Pathos war etwas, das Ende 1918 in Gestalt der jungen, hübschen Schweizerin Martha Fleischmann in sein Leben trat. Die Affäre kam nie über die Vorstadien hinaus, war im wesentlichen eine Sache des Blicke-Tauschens und Briefe-Schreibens, ungehörig und opernhaft zugleich. Wie um sich nicht zu kompromittieren, verwendete Joyce in seinen Briefen an Martha Fleischmann das griechische ›e‹ (ε), so wie im *Ulysses* Bloom es in dem Brief an Martha Clifford tat. Dieses heimliche Interludium dauerte bis zum 2. Februar 1919, als Fräulein Fleischmann in eine Anstalt kam, ihr ›Vormund‹ (in Wirklichkeit ihr Liebhaber) eine Szene machte und Joyce sich ebenso schüchtern aus der Affäre wieder zurückzog, wie er sie einst begonnen hatte.

Als der Krieg beendet war, blieb Joyce noch eine Weile unschlüssig in Zürich, bevor er zu seinen Möbeln und Büchern in Triest zurückkehrte. Ende 1918 gingen seine Schwester Eileen Schaurek und ihr Mann als erste nach Triest zurück, denen sein Bruder Stanislaus, nach vierjähriger Internierung wieder auf freiem Fuß, bald folgte. Mitte Oktober 1919 verließ Joyce Zürich um so widerstrebender, als er inzwischen enge Freundschaft mit dem englischen Maler Frank Budgen geschlossen hatte, der für seine literarischen Experimente Verständnis hatte und ihn dazu noch ermunterte. Seine alten Freunde in Triest fand Joyce verändert, und sein Bruder war nicht mehr so aufgeschlossen wie früher; zweifellos benahm er selbst sich nicht mehr so zwanglos und salopp wie vor dem Krieg. Er bekam wieder seine alte Stelle als Lehrer an der Triestiner Handelshochschule, die jetzt in eine

Universität umgewandelt wurde. Die Stimmung in der Stadt war gedrückt, die Vorrangstellung, die sie als österreichischer Kriegshafen innegehabt hatte, war ihr verlorengegangen. Im Frühjahr 1920 spielte Joyce mit dem Gedanken, die Stadt zu verlassen, und sei es nur, um Ferien zu machen.

Ezra Pound, der sich damals gerade in Italien aufhielt, verhalf ihm zu einer Entscheidung. Er veranlaßte Joyce, ihn am 8. Juli 1920 in Sirmione am Gardasee zu besuchen, und machte ihm klar, daß die beste Operationsbasis, von der aus eine Veröffentlichung des *Ulysses* in die Wege geleitet werden könne, Paris sei. Er versprach, alles insofern für ihn dort vorzubereiten, als er Freunde von sich auffordern würde, Joyces Bücher ins Französische zu übersetzen, für die Aufführung der *Exiles* sorgen und ihm eine geeignete Wohnung beschaffen würde. Das war verlockend genug, und so verließ die Familie Joyce Triest endgültig und traf am 8. Juli 1920 in Paris ein.

Von Ezra Pound   [*Zwischen 6. und 12. September 1915*]
                            5 Holland Place Chambers, Kensington
Lieber Joyce,
Eben hab ich den tollen Schluß von ›A Portrait of the Artist‹ gelesen und versuche erst gar nicht, Ihnen zu sagen, wie gut er ist, um nicht in haltlosen Überschwang auszubrechen.

Ich glaube, Kapitel V ging direkt an den ›Egoist‹ oder kam an, als ich nicht da war und mußte gleich weitergeleitet werden, jedenfalls habe ich es erst *in* der Zeitschrift gelesen.

Ich habe meine Zeit damit zugebracht, wegen der neuen Zeitschrift 15seitige Briefe nach New York zu schreiben, und mein Hirn ist ein ausgewrungener Lumpen, also erwarten Sie bitte nicht *le mot juste* in diesem Brief.

Gelesen habe ich Ihre letzte Fortsetzung aber gestern abend, als ich genug Sammlung hatte, um zu wissen, was ich tat, da wäre das, was ich zu schreiben habe, wohl besser belichtet gewesen.

Jedenfalls halte ich das Buch für eine harte und vollkommene Sache. Ich zweifle, ob Sie sowas ›im Schoße des Überflusses‹ oder im Trubel einer Metropole hätten schreiben können, bei der Zermürbung durch endlose kleine Zerstreuungen, endloser Inanspruchnahme Ihrer Zeit, endlosen trivialen Lustbarkeiten (oder dem Gegenteil).

Ich glaube, daß das Buch zeitlos ist wie Flaubert und Stendhal. Nicht so stämmig wie Stendhal, gewiß nicht so geschliffen wie Flaubert. Im englischen Sprachraum grenzen Sie vielleicht an Hardy und Henry James an. Dabei denke ich nicht etwa an eine Ähnlichkeit, sondern ich meine nur, daß es dazwischen nichts von bleibendem Wert gegeben hat. Ich glaube, daß Sie bald, zumindest aber früher oder später, Anerkennung finden müssen.

Verdammt nochmal, es gibt doch einfach keine Prosawerke, die man *zwei*mal lesen könnte. Es gibt doch keine Prosa, an der man Absatz für Absatz seine Freude hat. Einen einzigen Mann kenne ich, der gelegentlich ein liebenswertes Kapitelchen in einem langen, witzlosen Roman versteckt... aber das ist eine andere Geschichte.

Was zählt, sind die zehn Jahre, die Sie auf das Buch verwendet haben. Dublin 1904, Triest 1914. Niemand kann einen Roman aus dem Stegreif diktieren, obwohl es viele versuchen.

Und was die andere Richtung angeht – ich habe die vitale Einfalt bis hierhin. Die ›unverbildeten‹ Werke – auf die scheiß ich. Und es ist einfach eine Erlösung, einen Autor zu finden, der was gelesen hat und was weiß. Dieser Bücherschwall von Vorstadtladenschwengeln einerseits und Oxforder Schlappschwänzen, mit oder ohne Examen, andrerseits... puh! Und nirgends auch nur ein klein bißchen Intensität, das überhaupt nicht.

Das Drama ist angekommen, ich lese es, sobald ich sicher bin, nicht unterbrochen zu werden.

Später

Ich bin grad mit dem Stück fertig geworden.

Da ich es einmal angefangen hatte (Klischee) konnte ich es nicht aus der Hand legen bevor (Klischee). Ja, es ist interessant. Nichts für die Bühne.

(Nein, es ist ungeeignet fürs ›Abbey‹, das war ja woll nich' Ihr Ernst, Mr. J'ice.)

Es ist spannend. Aber sogar beim Lesen erfordert es unentwegte Konzentration. Ich glaube nicht, daß ein Publikum mitkommen oder es mitbekommen könnte, selbst wenn irgendein blödsinnig weltfremder Intendant es rausbringen sollte.

Nicht als ob ich glaubte, daß irgendein Intendant es in unsren keuschen und kastrierten englischsprechenden Landen rausbringen würde.

Ganz allgemein gesagt: ich muß so ziemlich meinen ganzen

Grips zusammenreißen, um das Ding aufzunehmen, *lesender*weise. Und ich möchte doch unterstellen, daß ich intelligenter bin als der normale Theaterbesucher (Herr, sei uns gnädig).

Kann sein, ich täusche mich; Andeutungen, Stimmungsschwankungen würden vielleicht durch Menschen von Fleisch und Blut, die sich auf der Bühne bewegten, betont und verdeutlicht, dennoch...

... zieht man andererseits in Betracht, daß ich ›nicht ins Theater gehe‹, das heißt, daß mich eigentlich jedes Stück in Wut versetzt (weniger, daß ich mich dabei *langweile*), daß ich mich auf billigstem Niveau wie im Kino unterhalte, nur werd ich dann stocksauer über das alberne Getu von Schauspielern oder Autor etc. Ich habe ein paar Augenblicke Spaß daran, dann über lange Strecken Verdruß. Dazu kommt jetzt, daß meine Frau wenig fürs lange Aufbleiben ist... obwohl ich selber nie viel hingegangen bin... es hat immer mehr gekostet als ich mir leisten konnte. Ein bequemer Sitzplatz ist für mich das allermindeste, gelegentlich bekomme ich einen umsonst, aber soviel Enthusiasmus habe ich nicht, daß ich Schlange stehe, um dann im Juchhe auf einem Brett zu sitzen.

Alles in allem genommen ist meine Meinung übers Theater dies: daß es eine recht schwerfällige, plumpe Kunstform ist. Daß ein Theaterstück sich an tausend zusammengepferchte Flachköpfe auf einmal wendet, während ein Roman oder ein Gedicht in einem Buch brachliegt, bis es den einzelnen anspricht, der es wert ist, angesprochen zu werden, einen nach dem andern, jeden für sich. (Und darum sitze ich nun hier mit einem Clavichord, das ich mir nicht leisten und das ich nicht gescheit spielen kann... ergo bin ich von ›Quarterly Review‹ gefeuert, von wegen ithyphallischer satirischer Gedichte, die ›Blast‹ veröffentlichte...

und wenn ich diesen Brief gestern nacht (2 Uhr morgens) geschrieben hätte, als ich eben mit ›Portrait‹ fertig war, dann hätte ich Sie mit ›Cher Maitre‹ angeredet.
Wozu muß so einer denn partout fürs Theater schreiben?????
Kann man die Menge mit irgendwas ansprechen, das Denken voraussetzt? Gibt es einen anderen gemeinsamen Nenner als ein paar ganz unbestimmte Gefühle, worauf sich ein Stück aufbauen ließe, das zweierlei wäre:
    A ein Bühnenstück
    B kein Durchschnitt, kein Pfusch.

Es gibt keine Vereinigung im Intellekt, wenn wir denken, gehen wir auseinander, stoßen ins Unbekannte vor, entfernen uns voneinander.

Im Gefühl werden wir eins.

Natürlich ist Ihr Stück emotional. Es steigert sich zu einem regelrechten Wirbel der Leidenschaften, und es hat zweifelsohne Form. Ich glaube nicht, daß es auch nur annähernd die Intensität des ›Portrait‹ erreicht, ich jedenfalls erlebe es nicht so.

Abschließender Eindruck: ein ausgepowerter Kopf. (Wobei Sie bedenken müssen, daß ich 3000 Wörter eines vertrackten geschäftlichen Konzepts geschrieben habe... in der Stadt zwei moderne Bilder für jemand anderes gekauft habe... ein bißchen Tennis... halt etwa dasselbe, was jeder x-beliebige in Ihrem Theaterpublikum auch hinter sich haben könnte...

ich hätte vielleicht Ihr Manuskript mit frischerem Geist angehen sollen... ma che...

Den ganzen ersten Akt hindurch hatte ich Bedenken wegen der Eignung für die Bühne... denn wenn ich auch das Theater verabscheue (na ja, nicht direkt verabscheue), kann ich nicht umhin, beim Lesen eines Theaterstücks ständig seine Bühnenwirksamkeit im Auge zu behalten (eine Gewohnheit aus der Zeit, als ich eine Untersuchung über ›Die Funktion des *gracioso* in Lope de Vegas Dramen‹ schrieb, die eigentlich als Doktorarbeit gedacht war).

Ohne das Stück noch einmal durchzulesen, würde ich sagen: die erste Stelle, wo das Stück durch die Darstellung gewinnen könnte, ist das köstliche Bild, wo Robert mit seiner Parfümpumpe herumsprüht.

Will sagen (oder zitieren): ›Charakter‹ heißt soviel wie Komödie. Tragödie heißt soviel wie Gefühl. Vielleicht habe ich unrecht. Es könnte ankommen. Vielleicht würde die Stage-Society es probeweise aufführen.

Ich hab den Granville Barker-Ton so dick... ma che...

Ob man diese unausstehlichen Leute wirklich in dem Stück auftreten sehen will...

... wohlgemerkt, es läßt sich nie voraussagen, was die nicht vielleicht doch täten oder was denen zusagt (ja, wenn's kastriert wär... Shaw, der Jungfräuliche, würd's sicher gern kastriert haben... das sind alles Vegetarier).

Es wird mal einen interessanten $1/4$ Band abgeben, wenn Sie Ihre

140

gesammelten Werke herausbringen. Wenn Sie mal ein arrivierter Klassiker sind, werden die Leute es lesen, weil es von Ihnen ist und sie werden gebührend interessiert und gebührend bewandert sein... aber bis dahin soll mich der Geier holen, wenn mir einfällt, was man damit anfangen kann.

Die Prüderie in meiner Heimat (d. h., soweit sie nicht das Ordinäre am meisten reizt). Einfach die Menge derjenigen, denen das Stück gefallen muß, eh ein Intendant etwas herausschlagen kann.

Bettszenen, die das Publikum aufgeilen, erotisieren... erregen und NICHT zum Denken auffordern... Balkon ausverkauft... erster Rang dito... Logen dito...

Ibsen wird ja nicht mehr gespielt. Wenn Ibsen-Stücke noch auf Hochtouren liefen, glaube ich allerdings, daß Ihr Stück aufgeführt würde... ma che...

Ich mache jetzt Schluß und schicke das hier mit der Mitternachtspost.

Ich werde das Stück nochmal lesen, vielleicht, daß mir was einfällt.

Lanes Manager schreibt: (es hat uns sehr interessiert, von Mr. Joyces Roman zu hören, aber Mr. Lane verhandelt grundsätzlich nicht mit Agenten. Sollten jedoch Sie oder Mr. Joyce uns das Ms. zusenden, werden wir uns gern näher damit befassen.)

Machen Sie sich nicht die Mühe, an Pinker zu scheiben, ich werde das Ms. bei ihm abholen und bei Lane vorbeibringen. Lane druckt meinen Erinnerungsband über Brzeska, ich stehe also in Verbindung mit ihm.

(natürlich purer Bluff, dies: mit keinem Agenten verhandeln. Tun sie doch alle... glaub ich wenigstens...) Ich muß abbrechen, wenn das hier noch heute weg soll. Ihr   EZRA POUND

AN H. G. WELLS   *3. März 1917*
                                Seefeldstraße 73, Zürich VIII
Sehr geehrter Mr. Wells,
Krankheit hat mich daran gehindert, Ihnen eher zu schreiben. Ihr Artikel über meinen Roman[1] ist mir nachgeschickt worden, und bitte gestatten Sie mir, daß ich Ihnen dafür danke. Es ist wirklich sehr freundlich von Ihnen, eine so lange und sorgfältige Besprechung zu schreiben, und ich bin überzeugt, sollte das Buch ir-

gendwelchen Erfolg haben, so wird das in großem Maße Ihrer freundlichen Empfehlung zu danken sein [...]

1 Der Artikel von Wells zu *A Portrait of the Artist as a Young Man* erschien am 24. Februar 1917 in England in *The Nation* und am 10. März 1917 in *The New Republic* (U.S.A.). Wells lobte den ›höchst denkwürdigen Roman‹ wegen seines ›quintessentiellen und nie versagenden Realismus‹. Er empfand Stephen Dedalus als real, aber nicht modern, er erinnere auf pathetische Weise an die ›Grenzen, die einer großen Masse von Iren gesetzt‹ seien. Sterne selbst hätte das Weihnachtsmahl (im ersten Kapitel) nicht besser schildern können. Er wandte sich allerdings gegen Joyces ›kloakale Besessenheit‹.

VON NORA BARNACLE JOYCE   *1. August 1917*
                                  Pension Daheim, Locarno[1]

Lieber Jim,
Dank für Deine sehr liebevolle Postkarte uns geht es sehr gut nur daß wir seit Sonntag fortwährend Gewitter gehabt haben und furchtbar viel Regen. Heute morgen ist es etwas schöner gewesen und wir gingen hinauf zu einem Kloster auf dem Berg das Madona del Sasso heißt. Die Kinder verbringen die Zeit sehr gut sie spielen Gramaphon und andere Spiele bis das Wetter wieder schön wird. da ich eine Karte an Mrs. Sykes schreiben möchte könntest Du einige Zeilen schreiben und sie mir schicken auch an die Wirtin[2] ich hoffe es geht Dir gut es tut mir leid daß Du keine endgültige Nachricht hast ich nehme an jetzt wo Du allein bist solltest Du schreiben können da ich nicht bei Dir bin und Dich immer belästige ich will versuchen mich zu erholen obwohl ich fürchte das Klima ist mehr oder weniger wie in Zürich aber vielleicht wenn sich das Wetter bessert werde ich mich wohl wohler fühlen die Leute sind alle sehr nett sie sind alle aus Zürich ich habe noch nicht viel von der Gegend sehen können aber wenn Du irgendwelche Neuigkeiten hast schreib mir hoffe diese Zeilen treffen Dich bei guter Gesundheit an
    liebe Grüße von den Kindern   NORA

1 Joyce hatte sich entschlossen, dem Rat seines Arztes zu folgen und den Winter in Locarno zu verbringen. Da Nora Joyce ebenfalls gesundheitlich unter dem Zürcher Klima gelitten hatte, schickte er sie und die Kinder in der Absicht voraus, später nachzukommen. Aber am 18. August hatte er einen schweren Augenanfall (Glaukom) und mußte sich am 24. August der ersten Augenoperation unterziehen. Seine Frau kehrte zurück, um in seiner Nähe zu sein. Die Familie fuhr erst wieder am 12. Oktober nach Locarno.
2 Joyce half seiner Frau bei ihrer Korrespondenz.

VON NORA BARNACLE JOYCE   *Poststempel 28. August 1917*
AN EZRA POUND [Postkarte]   *Seefeldstraße 73, III, Zürich*

Lieber Mr. Pound,
Ich bin zu aufgeregt gewesen, um Ihnen eher schreiben zu können. Jim wurde am Donnerstag operiert. Professor Sidler[1] sagte
mir, daß die Operation[2] schwer und kompliziert war. Unglücklicherweise hatte Jim danach einen Nervenzusammenbruch, der
drei Tage anhielt. Ich durfte ihn gestern besuchen und langsam
erholt er sich. Er bittet Sie falls Sie keine Antwort haben noch
einmal an Mr. Quinn zu kabeln und wird Ihnen das Geld dafür
schicken wenn er wieder heraus ist.

    In Eile und mit freundlichen Grüßen   NORA JOYCE

1 Dr. Ernst Sidler-Huguenin (1869–1922), ein bekannter Augenarzt in Zürich.
Von 1919 bis zu seinem Tod war er Professor der Augenheilkunde und Direktor der
Augenklinik der Universität Zürich.
2 Entfernung der Iris (Iridektomie).

AN HARRIET SHAW WEAVER   *18. Mai 1918*
      Universitätsstraße 38, Zürich

Liebe Miss Weaver,
Vielen Dank für Ihren Brief. Ich würde es begrüßen, wenn der
Plan, meinen Roman *Ulysses* von einer Privatpresse drucken zu
lassen und als Supplement beizulegen, durchgeführt werden
könnte. Ich erhielt eine Karte von Mr. Courtney, der mir schreibt,
er würde dafür sorgen, daß mein Roman, wenn er ein Exemplar
über den *Daily Telegraph* bekäme, besprochen würde, er fügt allerdings hinzu, daß die Literaturseite dieser Zeitung sehr be-
schnitten wurde. Ich bedaure, daß Sie keine Möglichkeit sehen,
das Angebot der Firma Crès anzunehmen und Ihre Zeitschrift in
Paris drucken zu lassen. Ich fürchte, Sie haben an meinem elenden Buch eine ganze Menge Geld verloren, und so schlage ich
vor, Ihnen die Buchrechte nach Rückgabe durch Mr. Richards zu
übertragen, wobei die für den Vorabdruck bereits gezahlten Be-
träge als Vorschuß auf das Honorar angesehen werden sollten,
die, wenn Sie einverstanden sind, in zwei oder drei Raten von den
Beträgen abgezogen werden könnten, die schließlich bei halb-
jährlicher Abrechnung für mich fällig würden. Es ist kaum wahrscheinlich, daß Mr. Richards das Buch verlegen wird. Ich danke

Ihnen für die Übermittlung des freundlichen Vorschlages meines New Yorker Verlegers. Würden Sie ihm bitte schreiben, daß ich ihm aus vielerlei Gründen das vollständige Typoskript des *Ulysses* im Laufe des kommenden Herbstes nicht liefern kann. Wenn die *Little Review* ihn weiter regelmäßig bringt, kann er als billigen, gehefteten Band die *Telemachie* veröffentlichen, das heißt die ersten drei Episoden – unter dem Titel *Ulysses I.* Das schlage ich für den Fall vor, daß er die wenigen Leute, die das, was ich schreibe, lesen, daran erinnern möchte, daß ich noch existiere. Der zweite Teil, die *Odyssee,* besteht aus elf Episoden.[1] Der dritte Teil, *Nostos,* besteht aus drei Episoden. Insgesamt siebzehn Episoden, von denen ich, einschließlich *Hades,* was jetzt abgeschrieben wird und in ein, zwei Tagen abgeht, sechs geschickt habe. Es ist unmöglich zu sagen, wieviel von dem Buch tatsächlich geschrieben ist. Verschiedene andere Episoden wurden ein zweites Mal entworfen, aber das besagt nichts, denn obwohl der zweite Entwurf der dritten Episode der *Telemachie* schon lange vorlag, saß ich noch rund zweihundert Stunden daran, bevor ich sie endgültig niederschrieb. Ich fürchte, ich habe nur wenig Phantasie. Aber dieses Thema langweilt Sie sicher nur. Immerhin, wenn alles gut geht, sollte das Buch im Sommer 1919 fertig sein. Wenn schon vorher mit dem Satz begonnen würde, könnte es dann sofort veröffentlicht werden. Mir ist aus Mr. Pounds letztem Brief nicht ganz klar, ob er mein Typoskript nach New York schickt oder nicht. Ich schicke indes die nächste Episode auch über ihn. Ich freue mich zu erfahren, daß Sie weiterhin Bücher veröffentlichen. Ich lege ein paar Auszüge aus kontinentalen Besprechungen[2] bei und hoffe, noch weitere schicken zu können, italienische und holländische.

Gesundheitlich geht es mir besser, und ich hoffe, meine Augen werden sich nicht verschlechtern.

Abschließend möchte ich sagen, Sie sollten sich, wenn Sie anstelle von *Ulysses* ein anderes Buch vorabdrucken wollen, bitte nicht durch irgendwelche imaginären Ansprüche meinerseits davon abhalten lassen. Ich habe den Vorschlag in diesem Brief zum Teil nur gemacht, um es Ihnen zu ermöglichen, so zu verfahren, wie Sie es für richtig halten. Ich hoffe, der Absatz der zweiten Ausgabe meines anderen Buches ist zufriedenstellend.

---

1 Joyce änderte den Plan sehr bald und setzte den mittleren Teil, die eigentliche

>*Odyssee*<, aus zwölf Episoden zusammen.
2 Von *A Portrait of the Artist as a Young Man.*

An Frank Budgen[1]   *5. September 1918*
Universitätsstraße 38, I Zürich

Lieber Mr. Budgen,

Dank für Brief. Ich habe ihn übersetzt und an Mr. Battona weitergeleitet und hoffe, er wird bald in *Il Secolo*[2] erscheinen.

Ich schicke Ihnen eingeschrieben Mr. Lewis' *Tarr*. Wenn Sie es gelesen haben, geben Sie mir bitte Nachricht, da ich es selbst noch lesen und ihm darüber schreiben muß. Ich hoffe, Sie haben irgendwann einen freien Abend und kommen hierher, so daß wir darüber plaudern können.

Beiliegend einige Besprechungen meines Buches[3], die Sie vielleicht interessieren werden. Ihr aufrichtiger   James Joyce

1 Frank Budgen (geb. 1882), englischer Maler, war in Zürich eng mit Joyce befreundet. Sein Buch *James Joyce and the Making of Ulysses* (London 1934; 2. Auflage, Bloomington, Indiana, 1960) gibt einen faszinierenden Bericht vom Entstehen dieses Romans.
2 In seinem Artikel für *Il Secolo* (Mailand) beschrieb Budgen eine Ausstellung zeitgenössischer englischer Malerei im Kunsthaus in Zürich. Vgl. auch das erste Kapitel seines Buches.
3 *A Portrait of the Artist as a Young Man.*

Von Ezra Pound   *22. November 1918*
5, Holland Place Chambers, Kensington, W.

Lieber Joyce,

Bloom ist ganz groß, und Sie haben es den Kritikern, die mich fragten, ob Sie, nachdem Sie Stephen mehr oder weniger autobiographisch gemacht hatten, je noch einen zweiten Charakter würden hinstellen können, gezeigt – aber richtig! >Zweiter Charakter zeigt erst die wahre Begabung<, etc. etc., brabbel, Brabbel, BRABbel, BRABBEL.

Ich glaube, Wells würde Ihnen gefallen. Aß vor etwa einem Monat mit ihm zu Mittag; das erstemal, daß ich ihn wiedersah, nach sechs Jahren. Seine Auslassungen über Queen Victorias Denkmal vor Buckingham Palace werd ich mir für eins meiner künftigen Prosawerke aufheben.[1]

Vorige Woche schaute ich *Bouvard et Pécuchet*[2] wieder durch.

Bloom bringt wirklich zustande, was Flaubert sich vorgenommen hatte, und das mit einem Zehntel des Umfangs; vor allem hat man dauernd das Gefühl, daß etwas passieren wird, daß tatsächlich jeden Augenblick alles mögliche passieren könnte, während Bouvard und Pécuchet im Schlamm festgefahren sind und man selbst da, wo etwas passiert, immer das Gefühl hat, es könne eigentlich gar nichts passieren.

Lewis ist wegen meiner Bemerkungen zu *Tarr*[3] etwas verschnupft. W. B. Y. scheint mit seinem ›Round Tower‹[4] angekommen zu sein. Die Weiber haben boshafterweise DeBosschères Zeichnungen ruiniert, indem sie 2d. am Papier einsparten.[5]

Rodker[6] hat eine Würdigung von *Exiles* geschrieben, soll in der *Little Review,* voraussichtlich im Januar, erscheinen.[7]

Muß unbedingt irgendeinen Mechanismus mit Bargeldwirkung erfinden, da die L. R. nicht mehr lange magnetisch auf amerikanische Brieftaschen wirken wird. Ihr Honorar ist gesichert, aber ab April sehe ich keine Einkünfte mehr am Horizont. Warum zum Teufel wir nicht alle miteinander Millionäre sind, kann ich einfach nicht begreifen. Es hängt einem wirklich zum Hals heraus.

Meine properzischen Gaukeleien[8] werden Ihnen hoffentlich Spaß machen, FALLS ich je einen finde, der sie druckt. Gottlob ist wenigstens der Krieg halbwegs vorbei. Wir werden uns nun auf die Konkurrenz der Heimkehrenden einzustellen haben. Muß zugeben, daß die Wirkung auf Aldington[9] hervorragend war. Als er aufs Feld der Ehre zog, war er voll von doktrinärem Blödsinn, den er von einem zurückgewanderten englischen Hunnen aufgeschnappt hatte, aber zurückgekommen ist er geläutert und mit einer Oberfläche von Bescheidenheit.

Hat *Ulysses* vierundzwanzig odysseische Bücher?[10] Ich will keine dummen Fragen stellen, von mir aus könnte er für immer weitergehen, aber die Leute fragen MICH andauernd darüber aus, und überhaupt. Glücklicherweise ist meine Unwissenheit, was Blooms Zukunft angeht, umfassend.

Trotzdem, lassen Sie's mich wissen, sollten Sie es selber wissen. Ich werde die restlichen zwanzig von den versprochenen fünfzig Pfund berappen, sobald ich sie aus Amerika bekomme.

Wenn nach April noch Kapitel zu erwarten sind, will ich versuchen, nochmal jemanden um ein paar Pfund zu erleichtern. AAAABER weiß der Himmel wie oder wen. Ich muß irgend einen neuen Dreh ›organisieren‹, damit mir nicht selber die Decke auf den Schädel kracht.

Die beschissene Welt rückt einem gar zu sehr auf die Pelle.[11] In einer meiner Nebenbeschäftigungen bin ich zum hochgeschätzten Kritiker dessen, was das musikalische London zu bieten hat, erblüht; bisher fruchtet diese Blüte aber herzlich wenig.[12] Der Besitzer des *Manchester Guardian* räumt ein, die Sachen seien ›brillant geschrieben‹, macht aber keinerlei Anstalten, sie in seine eigenen besser bezahlten Spalten und was da sonst noch ist aufzunehmen.

Ich möchte irgendwann den Gardasee wiedersehen... ma che, ich weiß nicht, wann es wieder soweit sein wird, daß man reisen kann.

Allzeit Euer kompletter journalistischer Pantechniker und Patentzusatzgerät EP

1 In Ezra Pounds *Canto* XLII, Zeile 3–5.
2 Gustave Flaubert, *Bouvard et Pécuchet* (Paris 1881). Im Juni 1922 veröffentlichte Pound einen Aufsatz ›James Joyce et Pécuchet‹ (*Mercure de France,* CLVI, 575).
3 Entweder Ezra Pounds ›*Tarr* by Wyndham Lewis‹, *Little Review* IV, 11 (März 1918), oder ein Hinweis in ›Books Current‹, in *The Future,* September 1918.
4 Yeats und seine Frau bezogen 1918 seinen Turm, Thoor Ballylee, in der Grafschaft Galway, wo er einige seiner besten Gedichte schrieb. Im Oktober 1918 erschien in der *Little Review* ›Under the Round Tower‹.
5 Jean de Brosschère (geb. 1881), belgischer Kupferstecher, Lyriker und Romancier, gehörte der Gruppe der Imagisten in London an. Pound bezieht sich wohl auf das Papier, das für seine Zeichnungen verwendet wurde, die zusammen mit seinen Gedichten in der *Little Review* (Oktober 1918) erschienen.
6 John Rodker (1894–1955), englischer Lyriker, Romancier und Verleger. Er gründete 1920 die Ovid Press und brachte 1922–3 *Ulysses* für The Egoist Press heraus.
7 John Rodker, Israel Solon, Samuel A. Tannenbaum und jh [Jane Heap], ›*Exiles:* A Discussion of James Joyce's Play‹, *Little Review* V. 9 (Januar 1919).
8 Ezra Pound, *Homage to Sextus Propertius* (London, Egoist Press, 1919).
9 Richard Aldington (1882–1962), englischer Lyriker, Romancier und Kritiker. Bis zu seiner militärischen Einberufung im Krieg war er stellvertretender Redakteur von *The New Freewoman* und des *Egoist* gewesen.
10 Joyces *Ulysses* enthält 18 Episoden.
11 Abwandlung eines Wordsworth-Zitats: ›The world is too much with us‹, Titel und Anfangszeile eines Gedichtes.
12 Ezra Pound war vom November 1917 bis April 1920 als Musikkritiker für *The New Age* tätig.

AN SIR HORACE RUMBOLD, BARONET[1] *30. November 1918*
Universitätsstraße 29, 3, Zürich

Seine Exzellenz

Sir Horace Rumbold, Baronet,
S. M. Britischer Botschafter
BERN

Sir,

Ich erlaube mir, Eurer Exzellenz folgende Tatsachen zur Kenntnis zu bringen.

Am 1. Mai 1918 ging ich zum britischen Konsulat in Zürich, um 25 Franken zu kassieren, die Mr. Henry Carr, ein Angesteller des Konsulats, für ihm ausgehändigte, aber von ihm nicht bezahlte Eintrittskarten für das am 29. April 1918 von den ›English Players‹[2] aufgeführte ›The Importance of Being Earnest‹ schuldete, worin Mr. Carr auf Einladung von Mr. Claud Sykes, dem Produzenten der ›English Players‹, eine Rolle gespielt hatte. Mr. Carr weigerte sich, diesen Betrag zu bezahlen, forderte zusätzlich zu dem Betrag, den er bereits erhalten hatte, 150 Franken[3] von mir und teilte mir, als ich es auf Anweisung von Mr. Sykes ablehnte, diesen Betrag zu zahlen, mit, daß er einen Boykott aller künftigen Aufführungen organisieren würde, nannte mich in Gegenwart von Zeugen ›einen Lumpen und Betrüger‹ und drohte mir an, ›mir das nächste Mal, wenn er mich auf der Straße träfe, den Hals umzudrehen‹. Ich erwiderte, ›dieser Sprache sollte man sich in einem Konsulatsbüro nicht bedienen‹, und verließ daraufhin das Büro.

Am 1. Mai 1918 schickte ich einen Einschreibebrief an den hiesigen Konsul Mr. Bennett[4], beschwerte mich über diese Behandlung und verlangte, daß Mr. Carr sich entschuldigte. Ich erhielt keine Antwort.

Daraufhin übergab ich die Angelegenheit einem Anwalt und unterrichtete die Zürcher Polizei von der Tätlichkeitsdrohung, die Mr. Carr gegen mich ausgesprochen hatte. Auf Anraten von Dr. George Wettstein, dem Anwalt des Britischen Konsulats, erhöhte Mr. Carr seine Forderung auf 475 Franken und behauptete, das Britische Konsulat sei exterritorial. Die Schweizer Regierungsbehörde, an die sich mein Anwalt Dr. Conrad Bloch gewandt hatte, wies diese Behauptung zurück.

Seit dem 1. Mai 1918 haben die ›English Players‹ acht Aufführungen englischer Stücke gegeben oder geplant, allein oder in

Verbindung mit italienischen und französischen Theatertruppen, weitgehend und großzügig unterstützt von der amerikanischen Kolonie und von Schweizern und anderen, die an der englischen Literatur interessiert sind. Aufgeführt wurden u. a. Stücke von Browning, Wilde, Synge, Houghton, Mr. Shaw und Sir James Barrie. Den von Mr. Carr angedrohten Boykott gibt es, denn seit dem 1. Mai 1918 war der Konsul Mr. Bennett bei keiner Aufführung zugegen und hat auf Anstiften von Mr. Carr alles in seiner Macht Stehende getan, um unsere Bemühungen zu verunglimpfen und zu hintertreiben.

Im Juli 1918, als ich gefährlich erkrankt war und Erblindung befürchten mußte, sandte mir der Konsul Mr. Bennett einen Einschreibebrief, in dem er mich aufforderte, ein Kapitalverbrechen zu begehen, und mir Strafe androhte, falls ich mich weigerte, das zu tun.[5] Diesem Dokument Folge zu leisten, lehnte ich mit höflichen Worten ab.

Am 15. Oktober 1918 erließ das Schweizer Gericht ein Urteil zu meinen Gunsten, erklärte die von Dr. Wettstein im Namen seines Klienten vorgebrachte Gegenforderung von 475 Franken für nichtig und verurteilte Mr. Carr, den fälligen Betrag und alle Kosten zu zahlen. Ein Durchschlag dieses Urteils liegt bei.

Die ›English Players‹ sind das einzige Unternehmen in der Schweiz, das etwas für die englische Theaterliteratur getan hat. Die Mr. Sykes und mir entstandenen Kosten belaufen sich auf etwa 10000 Franken. Wir haben keinerlei Subvention erhalten, und unsere Bilanz weist trotz unseres moralischen Erfolges ein bedeutendes Defizit auf. Was wir getan haben, hat uns unter enormen Schwierigkeiten enorme Arbeit abverlangt(und auf Ersuchen von Mr. Sykes lege ich einen Brief von Premierminister Mr. Lloyd George bei, in dem unsere Verdienste gewürdigt werden.

Ich nehme an, daß es nach Ansicht Eurer Exzellenz, wie nach der meinen, nicht zu den vom Außenministerium festgelegten Pflichten von Konsularbeamten gehört, Erpressung und Gewalttätigkeit zu begehen oder gutzuheißen und zu begünstigen oder einen verleumderischen Boykott der englischen Literatur zu organisieren oder britische Untertanen dazu aufzufordern, ein Kapitalverbrechen zu begehen und ihnen Strafe anzudrohen, wenn sie sich weigern, das zu tun.

Da der Konsul Mr. Bennett sowohl stillschweigend wie offen

den erwähnten Tatbestand der Erpressung und Gewalttätigkeit und des versuchten Kapitalverbrechens gebilligt und nicht auf meine schwerwiegende Anklage gegen einen seiner Angestellten geantwortet hat, appelliere ich als Untertan Seiner Majestät und als Schriftsteller, den Seine Majestät in Anerkennung der Verdienste für die englische Literatur durch eine großzügige Beihilfe geehrt hat, an Eure Exzellenz als den offiziellen Vertreter Seiner Majestät in diesem Lande und erbitte von Eurer Exzellenz jenen Schutz vor Gewalttätigkeit und die Wiedergutmachung einer angetanen Beleidigung, auf welche die geringsten Untertanen Seiner Majestät ein Recht und einen Anspruch haben. Eurer Exzellenz gehorsamer Diener   JAMES JOYCE

1 Sir Horace George Montagu Rumbold (1869–1941), britischer Diplomat, Botschafter in Bern von 1916 bis 1918 und in Warschau von 1919 bis 1920.
2 Die English Players waren eine im Frühjahr 1918 in Zürich von Joyce und Claud W. Sykes organisierte Gruppe von Schauspielern. Als erstes Stück führten sie am 29. April im Theater zur Kaufleuten in der Pelikanstraße Wildes *The Importance of Being Earnest* auf. Joyce war verantwortlich für die Geschäftsführung. Mit Henry Carr, einem jungen Angestellten des britischen Konsulats, der die Rolle des Algernon Moncrieff spielte, kam Joyce nicht zurecht und hatte vielleicht ein gewisses Vergnügen daran, an Carr nur die den Laienspielern zustehenden zehn Franken zu zahlen, statt der dreißig Franken, die für Berufsschauspieler angesetzt waren. Carr hatte sich darüber geärgert und als Joyce am nächsten Tag zum Konsulat kam, um das Geld für die von ihm verkauften Eintrittskarten abzuholen, drohte Carr damit, ihn die Treppe hinunterzuwerfen. (Siehe S. 692 und S. 715 ff.)
3 Carr forderte das Geld für einen neuen Anzug, den er sich, wie er sagte, eigens für diese Aufführung gekauft hatte.
4 Andrew Percy Bennett (1866–1943) war von 1899 bis 1918 Britischer Generalkonsul in Zürich. Er war 1919–23 in Panama und 1920–23 in Costa Rica Botschafter.
5 Das Kapitalverbrechen war vermutlich Eidbruch, die Aufforderung, das der österreichischen Behörde in Triest gegebene Versprechen, sich während des Krieges neutral zu verhalten, zu brechen.

AN MARTHA FLEISCHMANN   [? *Anfang Dezember 1918*]
                                                    Zürich[1]

Vous n'êtes pas fâchée alors.
   J'avais de la fièvre hier soir, en attendant votre signe.
   Mais pourquoi ne voulez-vous pas m'écrire même une parole – votre nom? Et pourquoi fermez-vous toujours les stores de la fenêtre? Je veux vous voir.[2]
   Je ne sais pas ce que vous pensez de moi.

150

Comme je vous ai déjà dit nous nous sommes vus et – parlés – mais vous m'avez oublié.

Voulez-vous que je vous dise quelque chose?

Ma première impression de vous.

Voilà.

Vous étiez vétue de noir avec un gros chapeau aux ailes flottantes. La couleur vous allait très bien. Et j'ai pensé: un joli animal.

Parce qu'il y avait quelque chose de franc et presque d'impudique dans votre allure. Puis, en vous regardant, j'ai observé la mollesse des traits reguliers et la douceur des yeux. Et j'ai pensé: une juive. Si je me suis trompé il ne faut pas vous offenser. Jésus Christ a pris son corps humain: dans le ventre d'une femme juive.

J'ai pensé souvent à vous et après, quand je vous ai reconnue à la fenêtre je vous regardais dans une espèce de fascination dont je ne peux me libérer.

Il se peut que tout ça vous laisse indifférente.

Il se peut que je vous semble ridicule.

J'accepte votre jugement.

Mais hier soir vous m'avez fait un signe et mon cœur a sauté de joie.

Je ne sais pas votre âge.

Moi, je suis vieux – et je me sens plus vieux encore.

Peutêtre ai-je trop vécu.

J'ai 35 ans.[3] C'est l'âge que Shakespeare a eu quand il a conçu sa douleureuse passion pour la ›dame noire‹. C'est l'âge que le Dante a eu quand il est entré dans la nuit de son être.

Je ne sais pas ce qui arrive en moi.

Est-il possible qu'une personne éprouve sentiments commes les miens et que l'autre ne les éprouve point?

Je ne sais pas ce que je veux.

Je voudrais vous parler.

Je me figure un soir brumeux. J'attends – et je vous vois vous approcher de moi, vétue de noir, jeune, étrange et douce. Je vous regarde dans les yeux et mes yeux vous disent que je suis un pauvre chercheur dans ce monde, que je ne comprends rien de ma destinée ni de celle des autres, que j'ai vécu et péché et crée, que je m'en irai, un jour, n'ayant rien compris, dans l'obscurité qui nous a enfantés tous.

Comprennez-vous peutêtre le mystère de votre corps quand

151

vous vous regardez dans la glace, d'où est venue la lumière fauve de vos yeux; le teint de votre chevelure?

Comme vous étiez gracieuse, hier soir, assise à la table, rêveuse et puis, soudainement, levant ma lettre à la lumière.

Quel est votre nom?

Pensez-vous, quelquefois, à moi?

Ecrivez-moi un mot à l'adresse que je vous donne.

Vous pouvez m'écrire aussi en allemand. Je le comprends très bien.

Dites-moi quelque chose de vous-même.

Oui, écrivez-moi demain.

Je crois que vous êtes bonne[4]...[5, 6]

1 Dieser Brief (wie die anderen in der originalen Schreibweise wiedergegeben) war vermutlich der zweite, den Joyce schrieb, da er darin einen anderen erwähnt. Martha Fleischmanns Name war ihm noch unbekannt.
2 Von Joyces Wohnung in der Universitätsstraße 29 aus war es möglich, das Fenster von Martha Fleischmann zu sehen. Sie wohnte in der Culmannstraße 6; die Rückseiten der beiden Häuser liegen sich schräg gegenüber.
3 Eine romantisch beschönigende Angabe; Joyce war fast siebenunddreißig.
4 Hier ist der Blattrand abgerissen.
5 Ein paar thematische und wörtliche Entsprechungen dieser Briefe an Martha Fleischmann mit der Nausikaa-Episode, an der Joyce 1919 zu schreiben begann, finden sich in der Besprechung ›Letters of James Joyce: Zu den Bänden II und III‹ von Fritz Senn in der Neuen Zürcher Zeitung vom 26. Februar 1967, Nr. 814.
6 Sie sind also nicht böse.

Ich hatte gestern abend Fieber, als ich auf ein Zeichen von Ihnen wartete.

Aber warum wollen Sie mir nicht ein einziges Wort schreiben – Ihren Namen? Und warum schließen Sie immer Ihre Fensterläden? Ich will Sie sehen.

Ich weiß nicht, was Sie von mir denken.

Wie ich Ihnen schon gesagt habe, wir trafen uns und – sprachen miteinander – aber Sie haben mich vergessen.

Möchten Sie, daß ich Ihnen etwas sage?

Meinen ersten Eindruck von Ihnen.

Hier.

Sie waren schwarz gekleidet, mit einem großen Hut mit wehenden Federn. Die Farbe stand Ihnen sehr gut. Und ich habe gedacht: ein hübsches Tier.

Denn in Ihrer Art lag etwas Freimütiges und beinahe Schamloses. Dann, als ich Sie betrachtete, habe ich die Weichheit und Regelmäßigkeit Ihrer Züge und die Sanftheit Ihrer Augen bemerkt. Und ich habe gedacht: eine Jüdin. Wenn ich mich getäuscht habe, müssen Sie sich nicht beleidigt fühlen. Jesus Christus hat menschliche Gestalt angenommen: im Leibe einer jüdischen Frau.

Ich habe oft an Sie gedacht und später, als ich Sie am Fenster erkannte, habe ich Sie mit einer Art von Faszination betrachtet, von der ich mich nicht freimachen kann.

Es mag sein, daß alles das Sie gleichgültig läßt.

Es mag sein, daß ich Ihnen lächerlich vorkomme.

Ich beuge mich Ihrem Urteil.

Aber gestern abend haben Sie mir ein Zeichen gegeben, und mein Herz ist vor Freude gehüpft.

Ich weiß nicht, wie alt Sie sind.

Ich, ich bin alt – und ich fühle mich noch älter als ich bin.

Vielleicht habe ich zu lange gelebt.

Ich bin 35. Es ist das Alter, in dem Shakespeare seine schmerzliche Leidenschaft für die ›dunkle Dame‹ faßte. Es ist das Alter, in dem Dante die Nacht seines Daseins betrat.

Ich weiß nicht, wie mir geschieht.

Ist es möglich, daß eine Person Gefühle wie die meinen hat und daß die andere sie überhaupt nicht verspürt?

Ich weiß nicht, was ich will.

Ich möchte Sie gern sprechen.

Ich stelle mir einen nebligen Abend vor. Ich warte – und ich sehe Sie auf mich zukommen, schwarz gekleidet, jung, fremd und sanft. Ich sehe in Ihre Augen, und meine Augen sagen Ihnen, daß ich ein armer Suchender in dieser Welt bin, daß ich mein Schicksal und das der anderen nicht begreife, daß ich gelebt und gesündigt und geschaffen habe, daß ich eines Tages davongehen werde, ohne in der Dunkelheit, die uns alle gebar, etwas begriffen zu haben.

Vielleicht begreifen Sie das Mysterium Ihres Leibes, wenn Sie sich im Spiegel betrachten, woher das wilde Licht in Ihren Augen gekommen ist; die Farbe Ihres Haars?

Wie anmutig Sie gestern abend waren, am Tische sitzend, verträumt und dann hoben Sie plötzlich meinen Brief ans Licht.

Wie ist Ihr Name?

Denken Sie manchmal an mich?

Schreiben Sie mir ein Wort an die Adresse, die ich Ihnen gebe.

Sie können mir auch auf deutsch schreiben. Ich verstehe es sehr gut.

Sagen Sie mir etwas über sich.

Ja, schreiben Sie mir morgen.

Ich glaube, Sie sind gut...

AN MARTHA FLEISCHMANN   [*? Dezember 1918*]
                                          [*Zürich*]

Qu'y a-t-il?

Vous ne m'avez pas salué!

Je descends avec cette lettre a la porte.

Ai-je offensée?

Mais *comment*?

Je vous prie de m'envoyer un mot toute de suite. Voilà une enveloppe déja préparée. Jetez-la à la boite et mettez un seul mot dedans.

Etes-vous fâchée? *Oui* ou *non*.

Je ne comprends rien.

Pour l'amour de Dieu envoyez-moi un mot.

La belle nuit que je vais passer![1]

1 Was ist?
  Sie haben mich nicht gegrüßt!
  Ich bringe diesen Brief an die Tür.
  War ich beleidigend?
  Aber *wie*?
  Ich bitte Sie, mir sofort ein Wort zu senden. Hier ist ein fertiger Umschlag. Werfen Sie ihn in den Briefkasten und schreiben Sie nur ein einziges Wort hinein.
  Sind Sie böse? *Ja* oder *Nein*.
  Ich begreife nichts.
  Um der Liebe Gottes willen, senden Sie mir ein Wort.
  Eine schöne Nacht, die ich verbringen werde!

AN MARTHA FLEISCHMANN   [*9. Dezember 1918*][1]
                                                    [*Zürich*]

Arme liebe Marthe

  Was haben Sie gehabt?

  Ich bin noch unsicher aber glaube daß ich Sie gesehen habe heute abend.

  Ich hatte Angst Ihnen zu schreiben weil ich wußte nicht wer bei Ihnen war und dachte daß meine Briefe in die Hände von fremde Leute kommen könnten.

  Jedes Abend habe ich geschaut.

  Ich habe mir sogar Vorwürfe gemacht weil ich dachte daß vielleicht Ihre Krankheit in Folge einer Erkältung an jenem letzten Abend war.

  Dann dachte ich, ich wurde Ihnen trotzdem schreiben und mit der Name einer Freundin schreiben!

  Je continue en français parce que l'allemand ne me va pas.

  Si vous avez beaucoup souffert en ces jours, moi, j'ai souffert aussi.

  Il me semblait que l'unique rayon de lumière qui dans ces dernières années ait percé l'obscurité de ma vie, s'était éteinte.

  J'étais même imbécile!

  Chaque matin j'ouvrais, j'ouvrais le journal et j'avais peur de lire votre nom parmi les annonces des morts! Je l'ouvrais toujours avec angoisse, très, très lentement.

  Je pensais: elle s'en ira – elle qui m'a regardé avec pitié – peut-être avec tendresse.

  La maladie change beaucoup.

154

Elle nous conduit quelquefois jusqu'au seuil de la mort: et nous voyons les choses autrement.

Vous n'avez pas peur de la mort – moi, si!

Vous avez pensé peutêtre que votre sentiment pour moi était une folie; vous avez entrevu les ombres de l'au delà.

Eh bien! Ce sont les ombres menteuses!

Je voudrais vous envoyer des fleurs mais j'ai peur.

J'attendrai encore. Peutêtre ce n'était pas vous que j'ai vue?

J'ai vu mon livre de poésies dans votre main.

Est-ce que vous avez compris?

J'ai écrit quelque chose pendant votre maladie – quelque chose de très amer qui a blessé beaucoup mes amis

Oui, j'ai souffert aussi.

J'hésite encore avant de vous envoyer cette lettre

Si elle tombe dans les mains d'une autre personne???

11 heures

Je vais jeter cette lettre à la boîte.

Je ne peux plus attendre![2]   J.

---

1 Ein Exemplar von *Chamber Music,* im Besitz von Professor Straumann, ist Martha Fleischmann von Joyce unter diesem Datum gewidmet. Vermutlich hatte er das Buch selbst für sie hinterlassen und schrieb am gleichen Tag diesen Brief. In der Widmung ist Martha Fleischmanns Name mit griechischem ›e‹ geschrieben, Joyces eigene Unterschrift aber nicht, als hielte er es für unsinnig, seinen Namen in seinem eigenen Buch zu verstellen.
2 Ich fahre französisch fort, weil Deutsch nicht zu mir paßt.
  Wenn Sie in diesen Tagen viel gelitten haben – auch ich habe gelitten.
  Mir schien, der einzige Lichtstrahl, der in diesen letzten Jahren das Dunkel meines Lebens durchdrungen hatte, wäre verloschen.
  Ich war sogar wie verrückt!
  Jeden Morgen schlug ich, schlug ich die Zeitung auf und hatte Angst, ich würde Ihren Namen unter den Todesanzeigen finden! Immer schlug ich sie voller Angst auf, sehr, sehr langsam.
  Ich dachte: sie wird davongehen – sie, die mich mit Erbarmen betrachtet hat – vielleicht mit Zärtlichkeit.
  Die Krankheit verändert viel.
  Sie führt uns manchmal an die Schwelle des Todes: und wir sehen die Dinge anders.
  Sie haben keine Angst vor dem Tode – aber ich!
  Sie haben vielleicht gedacht, Ihre Gefühle für mich seien Wahnsinn; Sie haben die Schatten aus dem Jenseits gesehen.
  Nun ja! Das sind Schatten, die trügen!
  Ich würde Ihnen gerne Blumen schicken, aber ich habe Angst.
  Ich werde noch warten. Vielleicht sind nicht Sie es, die ich gesehen habe?
  Ich habe meinen Gedichtband in Ihren Händen gesehen.

Haben Sie verstanden?

Ich habe etwas während Ihrer Krankheit geschrieben – etwas sehr Bitteres, das meine Freunde sehr verletzt hat.

Ja, auch ich habe gelitten.

Ich zögere noch, bevor ich Ihnen diesen Brief schicke.

Wenn er einem anderen in die Hände fällt???

11 Uhr

Ich gehe, um diesen Brief in den Kasten zu werfen.

Ich kann nicht mehr warten!   J.

AN MARTHA FLEISCHMANN   [*2. Februar 1919*]
                                                                            [*Zürich*]

Nach langes Erwarten sah ich gestern abend Dein Gesicht, aber so blaß, so müde und so traurig!

Der erste Gruß an diesem Tag kam von Dir – durch die Nacht
Und durch die Nacht der Bitterkeit meiner Seele fielen die Küsse Deiner Lippen über meinen Herz – weich wie Rosenblätter, sanft wie Tau.

›O rosa mistica, ora pro me!‹[1]   J.

Maria Lichtmesse 1919[2]

1 Aus der Lauretanischen Litanei, die allerdings anstelle von ›ora pro me‹ das übliche ›ora pro nobis‹ und ›mystica‹ enthält. Vgl. *Ulysses*, S. 403.
2 Deutsch geschriebener Brief.

AN HARRIET SHAW WEAVER   *20. Juli 1919*
                                                       Universitätsstraße 29, Zürich

Liebe Miss Weaver,

[…] Sie schreiben, daß sich Ihnen in der zuletzt geschickten Episode[1] ein gewisses Abfallen oder eine Art Zersplitterung bemerkbar zu machen scheine. Seit Ihrem Brief habe ich dieses Kapitel noch einige Male gelesen. Ich habe fünf Monate gebraucht, es zu schreiben, und immer wenn ich eine Episode beendet habe, verfalle ich in einen Zustand der Leere und Apathie, aus dem, wie es scheint, weder ich noch dieses elende Buch je wieder herauskommen werden. Mr. Pound schrieb mir ziemlich in Eile abfällig darüber, aber ich glaube, sein abfälliges Urteil ist nicht legitim begründet und hauptsächlich auf die vielseitigen Interessen seines bewundernswerten und tatkräftigen künstlerischen Lebens zurückzuführen. Auch Mr. Brock[2] hat mir geschrieben und mich

156

gebeten, ihm die Methode (oder Methoden) des Wahnsinns zu erklären, aber diese Methoden sind so vielfältig, wechseln von einer Stunde des Tages zur anderen, von einem Organ des Körpers zum anderen, von Episode zu Episode, daß ich mich, so sehr ich seine Geduld als Kritiker schätze, nicht dazu bringen konnte, ihm zu antworten. [...] Wenn man die *Sirenen* so unbefriedigend gefunden hat, habe ich kaum Hoffnnung, daß der *Zyklop* oder später die *Circe*-Episode ein Placet finden werden; im übrigen ist es mir unmöglich, diese Episoden rasch zu schreiben. Die notwendigen Elemente verschmelzen erst, wenn sie lange genug beieinander existiert haben. Ich gebe zu, daß es ein äußerst leidiges Buch ist, aber es ist das einzige Buch, das ich im Augenblick schreiben kann. [...]

Das Wort *scorching* (versehrend) hat für mein abergläubisches Gemüt eine besondere Bedeutung, nicht so sehr wegen irgendeiner Qualität oder eines besonderen Verdienstes des Geschriebenen an sich, sondern deswegen, weil der Entstehungsprozeß des Buches in der Tat wie der Prozeß eines Sandgebläses ist. Sobald ich eine Person darin erwähne oder einbeziehe, höre ich von ihrem Tod oder Weggang oder Unglück: und eine Episode nach der anderen, die sich je einen Bereich der Kunst oder Kultur vornimmt (Rhetorik oder Musik oder Dialektik), läßt hinter sich ein Stück verbrannter Erde zurück. Seit ich die *Sirenen* schrieb, ist es mir unmöglich, Musik, gleich welcher Art, zu hören. [...]

Da Sie es waren, die mein Buch *A Portrait of the Artist as a Young Man* der Öffentlichkeit ›bekanntgemacht‹ haben, wäre ich Ihnen sehr dankbar, wenn Sie das Ms. dieses Buches als Geschenk von mir annähmen. Es ist in Triest, und sobald es die dortigen Umstände erlauben, werde ich es heraussuchen und Ihnen schicken. [...]

1 Die Sirenen-Episode.
2 A. Clutton Brock vom *Times Literary Supplement.*

AN HARRIET SHAW WEAVER   *6. Januar 1920*
                                                          Via Sanità 2, Triest

Liebe Miss Weaver,
[...] Das ›originale‹ Original[1] habe ich vor etwa acht Jahren in einem Wutanfall über den Ärger mit *Dubliners* zerrissen und in den

Ofen geworfen. Die verkohlten Reste des Ms. wurden von einer Familien-Feuerwehr gerettet und in ein altes Laken gewickelt, wo sie Monate blieben. Ich sortierte sie dann aus und stückte sie so gut ich konnte zusammen, und das Ergebnis ist das vorliegende Ms.

Die an die Firma Bemporad geschickten Exemplare des Romans sind angekommen, nicht aber die für die Firma Schimpff.[2] Ich bilde mir ein, daß viele Exemplare hier verkauft werden könnten, nur ist vielleicht der für italienische Käufer so ungünstige Kurs ein Hindernis. Unglücklicherweise habe ich noch immer keine Wohnung gefunden und habe nicht die Ruhe und Freiheit, die ich brauche. Ich arbeite an der *Nausikaa*-Episode. Es ist sehr tröstlich für mich, daß Sie mich für einen Schriftsteller halten, denn jedes Mal, wenn ich mich mit der Feder in der Hand hinsetze, muß ich mich selbst (und andere) erst von dieser Tatsache überzeugen. Immerhin hoffe ich, im Laufe des Januar mit dieser Episode fertigzuwerden. [...]

Ich sage Ihnen nochmals meine guten Wünsche für 1920 und hoffe, mein Buch in diesem Jahr zu beenden.

1 Die erste Fassung von *A Portrait of the Artist as a Young Man,* 1944 postum veröffentlicht als *Stephen Hero* (hrsg. von Theodore Spencer), deutsch *Stephen der Held,* in Band 2 enthalten.
2 Bemporad und Schimpff, Triestiner Buchhandlungen.

AN MRS. WILLIAM MURRAY   *ohne Datum* [?] *Anfang 1920*
                                       Via Sanità 2, Triest

Liebe Tante Josephine,
Ich hoffe, Dir geht es gut und daß die Operation, von der Du geschrieben hast, erfolgreich verlaufen ist. [...] Ich brauche die Information über die Star-of-the-Sea-Church, hat sie Efeu an der Seeseite, stehen in Leahys terrace an der Seite oder in der Nähe Bäume, wenn ja, was für welche, führen Stufen hinunter zum Strand?[1] Ich brauche auch alle Dir bekannten Informationen, Klatsch, Fakten etc. über die Entbindungsanstalt in der Hollis Street.[2] Zwei Kapitel meines Buches kann ich nicht eher zu Ende schreiben, bis ich das weiß, ich wäre Dir also sehr dankbar, wenn Du mir ein paar Stunden Deiner Zeit opfertest und mir einen langen Brief mit diesen Einzelheiten schriebest. Mein Roman ist ins Schwedische übersetzt.[3] Die italienische Übersetzung von *Exiles*

kommt im April heraus.[4] Der amerikanische Zensor verbrannte alle Exemplare der letzten Nummer der *Little Review,* weil sie einen Abdruck aus meinem Buch *Ulysses* brachte.

1 Siehe S. 749. Im Roman ist von Efeu an der Seeseite nichts zu lesen, wohl aber am Turm: ›... von dem mit Efeu bewachsenen Glockenturm...‹ (S. 409).
2 Die Entbindungsanstalt in der Holles Street ist Schauplatz der Handlung der Episode *Rinder des Heloios.*
3 *Ett porträtt av författaren som ung,* übersetzt von Ebba Atterbom, Stockholm, 1921.
4 *Esuli,* übersetzt von Carlo Linati, erschien von April 1920 an in *Il Convegno,* Mailand; in Buchform 1944 in Mailand.

Teil IV
Paris
1920–1939

Paris (1920–1939)

Das Leben in Pola war für Joyce peinlich gewesen, das in Rom ärgerlich, das in Triest merkwürdig, aber unbequem. Nach diesen
Städten war Zürich wenigstens sicher gewesen – und unumgäng-
lich. Das Leben in Paris kam eine Zeitlang einem vergnüglichen
Zustand verdächtig nahe. Bei der in Frankreich allgemein herr-
schenden Begeisterung für den Wandel in der Kunst waren viele
geneigt, ihn freudig zu begrüßen. Außerdem war die Stadt voll
von Expatriierten und Besuchern, einige von ihnen erfreulicher-
weise Iren, und die meisten von ihnen waren durchaus bereit, sich
von originalem schöpferischem Bemühen faszinieren zu lassen.
Joyce, der nach außen hin klagte, hieß im Innern die neue Situation gut. Obwohl er die Öffentlichkeit scheute, fand er doch einige Befriedigung in dem Wissen, daß man sich für ihn interessierte, und darin, daß man sich nach ihm umsah oder seinen Namen flüsterte, wenn er auf seine anmutig-elegante Weise die
Straße hinunterging. Er verschanzte sich hinter einem Schweigen
über literarische Angelegenheiten, einem Schweigen, das bestür-
zende Ausmaße annahm, und hinter einer unverhohlenen Offenheit über seine persönlichen Probleme, nämlich Geld, die Kinder
und seine Gesundheit. So stieß er einerseits seine Umgebung vor
den Kopf und forderte andererseits ihre Anteilnahme heraus.

Es war Pound und Pounds Freunden zu verdanken, daß Joyce
ein Publikum vorfand, das auf ihn vorbereitet war. Man sprach
sofort davon, seine Bücher ins Französische zu übersetzen, *Exiles*
auf der französischen Bühne aufzuführen und Artikel über ihn zu
schreiben. Ein Verehrer überließ ihm mietfrei eine Wohnung für
den Sommer und den Frühherbst, ein anderer gab ihm ein zusätz-
liches Bett und einen Schreibtisch, ein dritter steuerte einen warmen Mantel bei. Heimlich ermutigt, widmete sich Joyce seiner
Aufgabe als Schriftsteller, den *Ulysses* zu beenden, sowie der
praktischen Aufgabe, für eine unter günstigen Vorzeichen zu
veranstaltende Veröffentlichung zu sorgen. Alle Versuche, einen
Verleger in England oder den Vereinigten Staaten zu finden, waren vergeblich, seine Begegnung mit Sylvia Beach aber, die am
11. Juli 1920, drei Tage nach seiner Ankunft in Paris, stattfand,
führte am Ende zu einer Lösung. Miss Beach, eine Amerikanerin,
bot ihm im April 1921 schüchtern an, *Ulysses* unter dem Impres-

sum ihrer Pariser Buchhandlung, Shakespeare and Company, selbst zu veröffentlichen. Joyce willigte sofort ein.

Miss Beach fand die Hilfe ihrer Freundin, Adrienne Monnier, deren Buchhandlung, die Maison des Amis des Livres, sich gegenüber der ihren auf der rue de l'Odéon befand. Über ein Jahr lang führten sie eine literarische Kampagne für Joyce, bis *Ulysses* in Druck gehen konnte. Sie sicherten sich die Unterstützung von praktisch jedem, der in ihren Läden auftauchte, besonders von Valery Larbaud, der bereits als Schriftsteller, Übersetzer und feinfühliger und talentierter Kritiker einen guten Namen hatte. Am 7. Dezember 1921, zwei Monate vor dem Erscheinen, hielt Larbaud in Mlle. Monniers Buchhandlung einen öffentlichen Vortrag über *Ulysses,* und auf seine kenntnisreiche Einführung hin traf bei Shakespeare and Company eine Flut von Subskriptionen ein.

Ulysses erschien schließlich an Joyces vierzigstem Geburtstag, dem 2. Februar 1922. Dieses Ereignis regte ihn sehr auf, gleichzeitig aber lag ihm daran, daß die Aufnahme seines Buches in England und den Vereinigten Staaten unter keinen Umständen durch die Veröffentlichung in Paris verzögert werden sollte. Er hatte zuerst den Verdacht, die Kritiker hätten sich zu einem Boykott gegen ihn verschworen; als Artikel zu erscheinen begannen, verfolgte er sie mit nervöser Gespanntheit, schrieb den Kritikern Dankesbriefe, dachte sich manche List aus, um das öffentliche Interesse an seinem Buch wach zu halten, beschwatzte seine Freunde und plagte Bekannte, ihm zu helfen. Die Größe des *Ulysses* hätte sich ganz von selbst erwiesen, aber Joyce fühlte sich gezwungen, die Anerkennung, wann immer und wo immer er es konnte, zu beschleunigen.

Während dieser Zeit blieben seine häuslichen Verhältnisse ungeordnet. Nachdem er aus der Wohnung, die ihm bis November 1920 überlassen worden war, ausgezogen war, ließ er sich ohne festen Entschluß von einem Notbehelf zum anderen treiben, als scheute er davor zurück, sich auf eine dauerhafte Regelung einzulassen. Das unstete Leben rieb Nora Joyce mehr und mehr auf, und ihr Interesse am *Ulysses* war zu gering, als daß sie ihn gelesen hätte. Gegen den Willen ihres Mannes nahm sie am 1. April 1922 ihre Kinder mit nach Galway, um ihre Familie zu besuchen. Der Zeitpunkt war ungünstig, denn im Westen Irlands war der Bürgerkrieg voll im Gange; sie mußten sofort abreisen und nach Paris zurückkehren. Dieser Vorfall machte Joyce noch abhängiger von der Loyalität seiner Frau, als er es in der Vergangenheit schon gewesen war, und er sah sich belohnt, als sie wenige Monate darauf entgegenkommenderweise sich bereit erklärte, etwas von *Ulysses* zu lesen. Sein Verhältnis zu Nora war auch in der Zukunft oft gespannt, aber sie dachte nie wieder ernsthaft daran, ihn zu verlassen. Die beiden gingen sogar so weit, sich am 4. Juli 1931 in London gesetzlich trauen zu lassen, wenn dieser Akt auch hauptsächlich deswegen vollzogen wurde, um seiner Familie die Rechte an seinem Eigentum zu sichern.

Das Thema des Buches, das folgen sollte, hatte wahrscheinlich schon vor Beendigung des *Ulysses* in ihm Gestalt angenommen, denn fast als erstes sortierte er die übriggebliebenen, nicht in dem früheren Buch verwendeten Notizen aus. Am 10. März 1923, einen Monat, nachdem er damit fertig war, begann er *Finnegans Wake* zu schreiben. Den Titel vertraute er außer seiner Frau niemandem sonst an; er bezog sich sowohl auf den Mörtelträger der Ballade ›Finnegan's Wake‹, der bei seiner Totenwache auf wunderbare Weise durch Whisky wieder zum Leben erweckt wurde, wie auf die zähe, vegetabilische Wiederkehr des menschlichen Lebens und menschlicher Vergehen. Das Buch sollte in sich die Affirmation des Lebens, die Joyce stets als die zentrale Funktion der Literatur definiert hatte, mit dem skeptischen Zweifel an gewissen Formen dieses Lebens vereinen, der ihm immer selbstverständlich gewesen war. Es sollte wechselnd lyrisch und kampflustig oder satirisch und immer komisch sein. Um eine fix und fertige, lineare Handlung zu vermeiden und zu transzendieren, sollte das Buch sich auf einer Theorie von der zyklischen Wiederkehr gründen, die davon ausging, daß jede Einzelheit, ob Person oder Ereignis, in ihrem Wesen typisch sei.

Joyce muß von Anfang an gewußt haben, daß sich sein neues Buch nicht leicht lesen würde, denn er beabsichtigte damit eine Darstellung der Nachtseite des menschlichen Lebens zu geben, wie *Ulysses* eine Darstellung des Tages gewesen war. Er wollte die Technik des Traums verwenden, da in Träumen alle Zeitalter eins werden, der Versuch zu verheimlichen nicht zu überzeugen vermag und soziale und konventionelle Schranken fallen. ›Hellwache Sprache‹ und ›trockennüchterne‹ Grammatik würden ihm nicht genügen; um die Nacht zutreffend darstellen zu können, meinte Joyce, unter die Ebene der bewußt gewählten, etablierten

Worte ins Zeughaus der Sprache hinabsteigen zu müssen. Er entschied sich für das oft vielsprachige Wortspiel, als einer Sprachmischung, in der sich das nächtliche Ineinander des Besonderen und des Typischen, des Ringens um Ausdruck und der Formen der Rede ausdrücken konnten. Wie in seinen anderen Büchern sollte eine Familie die Keimzelle menschlichen Zusammenlebens in den Mittelpunkt gerückt werden, und der Strom der Geschichte sollte sich zeitweilig mit dem Leben der Earwicker-Familie in dem Dubliner Vorort Chapelizod verschmelzen.

Der Gestaltung von *Finnegans Wake* stellten sich hauptsächlich zwei Hindernisse entgegen. Das erste war Joyces Augenleiden, das ihm nach seiner Ankunft in Paris wieder zuzusetzen begann. Er litt an einer schmerzhaften Entzündung der Regenbogenhaut, und seine Sehkraft war durch den sich ständig neu bildenden grauen Star getrübt. Mit dem Ergebnis, daß er sich nach der einen Augenoperation in Zürich zehn weiteren Operationen unterziehen mußte. Sie fanden statt am 3., 15. (?) und 28. April 1923, am 10. Juni 1924, 29. November 1924, 15. (?) April 1925, 8. Dezember 1925, 12. Dezember 1925, Juni 1926 und am 15. Mai 1930. Die letzte, die einzige, die der Zürcher Professor Alfred Vogt durchführte, erwies sich als einigermaßen erfolgreich; aber Joyce erlitt weiter heftige Augenattacken und war nie frei von der Angst vor möglichen weiteren Operationen in der Zukunft.

Was ihn zweitens sehr belastete, war die Reaktion seiner Freunde auf *Finnegans Wake*. Einige Teile des Buches entstanden ohne besondere Schwierigkeiten und wurden in vorläufiger Form in Zeitschriften veröffentlicht. In Ford Madox Fords *transatlantic review* (April 1924), T. S. Eliots *Criterion* (Juli 1925), Adrienne Monniers *Navire d'argent* (Oktober 1925), Ernest Walshs *This Quarter* (Herbst/Winter 1925–1926) und in Eugene und Maria Jolas' *transition* (April 1927–April/Mai 1938). Als erste Teile erschienen waren, warteten Joyces Freunde noch mit Geduld auf die Klarheit, die sich einstellen würde. Als sich aber zeigte, daß das Buch durchgehend in ›Nicht-Sprache‹ geschrieben war, wechselten sie fragende Blicke und begannen allmählich ihre Zweifel auch Joyce selbst gegenüber auszudrücken. Sein Bruder verwarf das ›sabbernde Gefasel‹ bereits 1924, Ezra Pound schrieb am 1. November 1926, er könnte mit dem neuen Werk nichts anfangen, Miss Weaver fragte in einem Brief vom

4. Februar 1927, ob er nicht im Begriff sei, seine genialen Fähigkeiten zu vergeuden, Wyndham Lewis veröffentlichte im gleichen Jahr einen Angriff auf alles, was Joyce geschrieben hatte.

Joyce war das alles nicht so gleichgültig, wie sich denken ließe; er schrieb gekränkte Briefe, in denen er um Ermutigung bat, und machte sich, mit mehr Energie, auf die Suche nach neuen Anhängern. In seine Fabel ›The Ondt and the Gracehoper‹, später *Finnegans Wake*, S. 414–19, baute er eine Verteidigung seines Buches gegen Lewis ein; er zog Pounds Urteil in anderen literarischen Dingen heran, um auf verschiedene offenkundige Geschmacksverirrungen hinzuweisen; er erläuterte Miss Weaver sowohl brieflich wie persönlich seine Methode und sein Ziel; er veröffentlichte am 7. Juli 1927 *Pomes Penyeach,* eine Sammlung seiner jüngeren Gedichte, als Beweis dafür, daß er, wenn er wolle, grammatikalisch normal sein konnte. Im Mai 1929 veröffentlichte eine von ihm dirigierte Gruppe von Freunden eine Verteidigungsschrift mit dem gespielt bescheidenen, gleichwohl prätentiösen Titel *Our Exagmination round his Factification for Incamination of Work in Progress.* Im Juli desselben Jahres schlug er James Stephens, Dubliner wie er, vor, er möge das Buch für ihn zu Ende schreiben, aber Stephens ließ sich die taktvolle Antwort einfallen, er sei wohl bereit, es zu versuchen, für ihn aber stehe fest, daß Joyce das Buch selbst beenden werde. Er fügte hinzu, *Anna Livia Plurabelle,* das 1928 in Buchform erschienen war, sei ›die größte Prosa, die je von einem Menschen geschrieben wurde‹.

Das Ergebnis dieses Hin und Hers war, daß der Joyce-Kreis sich neu gruppierte. Sein Verhältnis zu Miss Weaver war am wenigsten belastet; aber zu Pound hatte er jetzt nur noch eine höfliche Beziehung, und zwischen Lewis und ihm herrschte gegenseitiges Mißtrauen. Selbst Sylvia Beachs literarische Loyalität scheint heimlich nachgelassen zu haben. Eine neue Gruppe von Freunden, aufgeschlossener für Erneuerung, brachte ihm uneingeschränktere Ergebenheit entgegen; das waren Eugene und Maria Jolas, Paul und Lucy Léon, Stuart und Moune Gilbert, Samuel Beckett, Louis Gillet, Nino Frank und andere, die zeitweilig dazu gehörten.

In einem Anflug von Selbstmitleid ließ Joyce seine eigenen Angelegenheiten auf sich beruhen und nahm sich der Sache des irisch-französischen Opernsängers John Sullivan an, dessen gewaltige Tenorstimme ihn in Staunen versetzt hatte, dem es aber versagt schien, sich seinem Talent entsprechende Engagements zu sichern, so daß Joyce in ihm einen Schicksalsgenossen sehen konnte. Er war überzeugt, daß sowohl Sullivan wie er selbst einer wohlorganisierten Cliquenwirtschaft gegenüberstanden, und setzte sich fanatisch dafür ein, Sullivan die gebührende Anerkennung zu verschaffen. Diese Kampagne begann im November 1929 und ließ erst Ende 1931 allmählich nach. Es wurde Joyce langsam klar, was Sullivan bereits wußte, daß die Stimme einiges an Qualität verloren hatte; aber hartnäckig fuhr Joyce fort, das Interesse an seinem Freund wachzuhalten.

Einige unerwartete Ereignisse in seiner Familie brachten ihn schließlich von seinem ›Sullivanisieren‹ ab. Als erstes die Hochzeit seines Sohnes George mit Helen Kastor Fleischman, die am 10. Dezember 1931 stattfand. Am 29. Dezember 1931 starb sein Vater in Dublin. Die große Trauer, die Joyce darüber empfand, wurde indes etwas durch die Geburt seines Enkels Stephen James Joyce am 15. Februar 1932 aufgewogen. Die größte Sorge aber innerhalb der Familie bereitete ihm seine Tochter Lucia, an der sich 1932 Anzeichen einer Schizophrenie bemerkbar machten, die vermutlich schon in ihren Mädchenjahren begonnen hatte, von ihren Eltern aber als kindliche Exzentrizität abgetan worden war. Die folgenden sieben Jahre seines Lebens waren von dem verzweifelten, aber unglücklicherweise vergeblichen Bemühen erfüllt, ihr durch alle erdenklichen medizinischen Mittel wie auch durch Methoden, die er sich selbst ausgedacht hatte, Heilung zu bringen. Er fühlte sich in einem gewissen Sinne schuldig an ihrem Zustand und weigerte sich, auf irgendwelche Diagnosen zu hören, die keine Hoffnung versprachen. Sie schien ihm geistig ähnlich veranlagt wie er selbst, und in dem, was sie schrieb, und in ihren Zeichnungen suchte er Beweise für ein noch unentdecktes Talent zu finden. Lucia war, zuweilen länger, zuweilen auf kürzere Zeit, in Sanatorien und Heilanstalten und kehrte zwischendrin zu ihren Eltern zurück, bis es auf Grund eines weiteren Vorfalls wieder notwendig wurde, sie erneut zu internieren. Joyce bewog Ärzte, sie mit Hormonen zu behandeln, andere, ihr Seewasser zu injizieren, und wieder andere, sie psychotherapeutisch zu behandeln; er schickte sie auf Besuch zu Freunden in die Schweiz, nach England und selbst nach Irland. Die 1935 unternommene Reise nach Irland war von verheerender Wirkung:

statt einer Besserung trat eine Verschlimmerung ein. Als nächstes gab er sie in England Miss Weaver und einer Krankenschwester in Obhut, und ein Arzt versuchte es dort mit einer neuen Heilmethode; als auch das fehlschlug, holte er sie nach Frankreich, wo sie bei Mrs. Jolas lebte; am Ende aber ließ selbst Joyce es zu, daß sie in eine *maison de santé* in der Nähe von Paris gebracht wurde. Dort besuchte er sie beständig, schrieb ihr Briefe, weigerte sich, die Hoffnung auf Besserung aufzugeben. Einige seiner Freunde meinten, er übertreibe seine Sorge um sie, aber sein Familiengefühl war immer sehr ausgeprägt gewesen, und jetzt kam es voll und uneingeschränkt zum Ausdruck.

Während der dreißiger Jahre kam Joyce mit *Finnegans Wake* nur ruckweise voran. Das Buch war ihm in seinen Umrissen klar, aber die Zwischenverbindungen mußten in Worte gefaßt werden, das neue sprachliche Medium mußte in sich verdichtet und aus einem Stück sein, und einige Kapitel waren noch zu schreiben. 1938 endlich, nach sechzehn Jahren, war es beendet und am 4. Mai 1939 erschien es.

Die Aufnahme, die *Finnegans Wake* fand, befriedigte ihn nicht, und als im September der Krieg erklärt wurde, sah er darin ein Ereignis, durch das sein Buch verdrängt werden und in Vergessenheit geraten könnte. Die Sorge um Lucia lebte erneut auf, als sie gemeinsam mit den anderen Insassen der *maison de santé* in eine sicherere Gegend nach Pornichet bei La Baule gebracht werden mußte. Joyce und seine Frau fuhren im September 1939 dorthin, um die Transferierung zu überwachen. Als sie im Oktober nach Paris zurückkehrten, erfuhren sie, daß Georges Frau einen Nervenzusammenbruch erlitten hatte. Sie sahen sich gezwungen, sich um Stephen Joyce zu kümmern, und schickten ihn auf Mrs. Jolas' Ecole Bilingue, die von Neuilly in das Dorf Saint-Gérand-le-Puy bei Vichy im späteren unbesetzten Frankreich verlegt worden war. Joyce und seine Frau entschlossen sich, ihrem Enkel forthin zu folgen. Nach neunzehn Jahren Paris verließen sie die Stadt und kamen am 24. Dezember 1939 in S. Gérand an. Ihre Angelegenheiten waren hoffnungslos durcheinander.

Liebe Miss Weaver,

Ich bin hier vor drei Tagen mit meiner Familie angekommen. Ich habe vor, drei Monate hierzubleiben, um das letzte Abenteuer, *Circe,* in Frieden (?) zu schreiben, und auch die erste Episode des letzten Teils. Zu diesem Zweck habe ich meine überarbeiteten Notizen und Ms. und auch einen Auszug aus Zusätzen für die erste Hälfte des Buches mitgebracht, für den Fall, daß es während meines Aufenthaltes hier gesetzt werden sollte. Das Buch enthält (leider) eine Episode mehr, als Sie in Ihrem letzten Brief vermuten. Ich bin es reichlich leid, und alle anderen sind es auch.

Mr. Pound schrieb mir so dringend von Sirmione (Gardasee), daß ich trotz meiner Angst vor Gewittern und meiner Abneigung gegen das Reisen hingefahren bin und meinen Sohn als Blitzableiter mitgenommen habe. Ich blieb zwei Tage da, und nachdem ich meine Lage allgemein erklärt und meine Wünsche geäußert hatte, kamen wir überein, daß ich ihm nach Paris folgen sollte. Ich kehrte nach Triest zurück, aber ich glaubte nicht, daß es mir gelingen würde, meine Familienkarawane von dort wegzukutschieren – oder, falls mir das gelingen sollte, je Paris zu erreichen. Aus diesem Grunde hielt ich es für besser, zu warten, bevor ich an Sie schriebe, und ich habe außerdem seit meiner Ankunft einige Tage verstreichen lassen, weil auch dann noch keineswegs feststand, ob ich hier Zimmer finden würde. Diese sind aber jetzt gefunden, und meine Adresse wird, wie es scheint, rue de l'Assomption 5, Passy, Paris, sein. Aber ich wohne noch nicht dort, würden Sie also bitte Briefe an mich noch einige Tage länger c/o Mr. Ezra Pound, Hôtel de l'Elysée, rue de Beaune 9, Paris, schicken?

Ich hoffe, Sie haben *Rinder des Helios* richtig erhalten, das Ihnen Mr. Pound von Italien aus geschickt hat. Mr. Froment Fels, Herausgeber von *L'Action,* möchte in der nächsten Nummer mit dem Vorabdruck der französischen Übersetzung[1] beginnen (sie soll von Mme Ludmilla Savitsky[2] gemacht werden, die in der letzten Ausgabe der *Anglo-French Review* einen Aufsatz über Mr. Aldington veröffentlicht hat), vorangestellt werden soll eine Übersetzung von Mr. Pounds Aufsatz über mich aus seinem letzten Buch *Instigations.*[3] Er will auch einen Vertrag über die Buchveröffentlichung des Romans, wenn der Serienabdruck beendet ist, abschließen. Sie erinnern sich vielleicht, daß er mir darüber vor anderthalb Jahren nach Zürich schrieb. Mr. Lugné Poë[4], früher Direktor des *Odéon* und jetzt des *Théâtre de l'Œuvre*, hat *Exiles*, um es für eine Aufführung zu prüfen. Einen Übersetzer hierfür hat man auch schon gefunden, und einen Verleger, glaube ich, auch. Ich wäre Ihnen sehr dankbar, wenn Sie mir ein Exemplar von *Exiles* für den Übersetzer schicken und den Betrag über mein Konto verrechnen wollten. Auch würde ich, wenn es nicht zu viel Mühe macht, gern drei Exemplare des *Egoist* vom 18. Januar 1913[5] haben, der Nummer mit der Publikationsgeschichte der *Dubliners,* da jemand hier die Absicht hatte oder hat, einige der Erzählungen zu übersetzen.

Ich hoffe, daß bei alledem etwas Greifbares herauskommt. Es ist alles dem Einsatz von Mr. Pound zu verdanken.

Ebenso hoffe ich, das zwölfte Abenteuer[6] in Ruhe beendigen zu können. Wie seine Vorgänger stellt es mich vor große technische Schwierigkeiten und den Leser vor Schlimmeres. Ein großer Teil des Schlusses oder Nostos wurde vor mehreren Jahren geschrieben und der Stil ist recht einfach. Das ganze Buch wird hoffentlich (falls ich im Oktober vorübergehend oder zeitweilig nach Triest zurückkehren kann) etwa im Dezember fertig sein, wonach ich sechs Monate schlafen werde.

1 *A Portrait of the Artist.*
2 Mme Ludmilla Bloch-Savitsky (1881–1957), die *A Portrait of the Artist* übersetzte (*Dedalus,* Paris 1924) und Joyce eine Wohnung in der rue de l'Assomption 5 überließ, wo er vom 15. Juli bis zum 1. November blieb.
3 Ezra Pound, ›James Joyce‹, aus *The Future* (Mai 1918); erschien 1920 in seinem Buch *Instigations* (New York).
4 Aurélien-Marie Lugné-Poë (1869–1940), französischer Schauspieler und Theaterunternehmer, gründete 1893 das Théâtre de l'Œuvre in Paris.
5 Gemeint ist die Nummer vom 15. Januar 1914, die ›Eine merkwürdige Geschichte‹ enthielt (*Briefe I,* S. 551).
6 Die *Circe*-Episode.

AN CARLO LINATI[1]   *6. September 1920*
                                   rue de l'Assomption 5, Passy, Paris
Sehr geehrter Mr. Linati,
Dank für den *Convegno.* Ich hatte auch von Dr. Ferrieri[2] einen Brief und schrieb an meinen Freund, den Lyriker Rodker, Herausgeber der *Little Review* (einige seiner Gedichte lege ich bei, da sie vielleicht für die Zeitschrift *Poesia* geeignet sind), und hoffe,

daß er den gewünschten Aufsatz schreiben wird. Ich werde an Dr. Ferrieri erst schreiben, wenn ich Ihre Antwort habe. Pound scheint mit dem ihm geschickten Essay äußerst zufrieden zu sein. Ich arbeite wie ein Galeerensklave, ein Packesel, ein Vieh. Ich kann nicht mal mehr schlafen. Die *Circe*-Episode hat auch mich in ein Tier verwandelt. Zum Glück hatte der Held nicht mehr als zwölf Abenteuer. Schreiben Sie mir, wenn Sie von einem unternehmungslustigen Theatermann hören.

1 Im Original italienisch.
2 Enzo Ferrieri (geb. 1897), Theaterdirektor und Kritiker, der die Zeitschrift *Il Convegno* (Mailand) 1914 gründete und bis 1940 leitete.

AN CARLO LINATI[1]   *21. September 1920*
                                          rue de l'Assomption 5, Paris XVI

Sehr geehrter Mr. Linati,
Im Zusammenhang mit Mr. Dessys Vorschlag halte ich es in Anbetracht des enormen Umfangs und der mehr als enormen Komplexität meines dreifach vermaledeiten Romans für besser, Ihnen eine Art Zusammenfassung – Schlüssel – Gerippe – Schema zu schicken (nur zu Ihrem persönlichen Gebrauch). Vielleicht wird Ihnen das, was mir vorschwebt, klarer, wenn Sie den Text haben. Schreiben Sie sonst an Rodker und bitten Sie ihn um die anderen Texte. Ich habe in meinem Schema nur Stichworte angegeben, aber ich glaube, Sie werden es trotzdem verstehen.[2] Es ist ein Epos zweier Rassen (Israeliten–Iren) und gleichzeitig der Zyklus des menschlichen Körpers ebenso wie die *storiella* eines Tages (Leben). Der Charakter des Odysseus hat mich schon immer fasziniert – schon als Jungen. Stellen Sie sich vor, schon vor fünfzehn Jahren begann ich es als Kurzgeschichte für *Dubliners* zu schreiben! Sieben Jahre habe ich an diesem Buch gearbeitet – zum Teufel damit! Es ist ferner eine Art Enzyklopädie. Meine Absicht ist, den Mythos *sub specie temporis nostri* zu transponieren. Jedes Abenteuer (das heißt, jede Stunde, jedes Organ, jede Kunst, die im Strukturplan des Ganzen untereinander verbunden und in Beziehung gesetzt sind) sollte die ihm eigene Technik nicht nur konditionieren, sondern sie auch aus sich selbst heraus erschaffen. Jedes Abenteuer ist sozusagen eine Person, obwohl es sich aus mehreren Personen zusammensetzt – wie Thomas von Aquin es

172

von den himmlischen Heerscharen berichtet. Es fand sich kein englischer Drucker, der auch nur ein Wort davon gedruckt hätte. In Amerika wurde die Zeitschrift viermal verboten. Wie ich höre, wird jetzt eine große Aktion gegen die Veröffentlichung vorbereitet, angezettelt von Puritanern, englischen Imperialisten, irischen Republikanern, Katholiken – welche Allianz! Gott, man sollte mir den Friedens-Nobelpreis geben!

Gut, schreiben Sie, wenn Sie es für richtig halten, zuerst den geplanten Aufsatz. Dann suchen Sie sich ein Kapitel heraus, das nicht zu sehr von Schwierigkeiten strotzt, und ein Teil davon könnte in der folgenden Nummer erscheinen.

Ein Mißgeschick hat offenbar Madame *Circe* aufgehalten. Am 29. Juni schickte ich von Triest aus eine Kiste mit Büchern etc. für meine Arbeit hierher nach Paris. Sie ist nie angekommen! Ich telegraphierte, schrieb und schrieb wieder. Nichts. Trotzdem, ich komme voran.

P.S. Himmel, was für scheußliches Papier habe ich für das Schema genommen – das paßt wirklich genau zu dem grauenhaften Buch! Bitte, schicken Sie es mir der Familienehre zuliebe zurück!

1 Im Original italienisch.
2 Das ›Schema‹ von *Ulysses* findet sich in der Studie von Stuart Gilbert *Das Rätsel Ulysses* (Frankfurt 1969), S. 26–27; die italienisch geschriebene schematische Übersicht über den Roman, die Joyce an Linati schickte, ist auf dem Schutzblatt des Katalogs *James Joyce's Manuscripts & Letters at the University of Buffalo* von Peter Spielberg (Buffalo 1962) in Faksimile wiedergegeben.

AN FRANK BUDGEN   *Ende Februar 1921*
                                    Boulevard Raspail 5, Paris
Lieber Budgen,
Vor allem anderen meine herzlichen Glückwünsche zu Ihrem Geburtstag[1] und dann meine Grüße an Mr. und Mrs. Sargent, bei denen Sie mich bitte dafür entschuldigen, daß ich nicht den Empfang des Buches bestätigte, das sie mir schickten. Was für eine Zeit! Eine Miete (£ 300), die mich ständig in Trab hält – ich laufe herum und verpfände mein Einkommen im voraus. Bin dazu jede Nacht bis 3 oder sogar länger auf und schreibe. *Circe* ist lange fer-

tig, *Eumäus* auch, und ich schreibe an *Ithaka*. Ich habe furchtbare Scherereien wegen einer Stenotypistin. Vier lehnten es ab, *Circe* abzuschreiben, schließlich sprang 1 Bewunderer(in) ein. Sie fing an, aber als sie 100 S. geschrieben hatte, bekam ihr Vater einen Anfall auf der Straße (eine circeische Episode), und jetzt wird mein Ms. von jemandem sauber mit der Hand abgeschrieben, der es an jemand anders gibt, der es zum Abtippen weiterschickt. *Eumäus* habe ich einer dritten Stenotypistin geschickt. Ein hysterischer Brief von der Übersetzerin des *Portrait*. Kein Wort, keine Silbe eines Wortes von Pound. […] Ich habe einen Brief von einem Mr. Valery Larbaud bekommen (französischer Übersetzer von S. Butler und Romancier)[2], schreibt, er hätte *Ulysses* gelesen und wäre davon total verrückt geworden, Bloom sei unsterblich wie Falstaff (nur daß er einige Jahre älter wird – der Herausgeber) und das Buch sei großartig wie Rabelais (Merde du bon Dieu et foutre de nom de nom! – Kommentar von Monsieur François). Ich werde beide Kapitel so bald wie möglich schicken. […]

Ich habe furchtbare neuralgische Anfälle. Sargent sagte mir, Sie hätten rheumatisches Reißen. Hüten Sie sich davor. Es sollten entscheidende Anstrengungen unternommen werden, um die Situation generell zu rektifizieren, hinwiederum kann ich nichts anderes tun, als mich wie ein Sklave mit dem verfluchten Bloom herumzuplacken.

Ich schreibe *Ithaka* in Form eines mathematischen Katechismus. Alle Ereignisse werden aufgelöst in ihre kosmischen, physikalischen, psychischen, etc. Entsprechungen, z.B. Blooms Sprung in den Unterhof, das Wasserzapfen aus dem Hahn, das Urinieren im Garten, der Weihrauchkegel, angezündete Kerze und Gipsfigur, so daß der Leser nicht nur alles erfährt, und zwar auf die nüchternste, nackteste Weise, sondern daß auch Bloom und Stephen dadurch zu Himmelskörpern werden, zu Wanderern wie die Sterne, zu denen sie aufschauen.

Das letzte Wort (menschlich, allzu menschlich) bleibt Penelope überlassen. Dies ist die unentbehrliche Gegenzeichnung auf Blooms Paß in die Ewigkeit. Ich meine die letzte Episode, *Penelope*.

Und nun, lieber Freund, da ich um die achtundzwanzig Tage älter bin als Sie, nehme ich mir die Freiheit, vorzuschlagen, daß der Narrenexistenz, die wir beide führen, ein Ende gemacht werde. Meine ist noch absurder als die Ihre. Lassen Sie mich wissen, was

Sie präzise treiben und ob Sie gut vorankommen, ob Sie irgend etwas verkauft haben oder in Seife reisen. O, mein prophetisches Gemüt, da ich Odysseus Seife in die Tasche steckte.[3] Ich packe diesem Seemann in *Eumäus*[4] alle möglichen Lügen in den Mund, die Sie zum Lachen bringen werden.

Ich dachte einmal, das Abschlachten der Freier sei unodysseushaft. In meiner augenblicklichen Geistesverfassung bin ich zu einem anderen Schluß gekommen.

Schluß. Prosit![5] Und bis zu unserem nächsten Treffen mit Gesang und Tanz wie 1919 verdammich teuersten Gedenkens.

ad multos annos!

P.S. Wenn Sie oder Sargent irgendein Handbuch der Freimaurerei[6] *billig* auftreiben könnten oder irgendein zerfetztes, dreckiges, verschmiertes, zerrissenes, beflecktes, unleserliches, eselsohriges, einbandloses, undatiertes, anonymes schlechtgedrucktes Buch über Mathematik oder Algebra oder Trig. oder Eucl.[7] von einem Karren für 1 d oder höchstens 2¼ d tant mieux.

1 Am 1. März (1882).
2 Valery Larbaud (1881–1957).
3 Die Seife, die Leopold Bloom kauft und in seinen Taschen mitführt, spielt eine Rolle im *Ulysses*.
4 In der *Eumäus*-Episode tritt ein Seemann auf, der abenteuerliche Geschichten zum besten gibt; Joyce hat ihn zu einem Teil, wie er sagte, auch Frank Budgen nachgebildet.
5 Deutsch im Original.
6 Joyce fügte der *Circe*-Episode dann noch Anspielungen auf das Ritual der Freimaurer bei (sie wurden von Ulrich Schneider im *James Joyce Quartlery,* Jg. V, No. 4, Sommer 1968, zusammengestellt).
7 Euklids *Elemente,* damals noch immer das geläufige Geometrie-Lehrbuch an englischen und irischen Schulen.

AN HARRIET SHAW WEAVER   *10. April 1921*
                             Boulevard Raspail 5, Paris VII

Liebe Miss Weaver,
Am Samstag abend erhielt ich von Mrs. Harrison ein Paket mit dem Rest des Ms. von *Circe.* Ihre Geschichte scheint gestimmt zu haben – zum Glück für mein Seelenheil. Nur einige Seiten, die sie auf ihrem Tisch liegengelassen hatte, sind vernichtet worden. Ich muß die Notizen zu der Szene noch einmal durchgehen und sie

neu formen, was nicht so einfach ist, da ich seitdem das Ende der *Eumäus*-Episode und ein Gutteil von *Ithaka* geschrieben habe. Es ist alles sehr ärgerlich, aber ich war doch erleichtert, als das Paket nach vierundzwanzig Stunden der Ungewißheit kam.

Nach Erhalt des Briefes von Mr. Huebsch, den Sie mir zuschickten, habe ich an Mr. Quinn gekabelt, er solle das gesamte Typoskript des *Ulysses* zurückziehen. [...] Am nächsten Tag habe ich eine Veröffentlichung hier in Paris in die Wege geleitet, die anstelle der amerikanischen Ausgabe erscheinen soll – oder vielmehr, ich habe auf Anraten von Mr. Larbaud das Angebot einer hiesigen Buchhandlung, *Shakespeare and Co.*[1], akzeptiert.

Es ist geplant, das Buch (vollständig) hier im Oktober wie folgt zu veröffentlichen:

100 Exemplare auf holländisch Bütten für	350 frs
	(signiert)
150 Exemplare auf vergé d'arches für	250 frs
750 Exemplare auf Leinenpapier für	150 frs

das heißt, 1000 Exemplare, zu denen 20 für Presse und Bibliotheken hinzukommen. Ein Prospekt mit der Einladung zur Subskription wird in der nächsten Woche verschickt. Viele sind, wie ich höre, hier in den Buchhandlungen bereits vorbestellt. Man bietet mir 66 % des Nettogewinns. Heute habe ich dem Drucker die ersten Seiten übergeben und werde am Samstag Probeabzüge und Kostenvoranschlag erhalten. Mit dem Druck wird dann sofort begonnen, wenn die Zahl der Bestellungen annähernd die Druckkosten deckt. [...]

Dies betrifft nicht die englische Ausgabe, aber ich denke, es wäre von Vorteil für Sie, wenn man die mit der Pariser Ausgabe verschmölze. Sie würden sonst endlose Schwierigkeiten haben und natürlich wenig oder keine Unterstützung von literarischer Seite, von Presse oder Publikum, die es hingegen wiederum, wie es mit dem *Portrait of the Artist* der Fall war, nach ein paar Jahren pflichtgemäß als *fait accompli* hinnehmen werden. Was den Verkauf an amerikanische Interessenten angeht – viele Amerikaner kommen hier durch und wahrscheinlich werden sie hier allmählich eine feste Kolonie bilden. Nach sieben Jahren harter Mühen und in meinem augenblicklichen, zerrütteten Nervenzustand kann ich es mir nicht leisten, mit Mr. Quinn und Mr. Huebsch in Korrespondenz zu treten – von Dr. Collins, der mir weder geschrieben noch gekabelt hat, ganz zu schweigen. [...]

Ich bin selbst erstaunt, daß ich es fertig gebracht habe, so viel zu schreiben. Das Ende aber ist, was mich persönlich betrifft, daß ich bei dem Versuch, meine Füße hier auf dem Boden zu behalten, in einen Zustand der Nervosität geraten bin, wie er schlimmer kaum vorstellbar ist. Mr. Larbaud will den Sommer in England verbringen und hat mir seine hiesige Wohnung zur Verfügung gestellt, in der Zwischenzeit aber brauche ich dringend einen Vorschuß auf das Buch, wie Mr. Quinn es vorschlug, und ich bin in einen derartigen Engpaß geraten, daß ich gezwungen bin, diesen Brief zu schreiben und ihn sogar per Luftpost zu schicken, da ich befürchte, daß er sich wegen des Eisenbahnstreiks verzögern könnte. Wenn Sie eine Möglichkeit sehen, wie eine solche Teilabmachung bis zur Klärung der Angelegenheit durch Korrespondenz – ich meine oder schlage vor: mit *Shakespeare and Co.* – sofort in die Wege geleitet werden könnte, wäre ich unendlich erleichtert. Natürlich würde ich in dem Vertrag bestätigen, daß der Vorschuß oder die Vorschüsse auf die Honorare zu verrechnen sind. Vielleicht würde eine Art Garantie auf Grund des Verkaufs oder der Bestellungen in England genügen. Die Leute haben viel Enthusiasmus und sind hier in literarischen Kreisen gut eingeführt. Die Hauptsache ist für mich, daß ich das Buch endgültig übergebe und aus den Augen bekomme, damit ich das letzte (und stürmischste) Kap umfahren kann. Ich hatte immerhin keine andere Wahl, als entweder die beängstigende Last dieser Bleibe auf mich zu nehmen oder die Arbeit unbeendet aufgeben zu müssen. Ich habe sie praktisch beendet, denn in den Monaten bis September kann ich die letzten beiden Episoden bequem schreiben.

Dank für Mr. Aldingtons[2] Aufsatz. In der *Revue de Genève* ist, wie ich höre, ebenfalls ein Artikel über *Ulysses,* und dann der von Mr. Larbaud in der *Revue de France.* Ich werde Ihnen die beiden Episoden morgen oder übermorgen schicken, wenn der Schluß von *Circe* getippt ist.

1 Als Sylvia Beach von Joyces Schwierigkeiten bei der Publikation seines Buches hörte, bot sie ihm an, *Ulysses* selbst unter dem Impressum ihrer Buchhandlung in Frankreich zu verlegen.
2 ›The Influence of Mr. James Joyce‹ in der *English Review* XXXII. April 1921.

Liebe Miss Weaver,

[...] Es ließe sich eine hübsche Sammlung von Legenden über mich zusammenbringen. Hier sind einige. Meine Familie in Dublin glaubt, daß ich mich während des Kriegs in der Schweiz durch Spionage für einen oder gleich beide Kriegführenden bereicherte. Triestiner, die mich täglich etwa zwanzig Minuten lang das mit meinen Möbeln ausgestattete Haus meiner Verwandten verlassen und zum immer gleichen Ort, dem Hauptpostamt, hin und zurückgehen sahen (ich schrieb in einer gräßlichen Atmosphäre *Nausikaa* und *Rinder des Helios*), verbreiteten das Gerücht, an das sie heute fest glauben, ich sei kokainsüchtig. In Dublin lief das Gerücht um (bis der *Ulysses*-Prospekt ihm ein Ende setzte), daß ich nicht mehr schreiben könne, zusammengebrochen wäre und in New York im Sterben läge. Ein Mann aus Liverpool erzählte mir, daß man mich ihm als den Besitzer vieler Lichtspieltheater in der Schweiz geschildert hätte. In Amerika scheinen zwei Auffassungen geläufig gewesen zu sein oder noch zu sein: die eine, ich sei eine gestrenge Mischung aus dem Dalai Lama und Sir Rabindranath Tagore.[1] Mr. Pound schilderte mich als einen verdrießlichen Aberdeener Geistlichen. Mr. Lewis sagte mir, man habe ihm gesagt, ich sei ein verrückter Kerl, der immer vier Uhren bei sich trüge und selten spräche, und wenn, dann nur, um meinen Nachbarn nach der Uhrzeit zu fragen. Mr. Yeats scheint mich Mr. Pound gegenüber als eine Art Dick Swiveller[2] beschrieben zu haben. Was die zahllosen (und unnützen) Leute, denen ich hier vorgestellt worden bin, denken, weiß ich nicht. Meine Gewohnheit, Leute, die ich gerade kennengelernt habe, mit ›Monsieur‹ anzureden, trug mir den Ruf eines *tout petit bourgeois* ein, während andere das, was von mir als Höflichkeit gedacht ist, als höchst beleidigend empfinden. [...] Eine Frau hier brachte das Gerücht auf, daß ich äußerst faul sei und nie etwas tun oder beenden würde. (Ich schätze, daß ich mindestens 20 000 Stunden auf *Ulysses* verwendet habe.) Ein paar Leute in Zürich machten sich weis, ich würde allmählich verrückt, und bemühten sich allen Ernstes, mich zu einem Aufenthalt in einem Sanatorium zu überreden, wo ein gewisser Doktor Jung (der Schweizer Tweedledum, nicht zu verwechseln mit dem Wiener Tweedledee[3] Dr. Freud) sich auf Kosten (in jedem Sinne) von Damen und Herren amüsiert, die einen Vogel haben.

Ich erwähne diese Ansichten nicht, um von mir selber zu reden, sondern um zu zeigen, wie sehr sie sich alle widersprechen. In Wahrheit bin ich wohl eine ganz alltägliche Erscheinung, die so viel phantasievolle Ausschmückung gar nicht verdient. Es gibt noch eine weitere Ansicht, wonach ich von einem durchtriebenen, heuchlerischen und mich verstellenden odysseusartigen Schlag bin, ein ›stocktrockener Jesuit‹[4], selbstsüchtig und zynisch. Darin liegt wohl etwas Wahres; doch ist dies keinesfalls alles in mir (noch war es das in Odysseus), und es war meine Art, diese vorgegebene Eigenschaft zu applizieren, um meine armen Schöpfungen dadurch zu schützen.

[...]

Der Direktor vom Theater *L'Œuvre,* der von *Exiles* so begeistert war und mich mit Telegrammen bombardierte, hat mir eben einen äußerst unverschämten Brief in Slang geschrieben, um mir mitzuteilen, daß er nicht so verrückt sei, das Stück aufzuführen und daran 15 000 Francs zu verlieren. Ich tröste mich damit, daß ich dadurch eine Schachtel Dörr-Aprikosen gewinne – auf Grund einer Wette, die ich nach einer oberflächlichen Besichtigung des besagten Direktors mit Mr. Pound abschloß (der optimistisch war). Ich unterschrieb einen Brief, womit ich ihm *carte blanche* gab, mit dem Stück zu machen, was er wolle, es zu bearbeiten, aufzuführen, abzusetzen, es wegzuschließen etc., denn ich wußte, hätte ich mich zu unterschreiben geweigert, wäre nach einer Woche gesagt worden, ich sei ein ganz unmöglicher Mensch[5], ich sei dem großen Schauspieler Lugné-Poë vorgestellt worden und mir habe sich eine große Gelegenheit geboten, und ich hätte sie ausgeschlagen. Ich bin jetzt ein Jahr in Paris, und in dieser Zeit hat in keiner französischen Zeitschrift ein Wort über mich gestanden. Sechs oder sieben Leute sind in verschiedenen Teilen Frankreichs angeblich dabei, *Dubliners* zu übersetzen.[6] Der Roman ist übersetzt und eingereicht worden, aber ich bekomme keine Antwort von den Verlegern, obwohl ich viermal geschrieben und sogar um Rückgabe des Typoskripts gebeten habe. Ich gehe zu keiner der verschiedenen wöchentlichen Zusammenkünfte, da es für mich augenblicklich Zeitverschwendung wäre, eingepfercht in übervollen Räumen zu sitzen, mir den Klatsch über abwesende Künstler anzuhören und auf enthusiastische Äußerungen über mein (ungelesenes) Meisterwerk mit einem höflich-amüsierten nachdenklichen Lächeln zu antworten. Der einzige Mensch, dessen Meinung über das Buch der Rede wert ist, ist Mr. Valery Larbaud. Er ist jetzt in England. Möchten Sie, daß er Sie vor seiner Rückreise besucht? [...]

Mr. Lewis war, trotz meiner beklagenswerten Unkenntnis seiner Werke, sehr freundlich, bot mir sogar an, mich in die chinesische Kunst einzuführen, von der ich so viel verstehe wie der Mann im Mond. Er sagte, er fände das Leben in London sehr deprimierend. Es gibt unter Männern einen seltsamen Ehrenkodex, der sie verpflichtet, sich gegenseitig zu helfen, sich gegenseitig nicht in der jeweiligen Bewegungsfreiheit zu hindern und zum wechselseitigen Schutz zusammenzubleiben, mit dem Erfolg, daß sie, wenn sie morgens aufwachen, sehr häufig in demselben Rinnstein liegen.

Dieser Brief beginnt mich an ein Vorwort von Mr. George Bernard Shaw zu erinnern. Er scheint alles andere als eine Antwort auf Ihren Brief zu sein. [...] Einen Beweis für meine enorme Dummheit haben Sie bereits. Hier nun ein Beispiel meiner Leere. Ich habe seit mehreren Jahren kein einziges literarisches Werk mehr gelesen. Mein Kopf ist voller Kiesel und Abfall und zerbrochener Streichhölzer und Glassplitter, aufgesammelt ›so gut wie überall‹. Die technische Aufgabe, die ich mir stellte, ein Buch von achtzehn verschiedenen Blickpunkten aus und in ebenso vielen Stilen zu schreiben, alle offenbar unbekannt oder unentdeckt von meinen Kollegen, das und der Charakter der gewählten Fabel dürften genügen, das geistige Gleichgewicht eines jeden zu stören. Ich will das Buch zu Ende bringen und versuchen, meine verworrenen materiellen Angelegenheiten endgültig auf die eine oder andere Weise zu regeln (jemand hier hat von mir gesagt: ›Man nennt ihn einen Dichter. Er scheint aber hauptsächlich an Matratzen interessiert zu sein‹). Und das war ich ja wirklich. Nach alledem will ich lange Zeit nichts als Ruhe und dabei *Ulysses* vollständig vergessen.

Etwas habe ich noch zu erzählen vergessen. Ich kann nicht einmal Griechisch, obwohl man mich für gelehrt hält. Mein Vater wollte, daß ich Griechisch als dritte Sprache nähme, meine Mutter Deutsch und meine Freunde Irisch. Ergebnis, ich nahm Italienisch. Ich spreche oder sprach Neugriechisch nicht allzu schlecht[7] (ich spreche vier oder fünf Sprachen einigermaßen flüssig) und war häufig mit allen möglichen Griechen zusammen, von Aristokraten bis hinunter zu Zwiebelhändlern, hauptsächlich mit letzteren. Ich bin abergläubisch, was sie betrifft. Sie bringen mir Glück.

Ich mache jetzt Schluß mit diesem weitschweifig wirren Gerede, ohne etwas über die dunkleren Seiten meines abscheulichen Charakters gesagt zu haben. Das Gesetz sollte jetzt seinen Lauf mit mir nehmen, denn es muß Ihnen doch als Verschwendung des Henkerstrickes vorkommen, die Auflösung einer Person zu vollenden, deren Auflösung sich gerade sichtbarlich vollzogen hat und die kaum über so viel ›Aufhängbarkeit‹ verfügt wie ein leerer Schlafrock.

1 Sir Rabindranath Tagore (1861–1941), indischer Dichter und Schriftsteller, 1913 Nobelpreisträger für Literatur.
2 Verantwortungsloser, doch drolliger Geselle aus Dickens' *Old Curiosity Shop.*
3 Tweedledum und Tweedledee, einander wie Eier gleichende Gestalten aus Lewis Carrolls *Through the Looking-Glass.*
4 Im ersten Kapitel des *Ulysses* nennt Buck Mulligan Stephen Dedalus ›jejune jesuit‹, einen ›stocktrockenen Jesuiten‹.
5 Im ersten Kapitel des *Ulysses* nennt Buck Mulligan Stephen Dedalus ›einen ganz unmöglichen Menschen‹ (S. 13).
6 An der französischen Übersetzung von *Dubliners*, herausgekommen 1926 als *Gens de Dublin* (Paris), beteiligten sich Yva Fernandez, Hélène du Pasquier und Jacques-Paul Reynaud.
7 In Zürich hatte Joyce auch etwas Neugriechisch von Paul Ruggiero gelernt.

AN HARRIET SHAW WEAVER   *7. August 1921*
                    71 rue du Cardinal Lemoine, Paris v

Liebe Miss Weaver,
Ich habe fünf reizende Wochen Ferien mit meinen Augen gehabt – der seltsamste, aber keineswegs schlimmste Anfall, weil er statt drei Wochen nur drei Stunden bis zur Klimax brauchte. Die Leute, die mich hartnäckig für einen jungen Mann-mit-einem-Fuß-im-Grabe halten, wären erbaut gewesen, wenn sie gesehen hätten, wie ich mich auf dem Teppich wälzte. Gut war nur, daß ich mich nach dem Anfall rascher als sonst erholte. Man rät mir jetzt, nach Aix-les-Bains zu gehen, aber ich bin stattdessen in Ithaka. Ich schreibe und revidiere und korrigiere mit einem oder zwei Augen ungefähr zwölf Stunden am Tag, weiß Gott, und mache, wenn ich nichts mehr sehen kann, hin und wieder fünf Minuten Pause. Danach rotiert mein Hirn, aber das ist nichts verglichen

damit, wie meinen Lesern das Hirn rotieren wird. Ich habe mich noch nicht ganz erholt und mache das Schlimmste, was ich tun kann, aber ich kann's nicht ändern. Es ist außerdem Wahnsinn, denn wahrscheinlich wird das Buch nicht ein Zehntteil all der Mühsal wieder hereinbringen. Die Subskriptionen sind ziemlich langsam und kümmerlich hereingekommen und scheinen jetzt ganz zu Ende zu sein oder zu Ende zu gehen. [...] Ich versuche, die verlorene Zeit wettzumachen. Von Triest ist keine einzige Subskription gekommen, außer einer von Baron Ralli, einem Griechen, dem ich meine Befreiung von den Österreichern im Jahre 1915 verdanke.

Vor etwa drei Monaten bekam ich von Mr. Pinker einen Brief von vier Zeilen, auf den ich mit einem Brief von null Zeilen geantwortet habe – was noch kürzer ist. Es wäre wohl gut, wenn *Ulysses* mir einen Namen machte, um meine Verleger zu vereinen. [...]

Ich hatte vor, irgendwo achtundvierzig Stunden lang Ferien zu machen, habe mich aber anders besonnen. Ich bin so müde, daß ich, wenn ich mich irgendwo in einer entlegenen Ecke des Landes hinlegte, nicht die Kraft fände, wieder aufzustehen.

Ich habe den größten Teil von *Ithaka* fertig, aber es muß noch zu Ende geschrieben, überarbeitet und vor allem, dem Aufbauschema entsprechend, neu gruppiert werden. Ich habe auch den ersten Satz von *Penelope* geschrieben, aber da der aus etwa 2500 Wörtern besteht, ist diese Tat größer als sie erscheint. Die Episode setzt sich aus acht oder neun[1] gleichermaßen ellenlangen Sätzen zusammen und endet mit einem einsilbigen Wort. Bloom und alle Blooms werden Gott sei Dank bald tot sein. Alle sagen, er hätte schon längst sterben sollen. [...]

1 Joyce entschied sich schließlich für einen achtteiligen Aufbau des Kapitels.

AN FRANK BUDGEN   *16. August 1921*
                              [*71, rue du Cardinal Lemoine, Paris*]

Lieber Budgen,
Dank für Ihren Brief. Schicken Sie mir vor allem die *Sieges of Gibraltar*[1] und auch Conan Doyles *History of South African War*,[2] herausgebracht vom selben Verlag Nelson in der billigen Reihe. Übrigens, vergessen Sie bitte nicht, sie als Büchersendung *einge-*

schrieben und Expreß zu schicken. Als Paket geschickte Bücher-pakete brauchen 6 Wochen! Unglaublich, aber wahr. Was das 60-Seiten-Buch angeht – wäre es zu viel verlangt, wenn ich Sie um folgendes bäte: besorgen Sie sich ein Schulheft und reißen Sie die Blätter heraus. Wenn Sie dann das Buch rasch noch einmal durchlesen, könnten Sie auf den Blättern alles notieren, was Ih-nen *im Wortlaut des Buches* interessant erscheint, und die Abbil-dungen dazu skizzieren (nicht künstlerisch, ich bin *kein* Künst-ler), dies könnten Sie vielleicht mit den anderen Büchern genauso machen, und dann einfach die Blätter in einen Umschlag stecken und mir schicken.

Penelope ist der Clou des Buches. Der erste Satz besteht aus 2500 Wörtern. Die Episode hat acht Sätze. Sie beginnt und endet mit dem weiblichen Wort *Ja*. Sie dreht sich wie der mächtige Erd-ball, langsam, sicher und gleichmäßig rund und rundherum, ihre vier Kardinalpunkte sind die weiblichen Brüste, Arsch, Uterus und Fotze, ausgedrückt durch die Wörter *because, bottom* (in al-len Bedeutungen: Boden, Gesäß, Boden des Glases, Grund der See, Grund seines Herzens), *woman, yes.* Obgleich wahrschein-lich obszöner als alle vorangegangenen Episoden, erscheint sie mir als das vollkommen gesunde volle amoralische befruchtbare unzuverlässige fesselnde gerissene beschränkte vorsichtige gleichgültige *Weib.*[3] *Ich bin der* [sic] *Fleisch, der stets bejaht.* Beiliegend 20 Francs, ungefähr 8/6. Mehr folgt. Schicken Sie mir den Brief.

P.S. Molly Bloom wurde 1871 geboren.

1 Joyce brauchte das Buch für den Hintergrund von Gibraltar (wo Molly Bloom im *Ulysses* ihre Jugend verbracht hatte); Joyce selber war nie in Gibraltar gewesen.
2 Sir Arthur Conan Doyle (1859–1930), *The Great Boer War* (1900) und *The War in South Africa; its Causes and Conduct* (1902). *Ulysses* enthält Erinnerungen an den Buren-Krieg.
3 Dieses Wort, wie der folgende Satz, deutsch im Original.

AN MRS. WILLIAM MURRAY   *2. November 1921*
                                          rue de l'Université 9, Paris VII
Liebe Tante Josephine,
Dank für die Auskünfte. Aus Beiliegendem ersiehst Du, daß ich zu viel zu tun habe, um heute ausführlicher schreiben zu können.

Ulysses müßte am 18. oder 20. dieses Monats erscheinen. Zwei weitere Fragen. Ist es für einen normalen Menschen möglich, entweder vom Trottoir oder von den Treppenstufen aus über das Unterhofgitter vor dem Haus Eccles Street Nr. 7 zu klettern, sich vom untersten Ende des Gitters so weit herabzulassen, daß die Füße zwei oder drei Fuß über dem Boden sind, und abzuspringen, ohne sich zu verletzen.[1] Ich habe selbst gesehen, wie ein ziemlich athletisch gebauter Mann das gemacht hat.[2] Ich brauche diese Auskunft im Detail, um einen Abschnitt entsprechend formulieren zu können. Zweitens: Weißt Du irgend etwas über Mat Dillons Tochter Mamy, die in Spanien war? Wenn ja, schreib es mir bitte. Ist eine von Deinen Freundinnen jemals dorthin gegangen? Drittens und letztens: Kannst Du Dich an den kalten Februar 1893 erinnern. Ich glaube, Du hast in der Clanbrassil Street gewohnt. Ich möchte wissen, ob der Kanal zugefroren war und ob auf ihm Schlittschuh gelaufen wurde.[3]

1 Leopold Bloom, der seinen Hausschlüssel vergessen hat, vollbringt diese Leistung in der *Ithaka*-Episode, wo Joyce den Vorgang mit noch weiteren architektonischen und physikalischen Einzelheiten schildert (*Ulysses*, S. 668/676-7).
2 Im August 1909 hatte Joyce seinen Freund J. F. Byrne in Eccles Street Nr. 7 besucht und dabei das Haus, das er in *Ulysses* den Blooms zuweist, innen und außen kennengelernt. (J. F. Byrne, *Silent Years,* New York 1953, S. 156–60.)
3 Die Antwort muß positiv ausgefallen sein: in *Penelope* erinnert sich Molly an die Begebenheit: ›. . . wann war das 93 der Kanal war zugefroren . . .‹ (*Ulysses*, S. 776).

VON MAURICE DARANTIÈRE[1]   *1. Februar 1922*
          Maurice Darantière, Maistre imprimeur, A Dijon

Trois exemplaires de Ulysses sont remis au courrier de ce soir comme Lettres Express à l'adresse de Miss Beach.[2]

L'officine toute entière est heureuse d'avoir lu votre lettre du 30 janvier. Elle est heureuse de vous offrir le premier exemplaire à la date du 2 Février.   MAURICE DARANTIÈRE[3]

1 Maurice Darantière, der Drucker in Dijon.
2 Dieser Brief befriedigte Joyce nicht, dem, abergläubisch wie er war, sehr viel daran gelegen war, das erste Exemplar seines Buches am 2. Februar, seinem vierzigsten Geburtstag, zu bekommen. Auf sein Ersuchen telefonierte Sylvia Beach mit Darantière und sagte ihm, die Post sei nicht verläßlich genug. Der Drucker erklärte sich bereit, zusätzliche Exemplare dem Schaffner des Schnellzuges Dijon–Paris mitzugeben, der an dem entscheidenden Tag um 7 Uhr morgens in Paris ankommen

sollte. Miss Beach ging zur Ankunft des Zuges zum Bahnhof und erhielt ein Paket mit zwei Exemplaren, von denen sie eins Joyce brachte und das andere in ihrem Laden ausstellte.

3 Drei Exemplare von Ulysses sind heute abend per Eilpost an Miss Beach abgegangen.

Der ganze Betrieb hat sich über Ihren Brief vom 30. Januar gefreut. Wir schätzen uns glücklich, Ihnen das erste Exemplar am 2. Februar überreichen zu können.

Maurice Darantière.

AN HARRIET SHAW WEAVER   *8. Februar 1922*
                                rue de l'Université 9, Paris VII

Liebe Miss Weaver,

Vielen Dank für Ihr freundliches Telegramm. Zwei Exemplare von *Ulysses* (Nr. 901 und 902) sind hier in Paris am 2. Februar angekommen, und zwei weitere (Nr. 251 und 252) am 5. Februar. Ein Exemplar ist ausgestellt, die anderen drei wurden von Subskribenten mitgenommen, die in verschiedene Weltgegenden abreisen mußten. Seit bekanntgegeben wurde, daß das Buch heraus sei, ist der Laden im Belagerungszustand gewesen – Käufer fahren zwei- oder dreimal am Tag vor, und es sind keine Exemplare für sie da. Nach vielen Telegrammen und Telephongesprächen kommen anscheinend heute 7 und morgen 30 Exemplare. Einen nervenaufreibenderen Abschluß der Geschichte des Buches kann man sich kaum vorstellen! Die ersten 10 Exemplare der *édition de luxe* werden nicht vor Samstag fertig sein, so daß Sie Ihr Exemplar (Nr. 1) frühestens Dienstag nächster Woche erhalten werden. Ich für meine Person freue mich (wenn auch nicht gerade für Sie), daß Sie eine englische Ausgabe anzeigen. Ich hoffe, es wird bei dieser Gelegenheit möglich sein, die zahlreichen Druckfehler zu korrigieren. Pound meint schon. [...]

Vielen Dank auch für die prompte Rücksendung der *Penelope*-Episode (deren Name durch eine weitere seltsame Koinzidenz Ihr eigener ist).[1] Sie kam nicht zu spät. Auch was Sie darüber sagen, stimmt mit meiner Intention überein – falls man das Epitheton ›posthuman‹[2] hinzufügt. Ich habe die übliche Interpretation ihrer Gestalt als einer humanen Erscheinung verworfen – dieser Aspekt zeigt sich besser in Kalypso, Nausikaa und Circe, ganz zu schweigen von den pseudo-homerischen Figuren. In Konzeption und Technik versuchte ich eine Darstellung der Erde zu geben, die prähuman ist und vermutlich auch posthuman.

185

Mit sehr freundlichen Grüßen aufrichtigst und bis zum Ende zu-
dringlich Ihr   J. J.

1 Joyce verband den Namen von Miss Weaver (= Weber) mit dem Gewebe, das
Penelope täglich knüpft und nächtlich wieder auflöst. Auch der Mädchenname von
Molly Bloom – Tweedy – ergibt eine Anknüpfung (Tweed).
2 Miss Weaver hatte den Ausdruck »prähuman« verwendet.

VON STANISLAUS JOYCE   *26. Februar 1922*
                                              Via Sanità 2, Triest

Lieber Jim,
›Ulysses‹ ist gut bei mir angekommen. Vor vielen Monaten hat
man mir einen fehlerhaften Durchschlag von ›Circe‹ geschickt.
Als ich Deinen Brief mit der Abschrift von Shaws allmächtigem
Urteil erhielt, zeigte ich sie Benco[1], den ich schließlich antraf,
nachdem ich verschiedentlich die ›Nazione‹ aufgesucht hatte. Er
las den Brief sorgfältig und murmelte, er sei ›sehr interessant,
wirklich, sehr interessant‹, aber seine Leser, meinte er, würde er
nicht interressieren. Als ich ›Ulysses‹ erhielt, ging ich ebenfalls
sofort zu ihm und bot ihm an, ihm das Buch zu leihen, noch bevor
ich es selbst gelesen hätte. Er war sehr höflich, aber er hatte sehr
viel zu tun. Er sagte, er würde mich darum bitten, wenn er Zeit
zum Lesen hätte. Ich habe den Eindruck, daß er die Entwicklun-
gen, zu denen das Buch späterhin führt, nicht schätzt. Wer ist Silvio[2], schließlich und endlich?
    Ich nehme an, ›Circe‹ wird als das grauenhafteste Ding, das je-
mals geschrieben wurde, in die Literatur eingehen, falls Du nicht
etwas noch Schlimmeres als diese ›Agonie in den Puffs‹ auf Lager
hast. Ist Deine Kunst nicht in Gefahr, eine sanitäre Wissenschaft
zu werden. Ich wünschte, Du würdest wieder Gedichte schreiben.
Die wenigen, die Du zuletzt geschrieben hast, sind qualitativ so
viel besser als Deine frühen Gedichte, daß niemand im Zweifel
darüber sein kann, was Du tun könntest, wenn Du wieder damit
anfingest. Ich könnte mir denken, daß Du nach dieser jüngsten
Inspektion der Stinktöpfe etwas nötig hast, was Dir Deine Selbstachtung wieder herstellt. Alles Schmutzige scheint für Dich dieselbe unwiderstehliche Anziehungskraft zu haben wie Kuhdreck
für Fliegen. Ich sehe natürlich die fast unbegrenzte Anpassungsfähigkeit Deines Stils: das schlappe Dubliner Journalesisch mit
seinen müden Versuchen, witzig zu sein, oder passend für den

Morgen nach der Nacht zuvor und[3], nur zu gut, für das anstößige ignorante Geschmier von ›Penelope‹, aber ich begreife nicht, was der Katechismus[4] bei der Heimkehr des ›Ulysses‹ soll.

Francini hat im Saal der Filarmonica eine conferenza-caricature über Dich gehalten.[5] Du kannst Dir leicht denken, daß er eine Zeitlang arbeitslos gewesen ist und versucht hat, auf ehrliche Weise ein paar Pennies zu verdienen. Er fährt morgen nach Florenz, um einen Posten beim ›Nuovo Giornale‹ zu übernehmen. Der Saal war halb voll. Alle, mit denen ich sprach, waren unzufrieden, aber ich schicke Dir die Broschüre, so daß Du Dir selbst ein Urteil bilden kannst. Vor dem Vortrag hat er mir geschworen, daß die Karikatur nicht geschmacklos, sondern ›ihres Gegenstandes würdig‹ sei. Sie war jedoch ordinär und albern und des ›Coda del Diavolo‹[6] würdig. Das Ganze hat weder ihm noch Dir noch meiner eigenen, offenbar nebensächlichen Person in irgendeiner Weise genutzt. Dagli amici mi guardi Iddio.[7] Diese Leute kennen einander.

Im vergangenen Dezember hast Du versprochen, mir das Geld, das ich Dir geliehen habe, zurückzuschicken, sobald Du mit dem Buch fertig wärst. Bis jetzt habe ich nichts bekommen. Ich habe diese zehn Pfund vor zwei Jahren für mehr als neunzig Lire das Pfund gekauft, so daß es für mich in jedem Fall ein Verlust ist. Wenn Du das Geld brauchst, behalt es; aber ich kann mir nicht denken, daß Du es brauchst. Du hast bei Deiner Ankunft in Paris Geld bekommen. In Deinem letzten Brief schriebst Du von einem weiteren Geschenk von zweitausend Pfund. Du kannst zehn Pfund nicht zwei Jahre lang dringend nötig haben. Ich schon. Mir scheint sich hierin nur wieder die gedankenlose Gleichgültigkeit zu zeigen, mit der Du schon immer in Angelegenheiten verfuhrst, die mich betrafen. Ich bin kein Junge mehr.

Ich hoffe, Nora hat sich ganz von ihrem Unfall erholt – über den ich unterschiedliche Berichte gehört habe. Ich lasse sie und Georgie und Lucia grüßen. STANNIE

1 Silvio Benco.
2 ›Who is Silvio?‹ Anspielung auf Shakespeares ›Who is Silvia?‹ *(Die beiden Veroneser),* aber auch auf das Gedicht, das Joyce in Anlehnung daran auf Sylvia Beach verfaßte, als sie *Ulysses* zu seinem vierzigsten Geburtstag glücklich herausbrachte: ›Who is Sylvia, what is she / That all our scribes commend her…‹
3 Eine Wendung aus *Ulysses.*

4 Die *Ithaka*-Episode, in der Technik eines ›unpersönlichen Katechismus‹, beste-
hend aus Fragen und Antworten.
5 Alessandro Francini Bruni, *Joyce intimo spogliato in piazza* (Triest 1922), ›Joyce
auf dem Marktplatz entkleidet‹. Der Vortrag wurde in der Sala della Società Filar-
monico-Drammatica gehalten.
6 *La Coda del Diavolo* (›Des Teufels Schwanz‹), eine Zeitung in Triest, herausgegeben von Vittorio Cuttin 1909–1915, mit meist anstößigem und ordinärem Inhalt.
7 ›Gott schütze mich vor meinen Freunden‹, in einem italienischen Sprichwort, das
fortfährt: ›vor meinen Feinden schütze ich mich selbst.‹

AN [Nora Barnacle Joyce][1]

> [*April 1922*] *8.30 vorm. Donnerstag*
> [*Paris*]

Mein Liebling, meine Liebste, meine Königin,
Ich springe aus dem Bett, um Dir dies zu senden. Dein Telegramm ist 18 Stunden später als Dein Brief abgestempelt, den ich
eben erhalten habe. Einen Scheck für Deinen Pelz schicke ich Dir
in ein paar Stunden, und auch Geld für Dich. Wenn Du dort bleiben möchtest (da Du mich bittest, Dir wöchentlich zwei Pfund zu
schicken), werde ich Dir diesen Betrag (£ 8 und £ 4 Miete) am Ersten jeden Monats schicken. Aber Du fragst mich ebenfalls, ob
ich mit Dir nach London gehen würde. Ich würde überall in der
Welt hingehen, wenn ich sicher sein könnte, daß ich dort mit Dir,
Liebste, allein wäre, ohne Familie und ohne Freunde. Entweder
dies geschieht oder wir müssen uns für immer trennen, wenn es
mir auch das Herz bricht. Offenbar ist es unmöglich, Dir die Verzweiflung zu beschreiben, in der ich mich befinde, seit Du fort
bist. Gestern hatte ich im Laden von Miss Beach einen Ohnmachtsanfall, und sie mußte mir rasch eine Arznei holen. Ich
trage Dein Bild immer in meinem Herzen. Wie freut es mich, zu
hören, daß Du jünger aussiehst! O meine Liebste, wenn Du Dich
doch nur jetzt zu mir kehren und das schreckliche Buch lesen
wolltest, das mir das Herz in der Brust jetzt gebrochen hat, und
mich zu Dir nähmest, allein, um mit mir zu machen, was Du willst!
Ich habe nur 10 Minuten Zeit für diese Zeilen, verzeih mir also.
Werde vor Mittag noch einmal schreiben und auch telegraphieren. Im Augenblick nur diese wenigen Worte und meine unvergängliche, unglückliche Liebe   Jim

1 Nora hatte gegen den Willen von Joyce darauf bestanden, am 1. April mit den
Kindern nach Irland zu fahren. Offenbar drohte sie damit, überhaupt nicht mehr zu-

rückzukehren. In Galway bat sie telegraphisch um Geld. Unterdessen war aber in Irland der Bürgerkrieg ausgebrochen, und die Kämpfe veranlaßten sie zur Rückkehr nach Paris gegen Ende April.

AN HARRIET SHAW WEAVER   *17. September 1923*
                                              Victoria Palace Hôtel
                                        6 rue Blaise Desgoffe, Paris

Liebe Miss Weaver,
[...] Ich freue mich zu hören, daß die Earwicker-Absurdität[1] Ihren Zustand nicht noch verschlimmert hat. Das Wetter war wahrhaftig scheußlich. Wenn es in London ebenso schlimm ist, wie es hier war, und wenn es anhält, muß ich daran verzweifeln, daß wenigstens meine Episode (oder Skizze) der vier Evangelisten[2] irgendeine Wirkung haben könnte. Sie ist fertig, aber ich muß daran noch feilen. Die wilde Jagd[3] durch den Pariser Dschungel, zwischen panischem Galopp der Omnibusse und dem Trompeten von Taxi-Elefanten etc., geht weiter, und in dieser von amerikanischen Lautsprechern bevölkerten Karawanserei komponiere ich auf einem grünen Koffer, den ich in Bognor gekauft habe, lächerliche Prosa. Ich will so viele Skizzen schreiben oder so viele Bohrtrupps[4] in Gang setzen wie möglich, bevor ich irgendwohin umziehe, wonach ich vermutlich wieder das gleiche tun werde, bis man mich in die Augenklinik abschleppt. Ich würde mich sehr freuen und wäre Ihnen sehr dankbar, wenn Sie mir etwas über den Eindruck sagten den Sie von den übersandten Passagen hatten.
   Ich hoffe, es geht Ihnen jetzt viel besser.

1 Das spätere (stark erweiterte) zweite Kapitel (I, 2) von *Finnegans Wake*. Earwicker ist der Name der Alltagsinkarnation des allgegenwärtigen Helden.
2 Das dritte Kapitel im zweiten Teil von *Finnegans Wake*, abgekürzt ›Mamalujo‹ genannt nach den vier Evangelisten: *Ma*tthäus, *Ma*rkus, *Lu*kas, *Jo*hannes.
3 Nach einer Wohnung.
4 Joyce verglich die Arbeit an *Finnegans Wake* oft mit dem Vorgehen beim Tunnelbau, wo ein Berg von verschiedenen Seiten angebohrt wird.

AN HARRIET SHAW WEAVER   *9. Oktober 1923*
                                              Victoria Palace Hôtel
                                        6 rue Blaise Desgoffe, Paris

Liebe Miss Weaver,
Ich habe diese vier Burschen[1] gestern aus dem Haus geschickt, und wenn sie aus der Weite zurückkommen, werde ich sie weiter-

schicken. Heute sende ich Ihnen den Rohentwurf mit einem Plan des Gedichts und eine vergessene Seite von H. C. E.[2] Aber bitte, lesen Sie das noch nicht – zumal es unleserlich ist. Am Samstag werde ich die maschinengeschriebene Kopie und die Reinschrift schicken. Ich bin froh, daß ich sie loswerde, da sie mir schwer schaffen gemacht haben. [...]

Mr. John Quinn war die letzten vierzehn Tage in Paris, aber ich habe ihn nicht gesehen. Mr. Hueffer ist Herausgeber einer neuen Pariser Zeitschrift geworden.[3] Die Herausgeberschaft wurde ihm von einer Gruppe von Finanzleuten unter der Bedingung ange- tragen, daß er nichts von mir bringen würde. Daraufhin lehnte Mr. Hueffer ab. Schließlich gaben sie nach. Mr. Pound (dem ich die Stücke, die ich geschrieben habe, gezeigt hatte) kam vorbei, um zu sagen, daß die ersten Seiten der ersten Nummer mit einem Trompetenstoß für mich reserviert werden sollten. Ich hatte es schon vorher abgelehnt, diese Stücke dem *Criterion* zu schicken, und so dankbar ich Mr. Hueffer für seine Haltung war, ich meinte doch (und versuchte ihm das zu erklären), nicht zulassen zu kön- nen, daß sie schon jetzt gedruckt würden. Der Aufbau ist völlig verschieden von dem des *Ulysses,* wo wenigstens die Anlegestel- len von vornherein bekannt waren.

Es tut mir leid, daß es Patrick und [?] Berkeley nicht gelingt, sich selbst zu erklären.[4] Die Antwort ist, meine ich, dieselbe, die der Geist Paddy Dignams gibt: Metempsychose.[5] Oder vielleicht er- klärt die Geschichtstheorie, die (nach Hegel und Giambattista Vico[6]) von den vier bedeutenden und nun kummervoll die Preß-Kelter tretenden Chronisten[7] so vorzüglich dargestellt wur- de, einen Teil dessen, was ich meine. Ich arbeite so viel ich kann, weil dies keine Fragmente, sondern lebendige Elemente sind, und wenn mehr hinzukommen und sie ein bißchen älter sind, werden sie sich von selbst ineinanderfügen.

Ich bin ziemlich müde und habe mich einige Tage nicht wohlge- fühlt (eine schwere Erkältung). In diesem lauten, dunklen Hotel muß es von Bazillen wimmeln. Ich werde einige Tage nichts tun. Über *Exiles* habe ich nichts weiter gehört. Ich glaube, es stand auf dem Herbstspielplan. Die leidige Jagd nach einer Wohnung geht weiter. Langweilige Leute geben sinnlose Ratschläge und unrich- tige Informationen, helfen sich mit Gesten über den Radau hin- weg, bis der erste Schimmer eines blöd-sarkastischen Lächelns auf meinem Gesicht erscheint – dann hören sie auf. Das einzige

Erfreuliche, das ich mitzuteilen habe, ist, daß mein Sohn seit drei Wochen Stunden in Gesang, Vom-Blatt-Singen und Musiktheorie nimmt. Er hat schon gute Fortschritte gemacht, und sein Lehrer ist sehr zuversichtlich.

Ich hoffe, es geht Ihnen trotz des schlechten Wetters gut. Falls ich in diesem Brief etwas vergessen habe, erinnern Sie mich bitte.

1 Die vier Evangelisten.
2 Geläufige Abkürzung von *H*umphrey *C*himpden *E*arwicker, Hauptgestalt in *Finnegans Wake*.
3 Ford Madox Ford (Hueffer) übernahm die *transatlantic review*.
4 St. Patrick und Bischof Berkeley, jetzt S. 611–2 von *Finnegans Wake*.
5 Der verstorbene Paddy Dignam erscheint einer Spiritistensitzung als Geist aus dem Jenseits (*Ulysses* S. 338–9).
6 Giambattista Vico (1668–1744), neapolitanischer Jurist, Philosoph und Geschichtsschreiber, stellte die Theorie von der zyklischen Wiederkehr in der Geschichte auf und begründete eine neue Auffassung vom Verhältnis zwischen der Geschichte und der Imagination (*La Scienza nuova,* 1744). Joyce hatte darin in Triest zu lesen begonnen. Vicos Schema liegt der Struktur von *Finnegans Wake* zugrunde.
7 Die vier Evangelisten in *Finnegans Wake* sind gleichzeitig vier Chronisten der irischen Geschichte.

AN HARRIET SHAW WEAVER   *19. November 1923*
                                        Hôtel Victoria Palace
              6 rue Blaise Desgoffe, Paris (Montparnasse)
Liebe Miss Weaver,
Dank für Ihren Brief und die Zeitungsausschnitte. Ich nehme an, Sie werden Mr. Eliots Aufsatz im *Dial*[1] gesehen haben. Er gefällt mir und er kommt zur rechten Zeit. Ich werde ihm, wenn ich ihm einen Dankesbrief schreibe, vorschlagen, er möchte, wenn er sich anderswo auf das Buch bezieht, irgendeine kurze Wendung benutzen oder prägen, zwei oder drei Wörter wie jene, die er äußerte, als er zu mir von den ›zwei Ebenen‹ sprach. Mr. Larbaud versorgte das Lesepublikum vor etwa sechs Monaten mit dem Wort ›innerer Monolog‹ (bezüglich *Ulysses*). Jetzt will man ein neues Schlagwort. Man kann alle sechs Monate nicht mehr als etwa ein solches Wort verarbeiten – nicht aus Mangel an Intelligenz, sondern weil man in Eile ist.

Dank auch für *Arabia Deserta*[2] und den *Querschnitt*[3]. Ich wünschte, ich könnte mich irgendwohin zurückziehen und ersteres zu meinem Vergnügen lesen, aber ach, trotz allem, was ich gesagt habe, arbeite ich wieder über die Zeit. Mein Auge ist noch bandagiert, macht mir aber keine Beschwerden. Ich hoffe, Mitte der Woche wieder ganz in Ordnung zu sein.

Ich weiß nicht, wie lange wir hier bleiben werden. Ich hoffe, nicht bis Weihnachten. Eine gewisse Prinzessin Murat[4], der ich vorgestellt wurde (ich hatte ihr kaum die Hand gegeben, da sagte ich bereits meinen Spruch *Je cherche un appartement de cinq ou six pièces, trois chambres, salon, salle à manger*), versprach mir eine zu besorgen, wenn sie von London zurückkomme. Allerdings zog ich mir bei einem ähnlichen Angebot auf einer Wildgansjagd bei Versailles die Augenerkältung zu. Trotzdem kann ich jetzt nicht aufhören, denn gewisse Teile des Buches muß ich vor meinem nächsten Urlaub (im Entwurf wenigstens) auszuarbeiten versuchen. Die abgetippten Stellen machen zusammen zwei- oder dreimal so viel aus, der Rest ist bereits so weit geschrieben, daß der jetzige Text nach Notizen, zu denen ich augenblicklich keinen Zugang habe, nur noch durchgängig mit Ergänzungen zu versehen ist. [...] Mit sehr freundlichen Grüßen herzlich Ihr   JAMES JOYCE

1 T. S. Eliot, ›Ulysses, Order, and Myth‹ *Dial* LXXV. 5 (November 1923) 480–83.
2 Charles Montagu Doughtys *Travels in Arabia Deserta* (1888) wurde 1920–1921 neu aufgelegt.
3 Im Herbst 1923 wurden einige Gedichte aus *Chamber Music* (XII. XV. XXVI. XXIX. XXXVI.) im *Querschnitt* (Frankfurt a. M.), III. 3/4., veröffentlicht.
4 Prinzessin (Marguérite) Murat (1886–1956).

AN NORA BARNACLE JOYCE[1]   *[? 5. Januar 1924]*[2]
                                                                    [Paris]

Liebe Nora,
Die Ausgabe, die Du hast, ist voll von Druckfehlern. Bitte lies es in dieser. Ich habe die Seiten aufgeschnitten. Am Schluß ist eine Liste der Druckfehler.   JIM

1 Nora, die das erste Exemplar von *Ulysses* erhalten hatte, konnte sich nie zur Lektüre bereitfinden. Joyce hatte offensichtlich Grund anzunehmen, daß sie jetzt zugänglicher wäre.
2 Das Datum muß das der vierten Auflage, Januar 1924, sein, weil diese als erste im Anhang eine eingebundene Liste der Druckfehler hatte.

15. März 1924
Victoria Palace Hôtel
6 rue Blaise Desgoffe
Paris (Montparnasse)

Liebe Miss Weaver,

Hoffentlich ist nichts von dem Manuskript[1] verlorengegangen. Es hat elf Seiten. Die ersten Worte sind ›O tell me‹, die letzten ›waters of. Night!‹ Ich werde Ihnen zwei Seiten schicken, die noch einmal geschrieben wurden, zum Auswechseln. Aber sie ändern das Stück nicht. Es sollte in aufeinander folgenden Anläufen gelesen werden. Am Montag werde ich versuchen, mit Shaun the Post[2] zu beginnen. Damit wäre der zweite Teil des Buches zusammen mit dem Brief ziemlich vollständig. Der erste Teil[3] ist noch nicht geschrieben.

Sie haben nicht gesagt, ob Ihnen das Stück gefallen hat?[4] Ich habe es Mr. Larbaud vorgelesen, der begeistert war. Nach dem Shaun-Stück werde ich wohl jämmerlich in mir zusammensacken. Es ist eine solche Anstrengung gewesen. Mit sehr freundlichen Grüßen und vielem Dank herzlich Ihr   James Joyce

1 Ein früher Entwurf von ›Anna Livia Plurabelle‹ (*Finnegans Wake,* S. 196–216).
2 Buch iii (vier Kapitel), S. 403–590.
3 Die ersten vier Kapitel des ersten Teils.
4 Miss Weaver verhielt sich *Finnegans Wake* gegenüber von Anfang an etwas reserviert.

24. März 1924
Victoria Palace Hôtel
6 rue Blaise Desgoffe, Paris

Liebe Miss Weaver,

Ich hoffe, Sie haben das Ms.-Buch erhalten. Ich freue mich sehr, daß Ihnen Anna Livia gefällt. Mr. Larbaud ist darüber in Verzükkung geraten, wie er sagte, und hat an Mr. Arnold Bennett geschrieben. Nicht alle Gaben der Pandora[1] sind Krankheiten. Shauns Karte: vergleichen Sie hierzu jede beliebige Briefmarke des Irischen Freistaates. Sie ist eine philatelistische Kuriosität. Eine geographische Marke, die das Gebiet eines anderen Staates mit einschließt, Nordirland.[2] Beim Schreiben der Notizen habe ich Zeichen für die Hauptpersonen benutzt. Vielleicht macht es Ihnen Spaß, sie zu sehen, ich schreibe sie also auf die Rückseite.

Ich habe sehr viel damit zu tun gehabt, die Fahnenabzüge der vier alten Männer, *Mamalujo,* wieder und wieder zu überarbeiten. Es erscheint diese Woche.[3] Man hat jetzt eine Lampe aus meinem Zimmer genommen. Miss Beach war hier. Ich habe ihr das Zimmer gezeigt. Dazu ist weiter nichts zu sagen. Shaun wird mir sehr große Mühe machen.

ᒪ (Earwicker, HCE, wenn man den Buchstaben umdreht)
△ Anna Livia
⊏ Shem-Kain
∧ Shaun
⊵ Schlange
Ρ St. Patrick
⊤ Tristan
⊥ Isolde
✕ Mamalujo
☐ Damit ist der Titel gemeint, aber ich möchte ihn noch nicht nennen, bevor das Buch nicht mehr von sich geschrieben hat.[4]

1 Die Gaben der Pandora sind die Geschenke, die Anna Livia an die Kinder verteilt (S. 209–212), s. *Anna Livia Plurabelle,* Frankfurt 1970, S. 86–91 und 122–128.
2 Anna Livias Geschenk an Shaun hieß in der Fassung von 1924: ›a sunless map of the world including the moon and stamp for Shaun the Post‹ (vgl. *Anna Livia Plurabelle,* S. 58, 90 und 127).
  Die vom irischen Freistaat 1923 herausgegebenen Marken (für 1 d, 1½ d und 2 d) zeigten die ganze irische Insel ohne Einzeichnung einer Grenze.
3 ›From Work in Progress‹, *transatlantic review,* ɪ. 4, April 1924. Die von Ford Madox Ford stammende Bezeichnung ›Work in Progress‹ wurde von Joyce als Arbeitstitel beibehalten.
4 Joyce hielt den von Anfang an vorgesehenen Titel für das Buch, ›*Finnegans Wake*‹, bis zur Veröffentlichung selbst vor seinen Freunden geheim.

AN HARRIET SHAW WEAVER   *24. Mai 1924*
                                        Victoria Palace Hôtel
                              6 rue Blaise Desgoffe, Paris

Liebe Miss Weaver,
Es ist seit einigen Tagen sehr heiß, und sofort wurden alle Fenster zum Hof weit aufgestoßen und die Insassen lehnten sich auf die Fensterbänke, redeten, riefen, lachten, stritten sich in allen Sprachen, wobei zwei Amerikanerinnen, die laut über Schüchternheit diskutierten, alle anderen überschrien. Das hielt ich vier Tage aus, dann verließ ich das Hotel, kaufte eine weitere Kiste, ver-

packte alle meine Bücher und lagerte sie aus, nahm meine Mss. einschließlich Shawn (30 Seiten meines großen Notizbuches, Folioformat), den ich noch nicht wieder übertragen konnte, schnürte sie in ein Paket zusammen und rief Miss Beach an, die auch kam und sie eilig fortschaffte, so daß sich jetzt in meinem Zimmer ebensoviel Literatur befindet wie in Ihrem Büro. Ich hätte noch ein wenig weiterschreiben müssen, aber die neun Monate Mühsal haben mir durchaus gereicht. In dieser Atmosphäre haben sich Gedächtnis, Sehkraft, Konzentrationsfähigkeit ständig verschlechtert, und doch wußte ich, daß ich weitermachen würde, wenn die Bücher oder auch nur die Mss. und Notizbücher hiergeblieben wären. Da habe ich aufgehört. Daher diese Füllfeder, die ich gekauft habe, als ich das Schreiben seingelassen hatte. Es tut mir leid, aber das Übertragen von Shawn ging über meine Kraft, es ist die Beschreibung eines Briefträgers, der rückwärts in der Nacht durch die bereits erzählten Ereignisse reist. Es ist in der Form einer *via crucis* in 14 Stationen geschrieben, aber in Wirklichkeit ist es nur ein Faß, das den Fluß Liffey hinuntertreibt.[1] Um ein Buch wie dieses zu schreiben, müßte ich ein eigenes Arbeitszimmer haben, wo ich rasch an meine Bücher und Papiere herankönnte. Sonst ist es unmöglich.

Dr. Rosenbach hat bei mir angefragt, was ich für die korrigierten Fahnen von *Ulysses* verlange. Wenn er eine Antwort von mir bekommt, werden alle Rosenbäche längst versiegt sein.

> Rosy Brook he bought a book
> Though he didn't know how to spell it.
> Such is the lure of literature
> To the lad who can buy it and sell it.[2]

Mr. Tuohy[3] ist im Auftrag eines Freundes nach Paris gekommen, um mich, wenn's mir recht wäre, zu zeichnen. Er drängte mich sehr, ihm Porträt zu sitzen. Es gab ein langes Hin und Her. Ich habe diese Bitte schon Dutzenden von Malern und Bildhauern abgeschlagen, da ich eine tiefe Abneigung gegen mein eigenes Bild habe, das nicht unnötigerweise in einem Porträt oder einer Büste wiederholt zu werden braucht. Vor Jahren pflegte ich faktisch vor diesem Bild davonzulaufen, wenn ich es flüchtig in Schaufensterspiegeln etc. sah. Ich glaube, das war richtig, denn ich muß einen gräßlichen Anblick geboten haben, unterernährt, überarbeitet, schäbig angezogen, von Krankheitsherden vergiftet, die allmählich meine Gesundheit, für die ich aus schierem

Mangel an Zeit und Geld nichts tun konnte, untergruben. So schlimm ist es jetzt natürlich nicht mehr, aber ich glaube immer noch, ein Künstler könnte seinen Pinsel zu Besserem verwenden. Ich fragte Mr. Tuohy, ob er mich oder meinen Namen malen wolle. Er sagte, er wolle mich malen. Ich seufzte tief und willigte ein. Ich habe ihm 15mal gesessen, sehr ermüdend. In einer Woche wird es fertig sein. Er nimmt es mit nach Dublin, wo es ausgestellt werden soll. Es wird zusammen mit dem Porträt meines Vaters 1925 im Pariser *Salon* sein. Möchten Sie es sehen? Mr. Tuohy würde dann gern einen halben Tag in London bleiben, um es Ihnen zu zeigen.[4]

Es gibt viel innere Schwierigkeiten wegen der Operation. Ich würde das Risiko auf mich nehmen, wenn Dr. Borsch sie jetzt für notwendig hielte und wenn ich vom Erfolg überzeugt wäre. Ich habe aber irgendwie den Verdacht, daß sie nicht viel nützen wird, doch daran kann auch meine Niedergeschlagenheit schuld sein. Der Nervenzustand meiner Frau läßt zu wünschen übrig, und ich glaube, die Operation wäre für sie qualvoller als für mich. Ich weiß nicht, was ich tun soll. Ich werde heute abend mit Dr. Borsch sprechen. Sobald eine Entscheidung gefallen ist, gebe ich Ihnen Nachricht. Was danach geschehen soll, weiß ich nicht. Ich würde gern wegfahren, es ist beinah ganz gleich wohin, aber es scheint sinnlos, wegzufahren, bevor wir nicht eine Wohnung haben, in die wir zurückkehren können.

Ich will Sie heute morgen mit diesen ewigen Mißhelligkeiten nicht weiter belästigen. Ich werde spazierengehen, um etwas frische Luft, mit Teer, Benzin, Lärm, Staub etc. gemischt, zu schöpfen – alles *gratis*.

1 Aus der geschilderten Episode wurden später die beiden ersten Shaun-Kapitel (III, 1 und 2) von *Finnegans Wake*.
2 Rosenbach der kauft ein Buch / Was drin steht ficht ihn nicht an. / So stark ist der Zauber der Literatur / Für den Kerl der sie kaufen und verkaufen kann.
3 Patrick Joseph Tuohy (1894–1930), irischer Maler, Sohn eines bekannten Dubliner Augenarztes. Hauptsächlich weil ihm der Name bekannt war, beauftragte Joyce ihn 1923, John Stanislaus Joyce in Dublin zu porträtieren. Das Bild gefiel sehr. Im Mai 1924 bat Tuohy Joyce, ihn porträtieren zu dürfen, verlangte aber, als Joyce sich bereitfand, zahllose Sitzungen. Joyce war gern mit Iren zusammen, aber die Gespräche mit Tuohy langweilten ihn, und das Porträt gefiel ihm nicht besonders. Tuohy beging 1930 in New York Selbstmord.
4 Eines der beiden Bilder von Tuohy findet sich, zusammen mit dem Porträt von John Stanislaus Joyce, in der Lockwood Memorial Library an der Universität von Buffalo, New York.

27. Juni 1924
Victoria Palace Hôtel
6 rue Blaise Desgoffe, Paris

Liebe Miss Weaver,

Es ist jetzt siebzehn Tage her seit der Operation, die unangenehmer war, als ich erwartet hatte, entweder weil man mir nicht genug Kokain gab oder wegen meines Nervenzustandes – wahrscheinlich war es letzteres. Das Auge ist noch bandagiert, aber mit dem anderen darf ich lesen, soweit ich es kann. Ich bin sehr skeptisch, was das Ergebnis angeht. Bis jetzt hat sich die Sehkraft praktisch nicht gebessert, und das deprimiert mich sehr. Ich möchte wegfahren, aber Dr. Borsch versichert mir immer wieder, daß die Sehkraft sich wieder herstellen wird. Es ist nicht seine Schuld. Ich bin sogar froh, daß er eine Iridektomie gemacht hat, da das die einzige Sicherheitsmaßnahme gegen den grünen Star ist, falls ich einen weiteren Iritis-Anfall bekomme – was das Schicksal verhüten möge. Man sagt, ich sehe sehr gut aus, und irgendein freundliches Wesen hat mir einen guten Appetit geschenkt. Aber ich bezweifle, daß die Iris die Kraft hat, die Ausscheidung im Auge zu absorbieren. Die jahrelange Plackerei und die Enttäuschungen in Triest (ich hatte kaum etwas zu essen, gab jeden Tag bis spät abends Unterricht und konnte mir in neun Jahren nur einen Anzug kaufen, bis schließlich die Irische Literarische Bewegung auf mein Dasein aufmerksam wurde) und dann die Mühsal mit *Ulysses* müssen an meinen Kräften gezehrt haben. Ich bin auf mehr als eine Weise vergiftet worden. Ich erwähne das, weil ich immer, wenn ich mit geschlossenen Augen im Bett liegen muß, vor mir einen nicht abreißenden Film vorüberziehen sehe, der mir Dinge ins Gedächtnis ruft, die ich beinah vergessen hatte.

Meine Sehkraft reicht jetzt fürs nötigste, aber sie reicht nicht für die Art von Arbeit, die zu tun ich mich gezwungen fühle und mit der ich unter den sehr ungünstigen Licht- und Klimaverhältnissen von Paris nur sehr langsam und qualvoll vorankäme. (Ich lege einen Brief von dem Maklerbüro in Nizza bei. Ich habe den Vertrag[1] mit der Bitte zurückgeschickt, eine Klausel einzufügen, wonach ich untervermieten dürfte, und hier ist die Antwort. Die Dame scheint, wenn ich so sagen darf, keine nette[2] Schwiegermutter zu sein.) Ich hoffe weiter, daß Dr. Borsch recht behält.

Es gibt eine Gruppe von Leuten, die Bloom's Day feiern, so

nennen sie den 16. Juni. Sie haben mir Hortensien geschickt, weiße und blaue, gefärbt. Ich muß mir immer wieder klarmachen, daß ich das Buch geschrieben habe. Früher konnte ich einigermaßen gescheit drüber reden. Wenn ich jetzt irgendwelchen Leuten zu erklären versuche, woran ich angeblich schreibe, merke ich, daß sie benommen zu Schweigen gefrieren. Shaun zum Beispiel, nach einer langen absurden und ziemlich inzestuösen Fasten-Predigt[3] vor Izzy, seiner Schwester, verabschiedet sich von ihr ›with a half a glance of Irish frisky from under the shag of his parallel brows‹.[4] Das sind die Worte, die der Leser vor sich sieht, aber hören wird er andere. Er spielt auch auf Shem als seinen ›soamheis‹[5] Bruder an; er meint siamesisch.

Dieses Zimmer ist besser, höher gelegen und heller. Als ich merkte, daß mein Gedächtnis nachließ, begann ich in der Klinik *The Lady of the Lake* von Sir Walter Scott, Baronett, auswendig zu lernen. Ich habe in drei Tagen 500 Zeilen gelernt und kann sie fehlerlos hersagen. Keins meiner Kinder kann das. Das ist kein Zeichen von Intelligenz (ich muß mit der Feder meiner Tochter weiterschreiben), aber es ist sehr nützlich. Ich habe mir ein ganzes System ausgedacht – es ist großenteils sehr kindisch –, durch das ich mein Hirn vor der Zerfaserung schützen möchte, aber wegen des grotesken Lebens, das ich jetzt führe, bin ich gezwungen gewesen, es fast ganz fallen zu lassen. Ich habe Mr. Larbaud die Zeichen gezeigt, die ich bei meinen Notizen benutze: ⊓ HCE △ Anna Livia ⊏ Shem ∧ Shaun. Er hat darüber gelacht, aber ich spare so Zeit. Ich hoffe, Sie werden ihn kennenlernen. Es ist ein Vergnügen, sich mit ihm zu unterhalten. Er weiß, was er sagen will, ob es viel ist oder wenig, und sagt es und schreibt es.

Ja, Mr. Tuohy ist der Mann, von dem ich Ihnen erzählt habe. Es freut mich, daß Ihnen das Porträt gefällt. Mir gefallen die Falten des Jacketts und die Krawatte. Er hat Ihnen nicht alles darüber gesagt, wem das Porträt gehört, weil er deswegen noch erst mit jemandem in Dublin einen kleinen Tanz haben wird. Er ist, wie Sie vielleicht an seinen Augen gesehen haben, sehr maliziös – im guten Sinne des Wortes, wenn es den gibt. Ich kann mir die Szene gut vorstellen und habe meinen Spaß daran, wenn ich es auch selbst nicht tun würde.

Ich habe versucht, diesen Brief fröhlich zu halten, und gebe die Hoffnung nicht auf.

1 Über eine Mietwohnung für den Winter.
2 ›Nice‹: englisch ›nett‹ und französisch für ›Nizza‹.
3 Die Predigt beginnt auf Seite 431.
4 *Finnegans Wake* S. 470. (›mit einem kurzen Blick irischer Ausgelassenheit unter den Büschen seiner parallelen Brauen hervor.‹)
5 *Finnegans Wake*, S. 425.

AN HARRIET SHAW WEAVER   *23. Dezember 1924*
                              8 Avenue Charles Floquet, Paris VII

Liebe Miss Weaver,
Ich habe die Erlaubnis, ein wenig zu lesen, nicht aber zu schreiben. Nicht daß ich Ihnen jetzt eine lange Geschichte über meine Augen erzählen will, ich möchte Ihnen nur ein glückliches Weihnachtsfest wünschen. Ich schicke Ihnen ein kleines Buch. Ich hatte gehofft, es könnte *Gens de Dublin* sein, aber das ist noch nicht heraus.

Nur ein paar Worte. Der graue Star wurde entfernt – schwierig bei einem Auge, das seit achtzehn Jahren Attacken ausgesetzt war. Eine Minute oder so habe ich herrliche Dinge gesehen. Dr. Borsch sagt, die Sehkraft würde sich nicht sehr schnell regenerieren, aber sie würde wiederkommen. ›In Bereitschaft sein ist alles.‹ Es soll eine Elektro-Behandlung vorgenommen werden, wenn das zerbrochene Fenster meiner Seele weitere Schocks aushalten kann. Er ist optimistisch, was den Erfolg angeht.

Ich bin immer noch bandagiert – habe lange Cinema-Nächte gehabt und bin *extrêmement fatigué.*

Wenn es mir besser geht und ich sehen kann, ja, dann würde ich gern ein bißchen in den Süden fahren.

Alles, was es Neues gibt, werde ich Ihnen in meinem nächsten Brief schreiben.

Viele gute Wünsche von allen hier. Ich hoffe, Sie werden ein schönes Weihnachtsfest auf dem Lande verleben, und grüße Sie herzlichst. Ihr   JAMES JOYCE

AN HARRIET SHAW WEAVER   *11. April 1925*
[Mit schwarzem Bleistift in großen Buchstaben geschrieben]
                                                    [Paris]

Liebe Miss Weaver,
Mit diesen Zeilen wünsche ich Ihnen frohe Ostern. Die Zahnope-

ration ist vorüber – reden wir also nicht mehr davon. Dr. Borsch hatte die Operation auf Dienstag angesetzt. Jetzt scheint es, als müßte er einige Tage verreisen, aber das steht noch nicht fest. Ich werde es um 3.30 wissen. Auf alle Fälle hoffe ich, daß er es bis Donnerstag gemacht haben wird.[1]

Das Stück für den *Criterion*[2] hat mich fast wahnsinnig gemacht. Es kam von der Abschreiberin (ich war zu blind, um ihr dessen Labyrinthe erklären zu können) in einem furchtbaren Durcheinander zurück. Gestern haben wir es mit drei Vergrößerungsgläsern und der Hilfe meines Sohnes auseinandergehackt, und heute kommt Mr. Morel, um es auf seiner Nähmaschine zusammenzunähen. Ich will es wegschicken, bevor ich in die Klinik gehe. Ich werde Ihnen, wie ich hoffe, spätestens Montag eine Abschrift schicken. Wenn Ungeduld ein Zeichen bevorstehender Gesundung ist, dann bin ich sehr gesund. Mit sehr freundlichen Grüßen herzlich Ihr   JAMES JOYCE

1 Joyces siebente Operation, eine Capsulotomie, wurde von Dr. Louis Borsch um den 15. April 1925 herum durchgeführt. Es war die vordere Wand der Kapsel und die Linse des linken Auges zu entfernen. Die Kapsel ist die hintere Hülle des Augapfels.
2 5. Kapitel von *Finnegans Wake*.

AN STANISLAUS JOYCE   *5. November 1926*
                        2 Square Robiac, 192 rue de Grenelle, Paris
Lieber Stannie,
Ich lege einen Scheck über Lire 6000.– bei, einlösbar in Triest und Mailand. Ich hoffe, Du bekommst ihn rechtzeitig, zusammen mit unseren besten Wünschen für Nelly und Dich. Gib mir Nachricht, wenn Du ihn hast. Ich bin dabei, mich völlig zu überarbeiten. Roth veranstaltet einen Raubdruck von *Ulysses* (gereinigt) in einer neuen Monatszeitschrift[1], von der er monatlich 50 000 Exemplare absetzt. Ich habe versucht, die Veröffentlichung zu verhindern, aber es scheint kein Mittel dagegen zu geben. Die Deutschen, nachdem sie mir in Ostende vier Tage zugestanden hatten, um die Übersetzung mit dem Übersetzer durchzuarbeiten (wir haben 88 Seiten geschafft), hetzen die Übersetzung jetzt in den Druck. Sie steckt natürlich voller absurdester Irrtümer und enthält große Lücken. So geht's mit der kommerzialisierten Literatur. Wenn sie mir keinen délai geben, werde ich Miss Beach bit-

ten, einen Widerruf in der deutschen Presse in Umlauf zu bringen.

Ich hoffe, Du hast Deine Vorbereitungen alle hinter Dir, und
daß die Hochzeit bald stattfindet und daß es eine sehr glückliche
Ehe werden wird.   JIM

Buona fortuna!

1 Samuel Roth druckte von Juli 1926 bis Oktober 1927 14 Episoden von *Ulysses* in
Two Worlds Monthly nach. Erst am 27. Dezember 1928 – als der Nachdruck beendet war – gelang es Joyce, eine gerichtliche Verfügung zu erlangen.

VON EZRA POUND   *15. November 1926*
                                                      Rapallo

Lieber Jim,
Ms.[1] kam heute morgen an. Ja, da bleibt mir nichts übrig, als Ihnen guten Erfolg zu wünschen.

Ich werd es nochmal in Angriff nehmen, bis jetzt kann ich absolut nichts damit anfangen. Es kann doch, soweit ich sehe, unmöglich irgendwas diesen Aufwand an umschweifiger Einkreisung
rechtfertigen, es sei denn die göttliche Vision oder ein neues All-
heilmittel gegen Tripper.

Zweifellos gibt es Leute mit der Lammsgeduld, sich durch einfach alles durchzurackern, auf die pure Chance hin, daß irgendwo
ein Witz versteckt ist... aber... wenn man nicht die leiseste Ahnung hat, ob der Autor nun unterhalten oder belehren will... in
somma...[2]

Bis jetzt habe ich nur die Tristan und Iseult-Abschnitte, die Sie
vor Jahren rezitierten, unterhaltend gefunden... mais apart
ça...

Und ich blicke jedenfalls nicht durch, was mit wo zusammen-
hängt... Undsoweiter.   EP

1 Des Buches Shaun, *Finnegans Wake*, S. 403–590.
2 Ezra Pound in *ABC des Lesens*, S. 89: ›Rodolfo Agricola schreibt in einer fünf-
zehnhundertundirgendwas datierten Ausgabe, der Mensch schreibe:
          »ut doceat, ut moveat, ut delectat«:
          um zu belehren, zu erregen oder zu erfreuen.
  Eine Menge abwegiger Kritik ist darauf zurückzuführen, daß Menschen nicht begriffen, welcher von diesen Beweggründen eine gegebene Arbeit zeitigte.‹

2 Square Robiac, 192 rue de Grenelle

Liebe Miss Marsden[1],

Bevor ich Ihnen schreibe, um zu erklären, was ich tue und warum, möchte ich doch auf die Zurechnungsfähigkeit von Pounds Urteil im gegenwärtigen Moment näher eingehen. Daß wir uns über Dunning[2] einig sind, freut mich. Vor einiger Zeit fragte mich Mrs. Symons (im Namen ihres Mannes)[3], ob ich seit *Chamber Music* nicht wieder Gedichte geschrieben hätte und ob das ein Buch ergäbe. Ich sagte, es würde ein halb so dickes Buch werden, aber ich traute meinem Urteil nicht, da ich selten über Gedichte nachdächte. Alles in allem sind es etwa fünfzehn Gedichte, glaube ich, und irgend jemand wird sie wohl eines Tages zu einem Buch zusammenstellen. Ich erwähnte das Pound gegenüber und fragte, ob ich ihm, sagen wir, zwei davon zeigen könnte. Ich ließ sie in seinem Hotel. Einige Tage darauf traf ich ihn, und er gab mir den Umschlag zurück, sagte aber nichts. Ich fragte ihn, was er davon hielte, und er sagte: sie gehören in die Bibel oder ins Familienalbum zu den Porträts. Ich fragte: Sie halten sie nicht für wert, je neu gedruckt zu werden? Er sagte: Nein, gewiß nicht. Also habe ich Mrs. Symons nicht geschrieben. Erst als ich Mr. Dunnings Gefasel gelesen hatte, das Pound verteidigt, als wäre es von Verlaine, habe ich die Sache von einer anderen Seite gesehen. Es sind alte Sachen, aber sind sie so schlecht, daß *Rococo*[4] besser wäre als sie in ihrer Armseligkeit? [...]

Grüßen Sie Miss Marsden von mir. Mit freundlichen Grüßen herzlich Ihr   James Joyce

1 Versehentlich statt Weaver. Darin drückt sich wohl Joyces Erregung über einige der letzten Briefe von Miss Weaver aus, in denen sie Einwände gegen *Finnegans Wake* geäußert hatte.

Miss Weaver verteidigte ihren Standpunkt: ›Mir scheint, Sie verschwenden Ihre dichterische Kraft‹, schrieb sie am 4. Februar. ›Aber ich glaube wohl, daß ich unrecht habe, und in jedem Fall werden Sie mit dem, was Sie tun, auch fortfahren, warum also sage ich so etwas Dummes, das Sie nur entmutigt? Ich hoffe, das kommt nicht wieder vor.‹ – Joyce hatte sie gebeten, einige Gedichte von Ralph Cheever Dunning zu lesen, die Pound übermäßig gelobt hatte, und am 11. Februar 1927 antwortete sie, daß sie von den Gedichten enttäuscht sei.

2 Ralph Cheever Dunning, englischer Lyriker, hatte *Hyllus, A Drama* (London 1910) und *An Italian Tale* (Paris 1913) veröffentlicht. Die Arbeit, die Pound beeindruckte, war *The Four Winds,* veröffentlicht in *Poetry* und der *transatlantic review.* Pound schrieb darüber im Februar 1925 an H. L. Mencken: ›Dunning ist 47, erster Fall, den ich kenne, daß einer bis zu diesem Alter mediokres und submediokres

Zeug schreibt und dann die Sache in den Griff kriegt. (Mr. Eliot mag's nicht, aber schließlich sieht er auch weder Yeats noch Hardy); möglicherweise gehört Dunning zu unserer Generation und ist den Jungen verborgen.‹ *Letters of Ezra Pound,* hrsg. von Paige. S. 270.

3 Arthur Symons.

4 Ein Gedicht in *The Four Winds.*

AN GEORG GOYERT   *6. März 1927*
                                             2, Square Robiac, 192 rue de Grenelle

Sehr geehrter Mr. Goyert,

Zwei andere Leute sind dabei, Ihre Übersetzung zu lesen, und ich werde deren Vorschläge zusammenstellen und sie zusammen mit meinen, die in Bleistift geschrieben sind, übersenden. Bitte schicken Sie mir eine Liste Ihrer fraglichen Punkte, und könnten Sie wohl Ihre Briefe wegen meiner Augen *mit der Maschine* schreiben. Was kostet die Fahrt mit dem Zug und wie lange dauert sie von Witten[1] nach Paris. Sicherlich wird man uns zugestehen, daß wir uns treffen, bevor die Übersetzung herauskommt! Haben Sie den Schluß von den *Rindern des Helios* fertig? Ihr ergebener   JAMES JOYCE

1 Georg Goyert wohnte in Witten.

AN HARRIET SHAW WEAVER   *20. Mai 1927*
                                                                   2 Square Robiac
                                                    192, rue de Grenelle, Paris

Liebe Miss Weaver,

Es tut mir leid, Sie mit einer Bitte behelligen zu müssen. Es wird Ihnen leider lästig sein, aber Sie sollten, meine ich, die Fahnen der Folge 4 lesen.[1] Ich schicke Ihnen hier die endgültigen Zusätze zum Ms., und die Fahnen sollten zusammen mit *beidem* gelesen werden, meine Handschrift wird Ihnen vertrauter sein als die meines Sohnes, die endgültigen Zusätze sind mit *grüner* Tinte geschrieben. Ich werde die Fahnen gleichzeitig nach der vielleicht fehlerhaften Kopie korrigieren, die im Besitz von Elliot Paul[2] ist. Das wird Ihnen in wenigen Tagen zugeschickt werden. Sollten außerdem irgendwelche Zusätze oder Änderungen von mir in den Folgen 1, 2 und 3 nicht berücksichtigt worden sein, dann wäre ich froh, wenn Sie mir Seite und Zeile, und zwar nach *transition,* angeben würden.

Ich fahre morgen nach Holland und werde Ihnen meine Adresse mitteilen. Mr. Donald Friede, Inhaber von Boni and Liveright, bot mir heute morgen für mein neues Buch $ 2000 Vorauszahlung sofort und 15 % Honorar, aber ich lehnte ab.

Was das Buch selbst und die Weiterführung und Beendigung angeht, habe ich Miss Beach gebeten, sich näher mit James Stephens[3] in Verbindung zu setzen. Ich begann gestern eins seiner letzten Bücher zu lesen, *Deirdre.* Ich glaube, er hat *The Return of the Hero*[4] geschrieben, das mir gefiel. Sein *Charwoman's Daughter* ist jetzt auf französisch erschienen. Er ist ein Dichter und in Dublin geboren. Natürlich würde er nicht einmal einen Bruchteil der Zeit und der Mühe aufwenden, die ich aufwende, aber um so besser für ihn und für mich, und möglicherweise auch für das Buch. Wenn er bereit wäre, auf drei oder vier Punkte zu achten, die ich für wesentlich halte, und ich ihm die Fäden an die Hand gäbe, könnte er das Geplante zu Ende führen. JJ und S (wie man in Irland umgangssprachlich John Jameson and Son's Dubliner Whisky bezeichnet) wäre eine hübsche Signatur unter dem Titel. Mir wäre damit eine große Last von der Seele genommen. Ich werde darüber noch nachdenken und abwarten, bis die Ablehnung noch allgemeiner und schärfer wird.

Dulce et decorum est prope mare sedere – Küchenlatein für süß und geziemend ist es, am Ufer des Meeres zu sitzen.

1 Das vierte Kapitel von *Finnegans Wake* für die Juli-Nummer von *transition.*
2 Elliot Paul (1891–1958), amerikanischer Romancier und Journalist, lebte lange in Paris und war Mitredakteur von *transition.*
3 James Stephens, *The Charwoman's Daughter* erschien 1912, *Deirdre* 1923.
4 *The Return of the Hero* erschien zuerst unter dem Pseudonym ›Michael Ireland‹ und wurde James Stephens zugeschrieben. In einer Ausgabe von 1930 (New York), zu der James Stephens das Vorwort schrieb, wird Darrell Figgis als Autor genannt.

AN HARRIET SHAW WEAVER   *14. August 1927*
                                          2 Square Robiac
                                          192 rue de Grenelle, Paris

Liebe Miss Weaver,
Es tat mir leid, von Krankheit in Miss Marsdens Familie zu hören, aber ich bin froh, daß es vorüber ist. Wir haben hier eine Reihe

von Unwettern gehabt, und ich habe mich von einer Woche zur anderen weitergeschleppt. Mit dem Stück für t. 6[1] bin ich endlich fertig und habe Ihnen das Ms. in zwei Päckchen schicken lassen. Bitte benachrichtigen Sie mich, wenn es angekommen ist. Nr. II[2] ist Λ in seiner zutiefst eindrucksvollen Weiß-alles-Rolle, für die sich ein ›auf ewig ergebener Freund‹[3] (so unterschreibt er seine Briefe) ungefragt als Modell anbot (auch ›Liebling X‹[4] bin ich angeredet worden, der ich hoffnungslos der Gewohnheit, herrschaftliche Titel zu verwenden, verfallen bin). Ich brauchte das als Ballast, und das ganze Stück soll ein besseres Gegengewicht zu Λ abcd bilden. Ich habe noch nie so gegen die Zeit oder unter solch widrigen Umständen gearbeitet. Aber so stimmt es jetzt wohl. Λ *doctor*[5] ist in der Tonlage ein bißchen heiser neben dem mehr melodiösen Shaun des dritten Teils, aber die Worte von Trismegistus sind ebenfalls schroff nach den Liedern von MacCormack.[6]
[…]
Ich wünschte, ich könnte wegfahren. Ich brauche wirklich Monate und Monate der Ruhe, da ich ausgebrannt bin. Meine Situation ist grotesk. Picassos Name steht, denke ich, nicht höher im Kurs als meiner, und er bekommt für eine Arbeit von wenigen Stunden 20000 oder 30000 Francs. Ich bin keinen Penny die Zeile wert, und man kauft mir, wie es scheint, nicht einmal ein so seltenes Buch wie *Dubliners* (Dublin) ab. Natürlich, ich habe verschiedene Vorlese-Reisen durch Amerika abgelehnt und Interviews verweigert.
Ich müßte wohl bis zum Frühjahr hier ausharren, um zu sehen, ob die deutsche und die französische Übersetzung herauskommen und wie sie gehen, wenn sie gehen. Aber das zehrt von Mal zu Mal mehr an meinen Kräften. Und ich weiß, wenn ich gehe, bricht alles zusammen. […]
Ich spüre immer deutlicher die Feindseligkeit und Entrüstung, die man meinem Experiment, ›die dunkle Nacht der Seele‹ zu interpretieren, entgegenbringt. Von der privaten Ranküne enttäuschter Künstler, die ihr Talent oder vielleicht sogar ihr Genie vertan haben, während ich mit geringeren Gaben und unter furchtbaren körperlichen und geistigen Beschwerlichkeiten etwas zustandegebracht habe oder zu haben scheine, kann in Ihrem [? meinem] Fall nicht die Rede sein. […]
Ich las A. E.'s Besprechung von P. P.[7] Sie ist nicht unfreundlich, ich bezweifle allerdings, daß ihm Gedichte besonders liegen, in

denen es nicht um eine Idee geht. Ich glaube nicht, daß Besprechungen in jedem Fall viel besagen. In der englischen Presse ist keine einzige Besprechung erschienen, trotzdem hat ein Londoner Buchhändler vor ein paar Tagen 850 Exemplare bestellt, und aus Dublin sind 250 bestellt worden. Ich habe Bestellungen aus Neapel, Den Haag, Budapest etc. gesehen. Auf gewisse Leute wird das Büchlein wahrscheinlich den gleichen Eindruck machen wie sein Verfasser am Nachtmahltisch. Eine Dame, gekommen, um zu beten, blieb, zu höhnen.[8] ›Er sieht aus wie ein Ertrunkener‹, sagt sie. *Et ça m'est parfaitement égal.* [...]

Zu ›Phoenix‹.[9] Ein Vizekönig, der kein Irisch konnte, dachte, das wäre das Wort, das die Dubliner dafür haben, und stellte das Standbild eines Phoenix in den Park.[10] Das irische Wort ist *fiunishgue* = klares Wasser, das dort aus einer Quelle kommt.[11]

1 In *transition* 6 (September 1927) erschien als nächste Fortsetzung das sechste Kapitel von *Finnegans Wake.*
2 Das sechste Kapitel besteht aus zwölf Fragen und Antworten. Die Antwort Nr. 11, weitaus die längste, besteht aus einer Reihe wissenschaftlicher Exkurse von Shaun in seiner Rolle als pompöser Professor.
3 ›my ever devoted friend‹ (*Finnegans Wake*, S. 159), aufgenommen als ›an everdevoting fiend of his‹ im ersten Shaun-Kapitel (∧a, S. 408).
4 ›Darling gem! Darling smallfox‹ (S. 159).
5 Shaun in seiner Rolle als Professor und Dozent.
6 Hermes Trismegistos, Bezeichnung für den ägyptischen Gott Thoth, dem verschiedene hermetische Bücher zugeschrieben werden, eine weitere Rolle für Shaun, wie der Tenor John McCormack.
7 George Russell (A. E.) besprach *Pomes Penyeach* im *Irish Statesman* (23. Juli 1927) mit gewissen Vorbehalten.
8 Umkehr einer Gedichtzeile von Goldsmith: ›And fools, who came to scoff, remained to pray.‹ (*The Deserted Village*, Zeile 180.)
9 Miss Weaver hatte ›Phoenix Park‹ für den Titel des Buches gehalten.
10 Philip Stanhope, Earl of Chesterfield (1694–1773), 1745–47 Vizekönig von Irland, ließ die Statue des Phönix 1747 im Park errichten.
11 Die legendäre Verbrämung einer mißverstandenen Etymologie spiegelt etwas vom Prinzip von *Finnegans Wake* wider: Joyce verbindet dadurch die Dubliner Gegenwart mit mythischer Vergangenheit, mit Arabien, Phönizien, usw., Wasser mit Feuer, das Thema der zyklischen Erneuerung (der Kreislauf von Anna Livia) mit dem der Auferstehung des Phönix aus der Asche.

An Harriet Shaw Weaver [Postkarte]

8. Oktober 1927
192 rue de Grenelle, Paris

Liebe Miss Weaver,
Ich war recht krank letzte Woche, ein Kollaps, aber bin in Ordnung. Ich arbeite sehr hart an der endgültigen Fassung von △,
auf die ich alles setzte[1] Wenn ich sie abschicke, werde ich schreiben. Ich frage mich, ob ich selbst dann wegkomme. Es freut
mich, daß Ihnen der neue [gefällt.[2] Aber ich bin völlig ›moide-
red‹[3] (irisch für ›wirr im Kopf‹) durch Anna Livia. Ich habe
mindestens weitere 150 [Stunden] an ihre Toilette gewandt. Mit
sehr freundlichen Grüßen herzlich Ihr   James Joyce
P.S. Die Augen sind in Ordnung.   J. J.

1 Er war dabei, *Anne Livia Plurabelle* für die Novembernummer von *transition* (Nr.
8, 1927) zu überarbeiten.
2 Das Shem-Kapitel (vii), *Finnegans Wake,* S. 169–95, erschien im Oktober 1927
in *transition.*
3 So in *Finnegans Wake* (S. 250, 345, 445).

An Valery Labraud   [? *18. Oktober 1927*]
2 Square Robiac, 192 rue de Grenelle

Lieber Larbaud,
Natürlich soll bei allen Diskussionen Ihre Stimme entscheiden.[1]
Ich bin mit Ihrem Brief an Miss Monnier Wort für Wort einver-
standen. Die deutsche Übersetzung kam am letzten Dienstag
heraus.[2] Ich könnte keine Zeile über Svevo – oder sonst irgend
etwas – schreiben.[3] Ich habe gerade die Überarbeitung von Anna
Livia für transition Nr. 8 beendet. Was für eine Arbeit! 1200
Stunden an 17 Seiten. Sie ist gewachsen – flußweise – seit jener
Nacht, als Sie sie unter dem Zeichen des Kleinen Bären hörten.
Die Zahl ihrer fluvialen Ehrenjungfern aus allen Ecken und En-
den der Erde hat sich jetzt auf etwa 350 erhöht[4], glaube ich.
  Ich hoffe, Sie hier bald zu sehen. Herzlichst Ihr

                                            James Joyce
P. S. Und was für eine Adresse haben Sie jetzt???

1 Über die französische Übersetzung von *Ulysses,* bei der sich Unstimmigkeiten
zwischen den Beteiligten ergeben hatten.
2 Von *Ulysses,* im Rhein-Verlag, Basel.

3 Joyce, der andere so insistent veranlaßt hatte, über Schmitz zu schreiben, war von Larbaud gedrängt worden, sich seinerseits über ihn zu äußern. Aber Joyce hatte es sich seit langem zum Prinzip gemacht, weder kritische Essays noch Vorworte zu schreiben. Und so lehnte er ab, wie auch im Jahr darauf, als Schmitz gestorben war.

4 Joyce war stolz darauf, eine so große Zahl von Flußnamen in das *Anna-Livia-Plurabelle*-Kapitel eingearbeitet zu haben.

AN STANISLAUS JOYCE
Poststempel 29. Januar 1928
2 Square Robiac, 192 rue de Grenelle

Lieber Stannie,

Ich erhole mich gerade von einer schmerzhaften Krankheit – eine Darmentzündung, verschlimmert durch Arbeit und Ärger. Ich habe kein Geld. Am 14. des Monats mußte ich weitere Aktien im Werte von £ 300 verkaufen, habe aber den Scheck darüber noch nicht von den Anwälten erhalten. Sobald er eintrifft, werde ich die 600 Francs schicken. Jede Art von Arbeit ist mir verboten worden. Vor einigen Monaten bestellte ich die Vormerkliste für die zu verschickenden Exemplare von *transition* ab, die mich monatlich 400 Francs kostete. Besagte Person ist Miss Weaver, die deswegen und wegen meiner Krankheit nach Paris gekommen ist[1], und diese Notiz geht auf mein Angebot an James Stephens zurück, das Buch zu übernehmen.[2] Zu meiner Überraschung äußerte er sich mit uneingeschränkter Bewunderung darüber. Seine Worte sind zu überschwenglich, als daß ich sie wiederholen könnte, aber er äußerte sich sehr wohlwollend.
JIM

1 Miss Weaver fuhr im Januar nach Paris und blieb bis in den Februar. Sie war zu der Ansicht gekommen, daß ihr Eingreifen in Joyces literarische Arbeiten wenig sinnvoll gewesen war, und hatte den Wunsch, die Dinge, so weit sie konnte, zurecht-zurücken und ihm zu versichern, daß er sich, gleichgültig was er schriebe, auf ihre Unterstützung verlassen könne. In stundenlangen Gesprächen versuchte Joyce, ihr das Buch zu erklären, und weckte in ihr das Verständnis für seine Ziele und Methoden.

2 Joyce war durch die allgemeine Kritik an *Finnegans Wake* so entmutigt, daß er zumindest mit dem Gedanken spielte, Stephens könnte das Buch für ihn beenden.

VON H. G. WELLS
23. November 1928
Lou Pidou
Saint Mathieu, Grasse, A.-M.

Mein lieber Joyce,

Ich habe mich mit Ihnen lange beschäftigt und viel über Sie nachgedacht. Das Ergebnis ist, daß ich nicht glaube, irgend etwas zur Propagierung Ihres Werkes tun zu können. Vor Ihrem genialen Talent, wie es sich schon in Ihren ersten Büchern zeigte, habe ich ungeheuren Respekt und ich fühle jetzt große Sympathie für Sie persönlich, aber Sie und ich gehen absolut verschiedene Wege. Ihre Erziehung war katholisch, irisch, revolutionär; meine war, wie es sich so ergab, naturwissenschaftlich, konstruktiv und vermutlich englisch. Meinem Denken liegt eine Welt zugrunde, in der ein großer Vereinigungs- und Konzentrierungs-Prozeß möglich ist (Zuwachs an Macht und Wirkungsbereich durch Ökonomie und Konzentration der Kräfte), ein zwar nicht unvermeidlicher, aber doch interessanter und möglicher *Progress.* Dieses Spiel zog mich an und beschäftigt mich weiter. Dafür brauche ich eine Sprache (und Aussage), die so einfach und klar wie möglich ist. Sie begannen als Katholik, das heißt also, daß Sie mit einem der Realität starr entgegengesetzten Wertsystem begannen. Ihre geistige Existenz ist besessen von einem ungeheuren System aus Widersprüchlichkeiten. Sie glauben wirklich an Keuschheit, Reinheit und den persönlichen Gott, und das ist der Grund, warum Sie immer in Aufschreie über Fotze, Scheiße und Hölle ausbrechen. Da ich an diese Dinge nicht glaube, sie höchstens als zeitweilige Werte hinnehme, habe ich mich durch die Existenz von Wasserklosetts und Monatsbinden – und auch durch unverdient erlittenes Mißgeschick – nie zu solchen Aufschreien hinreißen lassen. Und während Sie unter dem Wahn politischer Unterdrückung aufwuchsen, wuchs ich unter dem Wahn politischer Verantwortlichkeit auf. Ihnen erscheint es erstrebenswert, Widerstand zu leisten und niederzureißen. Mir nicht im geringsten.

Aber lassen Sie mich jetzt auf Ihr literarisches Experiment kommen. Es ist ein beachtliches Unternehmen, weil Sie ein sehr beachtlicher Mann sind, und in Ihrem überladenen Werk ist eine höchst geniale Ausdruckskraft spürbar, die sich der Disziplin entzogen hat. Aber ich glaube nicht, daß das irgendwohin führt. Sie haben dem einfachen Mann, seinen elementaren Bedürfnissen und seiner beschränkten Zeit und Intelligenz den Rücken gekehrt und haben alles kunstvoll entwickelt. Und was ist das Ergebnis? Ungeheure Rätsel. Ihre letzten beiden Bücher zu schreiben war amüsanter und aufregender, als es deren Lektüre je sein wird. Nehmen Sie mich als einen typischen normalen Leser. Habe ich an diesem Werk großes Vergnügen? Nein. Habe ich das Gefühl, daß ich etwas Neues und Aufschlußreiches erfahre, wie etwa bei der Lektüre von Anreps abscheulicher Übersetzung von Pawlows schlecht geschriebenem Buch über Bedingte Reflexe? Nein. Ich frage also: wer zum Teufel ist dieser Joyce, daß er so viele wache Stunden von den paar tausend, die ich noch zu leben habe, fordert, damit ich zum rechten Verständnis seiner Finten und Schrullen und Genieblitze komme?

Das alles von meinem Gesichtspunkt aus. Vielleicht haben Sie recht und ich ganz und gar unrecht. Ihr Werk ist ein außergewöhnliches Experiment, und ich würde alles unternehmen, um es vor Zerstörung oder hemmender Unterbrechung zu bewahren. Es hat seine Gläubigen und seine Anhänger. Mögen die sich daran freuen. Für mich ist es eine Sackgasse.

Meine herzlichsten guten Wünsche Ihnen, Joyce. Ich kann Ihrem Banner nicht länger folgen, noch Sie dem meinen. Aber die Welt ist weit und hat Raum genug für unser beider Irrtümer.

Ihr   H. G. WELLS

AN HARRIET SHAW WEAVER   *22. November 1929*
[diktiert]   *192 rue de Grenelle, Paris*
Liebe Miss Weaver,
Unfähig zu denken, zu schreiben, zu lesen oder zu sprechen, habe ich in den letzten drei Wochen täglich sechzehn Stunden geschlafen. Hier nichtsdestoweniger eine weitere Folge von Nachrichten. Die zweite Auflage der französischen Ausgabe[1], die sehr gut subskribiert wurde, kommt Heiligabend heraus. In Italien ist die Nachfrage groß. Eins von Gilberts Kapiteln, Äolus, soll in einer italienischen Zeitschrift erscheinen. Die deutsche Übersetzung[2] soll am 1. Januar in einer zweiten Ausgabe herauskommen, für die ebenfalls weitgehend subskribiert wurde, und von Gilberts Essays soll einer in einer deutschen und einer in einer französischen Zeitschrift erscheinen, und er hat mir weitere Episoden vorgelesen. Das vollständige Manuskript wird in einigen Wochen in London sein. Fargue hat einen Artikel über mich geschrieben und kommt morgen her, um mit mir an der französischen Übersetzung der letzten acht Seiten von Alp zu arbeiten. Ogden schickte mir eine Platte, aber Lucia hat sie zerbrochen, und wir warten auf die anderen. Eine wird Ihnen geschickt werden, so-

bald die H. M. V.-Fabrik[3] aufwacht. Der Komponist Herbert Hughes war hier. Er notierte sich meine beiden irischen Come-all-yous, die ich ihm am Klavier vorspielte, und will sie setzen und veröffentlichen als gesungen von. Er sagte mir auch, er wolle dafür sorgen, daß fünf Lieder aus P. P. von fünf englischen Komponisten, darunter er selbst (er ist aus Belfast), vertont und in einem Band veröffentlicht würden.[4] Die anderen sollen von Arthur Bliss[5], Arnold Bax[6] und ich glaube er sagte Vaughan Williams gemacht werden. Auch Eugene Goossens[7] schrieb um die Genehmigung, acht weitere aus *Chamber Music* vertonen zu dürfen. Neunzehn aus diesem Band wurden allein in diesem Jahr vertont, so scheint also der Titel berechtigt gewesen zu sein. Mein Sohn sang vor einigen Wochen bei einem halb-privaten Konzert und hatte großen Erfolg. Ich nahm Mr. John Sullivan[8] mit, den ersten Tenor der Pariser Oper: er ist wahrscheinlich einer der ausdrucksvollsten dramatischen Tenöre unserer Zeit und ein großer Bewunderer meiner Bücher. Er gefiel ihm gut, und er will tun, was er kann, um ihn durchzusetzen. Lucia [...] hofft, eine Stellung als Ausbilderin an der Schule zu bekommen, wenn Margaret Morris, wie angekündigt ist, nach Paris kommt. Sie hat ebenfalls ein gutes Stimmvolumen, vielleicht sogar noch mehr als ihr Bruder, aber sie weigert sich zu singen. Da ich nichts Besseres zu tun habe, werde ich jetzt anfangen, jeden Nachmittag laut zu heulen, in der Hoffnung, mich selber aus dem Schlaf zu rütteln. Habe ich Ihnen erzählt, daß A. M.[9] geheiratet hat? Er übersetzt *Lady Chatterly's Lover*[10] ins Französische und soll noch den Rest von P. P.[11] machen. Ich bekomme von niemandem in London eine befriedigende Antwort über Dujardins Buch, und der arme Mann denkt, es sei alles geregelt, G. M.s[12] Vorwort und alles übrige. Sie erinnern sich an seine Widmung in *Les Lauriers*. Naja, er brachte mir seinen *Ulysses,* und um ihm Kuchen für Brot zu geben, schrieb ich hinein: ›An E. D. Annonciateur de la parole intérieure, le larron impénitent. J. J.‹ Laure, unser Mädchen, hat geheiratet, aber nach vielen Schwierigkeiten in dieser Zeit der Feste oder deren Bevorstehen haben wir eine andere gekriegt. Über meine Augen werde ich vielleicht in etwa einer Woche Neues sagen können, da Dr. Collinson und Dr. Fontaine miteinander Rücksprache halten werden. Sie tappen fast so sehr im Dunkeln wie ich. James Stephens war eine Woche hier. Wir sahen uns fast jeden Tag, und ich erklärte das Buch, jedenfalls einen großen Teil davon, und er versprach mir, daß er sich, falls ich es in meinem Zustand für Wahnsinn hielte, weiterzumachen, und keinen anderen Weg sähe, mit Leib und Seele der Vollendung des Buches widmen würde, das heißt, dem zweiten Teil und dem Epilog oder vierten Teil. Ich war sehr froh, mit ihm sprechen zu können, und dabei werden wir es nun fürs erste belassen. Ich bin nun nicht länger an *Transition* gebunden, aber das Earwicker-Fragment hängt immer noch über mir. Wo ich in mir die Energie hernehmen soll oder die vielfache Hilfe von außerhalb, die ich brauche, um mit diesem Fragment für eine private Veröffentlichung fertig zu werden, weiß ich im Augenblick nicht. Ich hoffe, Sie haben Freude an *Transition* und gleichfalls an der Art, wie ich mir Ihr Buch über Kirchen in der City zunutze gemacht habe.

Ich hatte einen Brief von Schwartz[13], der mich um eine Photographie bat, da er sich in London so einsam fühlt. In der Dezembernummer von *Vanity Fair* steht ein langer Artikel über T. H.[14] Bei der Erwähnung von T. H. fällt mir der Tod von T. P.[15] ein. Sehr merkwürdig, dieses Rapprochement zwischen mir und sehr alten Männern. E. D.[16], Italo Svevo, G. M. und sogar T. H. selbst. Und jetzt hat mir der Poeta Laureatus Robert Bridges aus eigenem Antrieb ein signiertes Exemplar seines letzten, dem König gewidmeten Buches *The Testament of Beauty* geschickt, mit einer Widmung, in der er seine volle Sympathie mit dem zum Ausdruck bringt, was ich zu machen versuche. Stellen Sie sich meine Überraschung vor. Die Bergwerksleute haben auch wieder geschrieben und uns für vierzehn Tage eingeladen etc.

Ich hoffe, Sie bleiben von dem schlimmen Wetter in Ihrem Teil des Landes verschont und daß Sie mir, wenn Sie Zeit haben, schreiben, was es bei Ihnen Neues gibt. Nachdem er selbiges gesagt hatte, legte er sein Haupt auf den Tisch und sank in Murphys Arme.[17]

1 Die zweite Auflage von *Ulysse* erschien im Januar 1930 bei Adrienne Monnier und J.-O. Fourcade, Paris.
2 Die zweite und die dritte Auflage erschienen 1930 im Rhein-Verlag, Zürich.
3 His Master's Voice.
4 Der Band *The Joyce Book,* mit den Vertonungen einzelner Gedichte, kam erst im März 1933 heraus.
5 Arthur Bliss vertonte Joyces ›Simples‹ in *The Joyce Book.*
6 Sir Arnold Trevor Bax (1883–1953), englischer Komponist, vertonte ›Watching the Needleboats at San Sabba‹.

7 Eugene Goossens vertonte ›*Chamber Music,* Six Songs for Medium Voice‹, London, 1930.

8 John Sullivan (gest. ca. 1958) stammte aus Cork. Als Zwölfjähriger ging er nach Rouen. Er erhielt eine musikalische Ausbildung und wurde einer der ersten Tenöre der Pariser Oper. Stanislaus Joyce lernte ihn in Triest kennen und war entzückt, ihn das *Portrait of the Artist* lesen zu sehen. Er schrieb seinem Bruder, und Joyce traf sich mit Sullivan in Paris. Als er Sullivan im *Tannhäuser* singen hörte, wurde er ein glühender Verehrer und brachte während der nächsten drei Jahre viel Zeit mit dem Versuch hin, seinem Freund die Anerkennung zu verschaffen, die ihm gebührte. Vgl. ›From a Banned Writer to a Banned Singer‹ (1932), in *The Critical Writings of James Joyce,* ed. E. Mason und R. Ellmann, London 1959, S. 258 f.

9 August Morel.

10 D. H. Lawrence (1885–1930); *Lady Chatterley's Lover* erschien 1928.

11 Auguste Morel hatte sieben Gedichte von *Pommes Penyeach* übersetzt, *Poemes d'api,* erschienen in *Bifur* 3 (September 1929), Paris.

12 George Moore.

13 Jacob Schwartz, Buchhändler und Sammler, führte in London einen Ulysses Bookshop.

14 Thomas Hardy.

15 T. P. O'Connor, Herausgeber von *T. P.'s Weekly.*

16 Edouard Dujardin.

17 Morpheus. Vgl. ›in Murphys Armen lag‹ im *Ulysses* (S. 668).

AN HARRIET SHAW WEAVER   *18. März 1930*
[diktiert]   *2 Square Robiac*
                                    192 rue de Grenelle, Paris

Liebe Miss Weaver,

Seit einigen Monaten haben Sie nicht mehr von mir gehört, aber ich habe Ihnen in dieser Zeit hin und wieder Nachricht zukommen lassen. Ich habe die Überarbeitung des Fragments für die Veröffentlichung gestern abend um sieben beendet und zur selben Zeit vermutlich meine literarische Karriere ebenfalls. [...]

  Lassen Sie mich Ihnen jetzt erzählen, was in den letzten paar Monaten getan worden ist. Die zweite Auflage der deutschen Ausgabe von *Ulysses* ist erschienen und die dritte soll im Juni kommen. Die französische Ausgabe ging in die zweite Auflage und der Verlag scheint darüber recht glücklich zu sein. Gilbert hat die ersten Fahnen seines Buches korrigiert, das in der dritten Aprilwoche herauskommen soll.[1] A L P ist für den 1. Mai angekündigt.[2] H. C. E. habe ich der Fountain Press, Nachfolger von Crosby Gaige, angeboten. Sie lehnten es ab, das geforderte Honorar zu zahlen, worauf ich es Babou und Kahane in Paris gab, die es am 12. April herausbringen werden. Als er das erfuhr, kam der

213

Pariser Vertreter der Fountain Press zu mir und bat mich um ein viertes Fragment, nachdem man das dritte gerade abgelehnt hatte! Ich gab ihm eine ausweichende Antwort, woraufhin er die Herren Babou und Kahane aufsuchte und die Hälfte der Auflage vor Erscheinen kaufte.[3] Die Herren Babou und Kahane *plus* Mr. Adams schrieben mir dann via Pinker und boten mir einen Vorschuß für das fertige Buch an; ein ähnliches Angebot machte mir – über die *Chicago Tribune* – ein Verlag in Amerika namens Selt, der mir als Vorschuß eine, wie man schrieb, handfeste Summe anbot und sich bereit erklärte, sieben Jahre bis zur Beendigung des Manuskripts zu warten. Ich werde auf das durch Pinker vermittelte Angebot nach weiteren vierzig Seiten zurückkommen, wenn ich wieder in der rue de l'Odéon bin. Was sich sonst tat – die Übersetzungen ins Polnische und Tschechische sind vereinbart worden. *Verbannte* wurde am 9. in Berlin am Deutschen Volkstheater aufgeführt. Man lud mich zur Premiere ein, ich fuhr aber nicht hin. Am 15. April soll es in Mailand aufgeführt werden. Dujardins Buch wird in englischer Übersetzung von der Mandrake Press gebracht, mit einem Vorwort von George Moore und einer Notiz über meine Beziehung zu dem Buch.[4] Zwei Kapitel von Gilbert sind auf französisch erschienen, in *Echanges* und in der *Revue de Genève,* aber es lohnt kaum, sie Ihnen zu schicken, da Sie die englische Ausgabe in wenigen Wochen in Händen haben werden. Ich halte es für wahrscheinlich, daß Fourcade, mein französischer Verleger, es in französischer Übersetzung bringen wird. Er gab vor ein paar Tagen ein großes Essen für mich, eins der besten, die mir je auf den Tisch gekommen sind. Aber ich war alles andere als ein Erfolg, und wenn ich Ihnen sage, daß ich vor dem Champagner ging, dann können Sie sich vorstellen, in was für einer Stimmung ich war. Jedenfalls habe ich Madame am nächsten Morgen Blumen geschickt, und ich werde sie bald zu einem stilleren Essen bitten. [...]

Als ich mit den Beiträgen für *Transition* aufhörte, spürte ich ein plötzliches Nachlassen der Kräfte, denn ich war entschlossen, mich in einem so schlechten Zustand nicht an den zweiten Teil heranzumachen (die Überarbeitung dieses letzten Stückes war eine furchtbare Plackerei, die sich über zwei Monate hinzog, in denen ich Tag und Nacht, manchmal bis ein Uhr morgens, arbeitete, wobei mir sieben verschiedene Personen halfen, sieben verschiedene Teile dieser Arbeit zu bewältigen, aber natürlich konnte es so unmöglich weitergehen). In dieser Gemütsverfassung hörte ich Sullivan zum ersten Mal singen, und ich habe während der letzten viereinhalb Monate ununterbrochen getan, was ich konnte, um ihn gegen die italienische Clique, die ihre Hand auf den Opernhäusern von London, New York und Chicago hat, durchzusetzen. Er hat ein störrisches Temperament, ist streitsüchtig, sprunghaft, hochmütig, undiplomatisch und neigt dazu, sich aufzuspielen, aber er hat auf der anderen Seite Humor, ist gesellig, nicht affektiert, amüsant und belesen. Er sorgt für eine elfköpfige Verwandtschaft und ist fünfzig Jahre alt. Unter diesen Umständen war es notwendig, ihm den Weg zu ebnen, und das habe ich getan. Ich habe dafür gesorgt, daß er sehr gute Besprechungen bekam in der *Morning Post* (zweimal), in *Daily Telegraph, Daily News, Manchester Guardian, Irish Independent, Irish Statesman, Chicago Daily Tribune, New York World, New York Sun* (zweimal), *Daily Mail, New York Times* mit Photographie, in *l'Intransigeant* und *La Rampe* hier in Paris. Ich habe einen Flankenangriff auf die Oper in Chicago und New York unternommen. Auf diese Weise habe ich ihm sein erstes Dubliner Engagement beschafft; er singt dort am 27. April, wofür er £ 120 bekommt, fünfmal so viel wie an der Pariser Oper. Außerdem hat Sir T. Beecham[5], den ich veranlaßte, zwei Musikkritiker zu seinem Konzert herüberzuschicken, versprochen, ihn für die englische Aufführung von *Wilhelm Tell* zu engagieren, wahrscheinlich für das gleiche Honorar, und Adams, der seine Finger auch im Theaterbrei hat, versprach, natürlich mit einem Auge auf mein Buch, für ihn eine Reihe von Symphoniekonzerten in den Vereinigten Staaten zu organisieren. All das brachte für jemanden, der sich wirklich Mühe gab und sich in dem Milieu, in dem er sich bewegte, nicht besonders auskannte, eine Unzahl von Telephongesprächen mit sich, von Briefen, Interviews, Theaterbesuchen, Jagd auf Zeitungen, Bewirtungen und Bewirtetwerden. Mit dem Ergebnis, daß ich durch all das und die Arbeit an H C E ziemlich am Ende bin und tatsächlich in den letzten beiden Tagen eine ganze Reihe von Miniatur-Schwächeanfällen hatte, die nur wenige Sekunden dauerten. Sullivan ist Gott sei Dank auf einige Wochen nach Afrika gefahren, und auf alle Fälle werde ich etwas langsamer treten, wenn er zurückkommt, denn ich habe nun alle erdenklichen Hebel in Bewegung gesetzt. Ich glaube, hinter dem Spannungszustand, auf den ich im Anfang anspielte, steckt mehr als meine altbekannte Unfähigkeit, meine Buchhaltung in Ordnung zu halten. Einige Wochen lang nahm man es lächelnd als Marotte hin, aber als man sah, daß ich weiterging und Druck dahintersetzte, entstand der Eindruck, als sei ich nicht ganz richtig im Kopf. Die Art, wie ich Sullivan einführte, zerstreute diese Bedenken, dank seiner echt französischen Ungeniertheit und seiner Erscheinung, mit der er den Eindruck erweckt, als sei er mit neunundvierzig gerade aus dem Internat entwichen. Aber als ich die Kampagne wieder aufnahm, begann man erneut an meinem Verstand zu zweifeln. Sie müssen wissen, daß die Pariser Intellektuellen, und das nicht ohne Grund, die Pariser Oper für unter aller Kritik halten, und das Schauspiel, den hochillustren Verfasser des *Ulysses* Scharen von Journalisten und protestierenden Bewunderern in dieses altmodische Opernhaus treiben zu sehen, damit sie sich antiquierte Musik, vom Oldtimer Sullivan gesungen, anhörten, das war zu viel. Zweifellos mögen meine Bemühungen für ihn übertrieben gewesen sein, und vielleicht habe ich mich in den Augen nüchtern denkender Menschen lächerlich gemacht, aber das kümmert mich recht wenig, denn er hat mit Abstand die herrlichste Stimme, die ich je hörte, und neben ihm ist Schaljapin ein Maulheld und McCormack unbedeutend. An einem der Abende, als er in Anwesenheit von Miss Beach und Miss Monnier sang und letztere mich fragte, warum ich das alles für einen ihrer Meinung nach Unbekannten getan hätte, sagte ich, vielleicht etwas unbedacht, aber ohne Namen zu nennen, ich wäre (und zwar durch sie beide), seit ich in Paris sei, vielen anerkannten Genies in Literatur, Musik, Malerei und Bildhauerei vorgestellt worden und ich hätte sie alle recht sympathisch und freundlich gefunden, aber für mich wären sie Vielleichts, während es über die Stimme Sullivans kein Vielleicht gäbe. Ich sagte das absichtlich, in erster Linie, weil ich immer versichert habe, ich verstünde wenig von Literatur, noch weniger von Musik, nichts von Malerei und weniger als nichts von Bildhauerei; aber vom Singen, glaube ich, verstehe ich etwas. Und zweitens, weil ich fortwährend in schwierige Situationen gebracht werde, mit denen fertig zu werden ich nicht schlagfertig genug bin, und zwar durch die plötzlichen Exaltationen oder Depressionen der Odéon Bourse, nicht, natürlich, im Zusammenhang mit mir, denn in ihrer Loyalität mir gegenüber sind die beiden nie schwankend gewesen. Es gibt noch einen zweiten Grund – ich habe viel Geld ausgegeben und viel diplomatische

Mühe aufgewendet, um mir ein Copyright für *Work in Progress* in den Vereinigten Staaten zu sichern. Ich habe es nun, aber sie haben mich ebenfalls, genau wie ich es im Fall Roth hatte und sie ebenfalls. Mein Copyright muß ich mir dort unter allen Umständen sichern. Ich muß zuerst bei einem amerikanischen Verlag publizieren. Adams, der Anwalt ist, weiß das und Conner hatte es mir schon gesagt. [...] Aber Miss Beach hat natürlich das Gefühl, daß ich es an der nötigen Entschiedenheit fehlen lasse, ihr das Buch, auf das sie wartet und bei dem sie mir so sehr geholfen hat, zu übergeben. Aber hier geht es nicht um Entschiedenheit, denn in diesem Fall muß man vorsichtig vorgehen und eine Art Kompromiß suchen, da Geld, Macht und Gesetz in Amerika nun einmal sind, wie sie sind. Der dritte Punkt ist meine scheinbare Gleichgültigkeit hinsichtlich der *Ulysses*-Ausgaben, der Aufsätze und anderen Publikationen – abgesehen von deren Absatz –, und meine Neigung, da aufzuhören, wo ich jetzt angelangt bin, und den Rest von jemand anders schreiben zu lassen. Zu diesem Punkt kann ich jetzt nichts sagen, denn seit Tagen habe ich eine Leere im Kopf.

Wenn ich mit der Arbeit aufhöre, hat es wohl für mich wenig Sinn, weiter in Paris zu bleiben. Das bedeutet nun einmal ein ständiges Angreifen des Kapitals – bisher konnte ich durch meine Arbeit dafür aufkommen –, so daß ich glaube, ich sollte den Mietvertrag für diese Wohnung nicht verlängern, und was meine Bücher angeht, wäre es sinnlos, eine Zentnerfracht von Dingen, die ich doch nicht lesen kann, mit mir herumzutransportieren, so daß ich daran denke, nur die Bücher mit Widmung und gute alte Wörterbücher zu behalten. Darüber werde ich jetzt nachdenken, da ich sowieso nichts weiter zu tun habe und mich bis Mai entschieden haben muß. Ich beende jetzt diesen Brief und hoffe, Sie damit nicht zu sehr gelangweilt zu haben. [...]

1 Stuart Gilbert, *James Joyce's Ulysses*, London, 1930 (*Das Rätsel Ulysses*).
2 Die englische Ausgabe von *Anna Livia Plurabelle* erschien am 12. Juni 1930 in London bei Faber & Faber.
3 Im Juni 1930 kam *Haveth Childers Everywhere, Fragment from Work in Progress*, bei Henry Babou und Jack Kahane, Paris, und in New York bei der Fountain Press heraus.
4 *We'll to the Woods No More,* übersetzt von Stuart Gilbert.
5 Sir Thomas Beecham (1879–1961), englischer Dirigent.

Von Nora Barnacle Joyce
an Harriet Shaw Weaver   *Poststempel 15. Juni 1930*
                                            St. Gotthard Hotel, Zürich

Liebe Miss Weaver,

Ich konnte bis jetzt nicht schreiben, da der Arzt die Augenunter-
suchung meines Mannes auf heute morgen verschoben hat. Er
untersuchte ihn fast eine Stunde und stellte fest, daß die Sehkraft
sich sehr gebessert hatte so daß er, obwohl er es lieber gesehen
hätte wenn wir zur Beobachtung noch weitere vierzehn Tage geblieben wären aber nicht möchte daß uns weitere Hotelkosten
entstehen vorläufige Gläser verschrieben hat und meinem Mann
gestattet nach Paris zu fahren sobald diese fertiggestellt sind.
Mein Mann bittet Sie mit niemandem über seine Augen zu sprechen bis ich weiteres geschrieben habe.[1] Natürlich ist er sehr enttäuscht daß wir zum 20. nicht mit Ihnen im Covent Garden sein
können aber er hofft daß wir bei der zweiten oder der letzten Aufführung von Romeo dabei sein können. Er bittet Sie Morning
Post und Daily Telegraph vom letzten Donnerstag an seine Pariser Adresse zu schicken. Herzliche Grüße von uns beiden

                                                        Nora Joyce

1 Joyce hatte seine Gesundung geheimhalten wollen, weil er ein aufsehenerregen-
des, öffentliches Bravourstück ausgeheckt hatte, um seinem Freund, dem Tenor
John Sullivan, zu helfen. A11m 30. Juni 1930 wohnte er in der Pariser Oper einer
Aufführung von *Guillaume Tell* bei, in der Sullivan die Rolle des Arnold sang; mitten in der Oper wurde es, wie die Zeitungen berichteten, ›auf einmal still . . . als sich
in einer der Logen ein Mann, den viele als James Joyce erkannten, . . . mit dramati-
scher Geste vorbeugte, eine Brille mit dicken dunklen Gläsern von den Augen nahm
und ausrief: »*Merci, mon Dieu, pour ce miracle. Après vingt ans, je revois la lumière.*« (›Ich danke Dir, mein Gott, für dieses Wunder. Nach zwanzig Jahren sehe ich
wieder das Licht.‹‹. Er teilte mit, daß seine Ärzte ihm die Erlaubnis gegeben hätten,
seine dunkle Brille nur während der Oper abzunehmen. Sullivan wurde in den Pres-
seberichten über diesen außergewöhnlichen Vorfall gebührend erwähnt.

An Harriet Shaw Weaver
[von Joyce getippt]   *22. Dezember 1930*
                                            192 rue de Grenelle, Paris

Liebe Miss Weaver,

Vor allem wünsche ich Ihnen frohe Weihnachten. Einen Teil der
Neuigkeiten kennen Sie. Das Verhältnis zwischen meiner Frau
und meiner Schwiegertochter[1] ist gegenwärtig sehr herzlich. Wir
waren bei der Hochzeit, die privat war, aber ihr blöder Anwalt
vergaß auf dem Standesamt die Klauseln über die Gütertrennung

in der Urkunde aufzuführen, die mein Sohn vor einigen Tagen hatte aufsetzen lassen, so daß mein Sohn nach französischem Gesetz zum Monarchen über alles wird, was er überblickt. Ich lege einen weiteren Brief von Hughes bei, der jedesmal ein Stück weitergeht. Er meint es gut, aber ich bin in einer vertrackten Situation gegenüber Milhaud und Jarnach[2], die ich heute abend in einem Konzert treffen muß, von Antheil ganz zu schweigen, der offenbar auf Betreiben Pounds Byron[3] fallenläßt und von mir will, daß ich ihm ein neues schmissiges Libretto schreibe. Ich telegraphierte ablehnend und stellte ihm ein höflich gehaltenes Ultimatum, entweder an meiner Bearbeitung weiterzumachen oder sie mich Strawinsky übergeben zu lassen, worauf er noch nicht geantwortet hat. Mrs. Colm hat den Plan, bei einem amerikanischen Verleger eine Joyce-Anthologie herauszubringen, an der ich, wie sie beteuert, 10 000 Dollar verdienen soll. Aber inzwischen hat der Mann, der auf Colms Vorschlag hin gerade eine édition de luxe meines Essays über Mangan[4] mit einem Vorwort von C. herausgebracht hat, Wind bekommen von Schwarz' unautorisierter erster Ausgabe[5] des gleichen Textes und ziert sich, die vereinbarten 9000 Francs zu kabeln. Der Ärger, den ich mit Faber and Faber und Babou und Kahane hatte, ist noch nicht zu Ende. Durch ein Versehen von Miss Beach übertrug ich letzteren die Exklusivrechte an H. C. E., so daß ich F and Fs in dieser Woche fällige Buch[6] stornieren mußte, aber die Genehmigung erhielt, es im April herauszubringen, dadurch daß ich B und K eine Option auf das nächste Fragment gab. Ich leide weiter an Schlaflosigkeit, was schrecklich lästig ist, und ich werde nicht imstande sein, den ersten Entwurf vor Ende des Jahres, wenn überhaupt bis dahin, fertigzustellen. Gorman ist mit einer Biographie über mich beschäftigt, für die ich ihn ausführlich mit Informationen versorgen muß, und ich versuche außerdem, Miss Monniers Schwester[7], die kein Englisch kann, den Text von Chapelle D'Izzied (dem nächsten Stück)[8] zu erklären, für das sie ein hieroglyphisches Vorwort schreiben soll. Auch muß ich Colm bei seinem Vorwort für Hughes' Buch[9] helfen und daneben bei den Sitzungen zur französischen Übersetzung von A. L. P. dabeisein.[10] Hier ist alles mächtig durcheinander wegen des bankpolitischen Skandals, und mit einem Knall fiel meine Honorarrücklage gerade in dem Augenblick im Kurs, als Hochzeit, Weihnachten und Neujahr vor der Tür standen, so daß ich sofort weitere £ 100 flüssig machen muß und es mir sehr genehm wäre, wenn M und S[11] mir die Hälfte davon in dem Moment, wo sie nach der allzu kurz bemessenen Julfest-Frist ihr Büro betreten, vorab schicken könnten. Sullivan hat Marseille in einen Taumel versetzt und ist nach Neapel gefahren, um dort im San Carlo zu singen, wahrscheinlich dem größten Musiktheater der Welt, aber die Bumsköpfe von Covent Garden dösen weiter vor sich hin. Ich hoffe, seine neue Platte, die ich Ihnen geschickt habe, ist gut angekommen. Eine Seite ist dürftig und die andere nur hübsch, da [...] eine miserable Firma ist, aber S. brauchte natürlich das Geld und nahm dieses Angebot an. Würden Sie bitte H8.s Brief an Miss Beach zurückschicken?

Diese Maschine ist mein neues Spielzeug, und das ist jetzt meine Schwäche, aber die große, die ich Miss Monnier im Austausch dafür gab, ist ihr Verderb. Da meine Augen müde sind, höre ich jetzt auf. Dank für die prompte Rücksendung des Briefes für Colm, der ihn brauchte.

Nochmals gute Wünsche für Crispnessnice[12] und sehr freundliche Grüße. Herzlichst Ihr   JAMES JOYCE

1 George Joyce heiratete am 10. Dezember 1930 Helen Kastor Fleischman. Nora Joyce mißbilligte die Ehe zunächst wegen des Altersunterschiedes, bekam aber bald ein gutes Verhältnis zu ihrer Schwiegertochter.
2 Philipp Jarnach (geb. 1892), in Frankreich geborener Dirigent und Komponist, den Joyce während des Ersten Weltkrieges in Zürich kennenlernt hatte. Weder Jarnach noch Milhaud sind in *The Joyce Book* vertreten.
3 Die Oper nach Byrons *Cain,* zu der Joyce George Antheil angeregt hatte. Aber mit Ausnahme von geringen Kürzungen, die er vorschlug, weigerte er sich, den Text in irgendeiner Form zu bearbeiten, und wollte nicht zulassen, daß sein Name auf dem Programm genannt würde. Pound sagte Antheil, daß das Thema unmöglich sei.
4 Diese Ausgabe ist unauffindbar geblieben.
5 Jacob Schwartz, Inhaber des Ulysses Bookshop, veröffentlichte *James Clarence Mangan* am 7. März 1930 in einer Auflage von 40 Exemplaren, die, wie er Joyce informierte, nicht zum Verkauf gedacht waren.
6 Faber & Faber veröffentlichte *Haveth Childers Everywhere* am 8. Mai 1931; Babou und Kahane hatten ihre Ausgabe im Juni 1930 bei der Pariser Fountain Press erscheinen lassen.
7 Mme. Paul Bécat (Marie Monnier), Künstlerin und Weberin.
8 Es erschien nicht.
9 *The Joyce Book,* hrsg. von Herbert Hughes (London 1933) enthielt Padraic Colums Essay ›Joyce as Poet‹.
10 Samuel Beckett (geb. 1906) und Alfred Péron (gest. 1945) begannen *Anna Livia Plurabelle* Ende 1930 ins Französische zu übersetzen. Als Beckett nach Irland zurückkehren mußte, bearbeiteten Paul Léon, Eugene Jolas und Ivan Goll ihre Übersetzung unter der Aufsicht von Joyce. Später wurden auch Philippe Soupault

und Adrienne Monnier hinzugezogen. Die endgültige Fassung wurde in der *Nouvelle Revue Française* XIX. 212 (1. Mai 1931) veröffentlicht; sie ist enthalten in *Finnegans Wake* (Fragmente in Übersetzung), Paris 1962, und auch in *Anna Livia Plurabelle,* Frankfurt 1970.

11 Monro, Saw & Co, die Joyces Vermögen verwalteten.

12 Verballhornte Form, wohl für ›nice Christmas‹, im Sinn von ›hübsche Knusprigkeit‹.

AN HERBERT GORMAN   *24. Januar 1931*
                                    192, rue de Grenelle, Paris
Lieber Gorman,
Diese Zeilen schreibe ich, um Sie und Ihren Verleger zu verständigen, daß Sie der einzige Autor sind, der von mir autorisiert ist, ein Buch über mein persönliches Leben und meinen Werdegang zu schreiben. Soweit ich weiß, hat bislang kein anderer Schriftsteller ein solches Werk in Angriff genommen; sollte das aber jemand tun, so können Sie versichert sein, daß ich ihm keinerlei Informationen geben noch ihm Zugang zu irgendwelchen persönlichen Dokumenten gestatten werde, die in meinem Besitz sein mögen. Kritische Studien über mein Werk sind natürlich eine andere Sache.

  Mit freundlichen Grüßen Ihr   [ohne Unterschrift]

AN PADRAIC UND MARY COLUM   *18. Juli 1931*
          28 B Campden Grove, Kensington, W. 8[1]
Lieber Colm und Mrs. Colm,
[…] ich kann mich, was Ihren freundlichen Dublin-Vorschlag angeht, nicht aufraffen, den zweiten Kanal zu überqueren. Meine Augen sind zu schwach. Ich habe nicht genug Geldmittel, selbst wenn ich diese Vorschüsse abhebe. Ich habe in Dublin keinen Freund, auf den ich mich verlassen könnte. Bitte danken Sie Ihrer Schwester. Wir könnten vielleicht darüber sprechen, wenn Sie hier wären. Und zu große öffentliche Aufmerksamkeit hat diese Kensington-Zeremonie gefunden.[2] Es war sehr aufregend, als der Standesbeamte sich weigerte, in Funktion zu treten, und sagte, wir sollten gehen und uns scheiden lassen, aber nachdem mein Anwalt Gesetzbücher vorgelegt hatte, vollzog er den Akt. Während ich die Urkunde unterschrieb, unterschrieb der König die neue Gesetzesvorlage, die die Engländer das Heirate-Deine-

Tante-Gesetz nennen. Er sollte jetzt ein Heirate-Deine-Frau-Gesetz[3] unterschreiben. Herzlichst Ihr JAMES JOYCE

1 Die Familie hatte sich hier am 10. Mai niedergelassen, in der Absicht, alljährlich zurückzukommen.

2 Joyce und Nora Barnacle wurden am 4. Juli 1931 im Standesamt in Kensington getraut. Um Gerede zu vermeiden, hatte Joyce eine Geschichte von einer früher stattgehabten Eheschließung erfunden, aber die Journalisten und Photographen gaben der Zeremonie eine peinlich breite öffentliche Resonanz.

3 Das neue Ehegesetz (bezüglich der Verwandtschaftsgrade künftiger Ehepartner) legalisierte die Ehe eines Mannes mit der Nichte seiner verstorbenen Frau und die Ehe einer Frau mit dem Neffen ihres verstorbenen Ehemannes. Es wurde im Mai vom Unterhaus und im Juli vom Oberhaus verabschiedet und am 31. Juli 1931 vom König ratifiziert.

AN T. S. ELIOT   *1. Januar 1932*
                              2 Avenue St. Philibert, Passy, Paris

Lieber Eliot,

Verzeihen Sie mir, wenn ich mit meiner Arbeit und Korrespondenz im Rückstand bin. Ich habe eine schlimme Zeit hinter mir mit Telephonaten und Telegrammen nach Dublin wegen meinem Vater. Zu meinem großen Schmerz verstarb er am Dienstag.[1] Er liebte mich innig, und es vertieft meinen Schmerz nur und belastet mein Gewissen, daß ich so viele Jahre lang nicht nach Dublin gefahren bin, um ihn zu besuchen. Ich habe ihn ständig in der Illusion gelassen, daß ich kommen würde, und stand immer im Briefwechsel mit ihm, aber ein instinktives Gefühl, an das ich glaubte, hielt mich, so gern ich gefahren wäre, zurück. *Dubliners* wurde dort 1912 auf Anraten eines Mannes verboten, der mich damals seiner großen Freundschaft versicherte.[2] Als meine Frau mit den Kindern 1922 gegen meinen Willen hinfuhr, mußten sie unter Lebensgefahr fliehen, sie lagen flach auf dem Boden eines Eisenbahnabteils, während die gegnerischen Parteien sich über ihre Köpfe hinweg beschossen, und erst kürzlich mußte ich Bosheit und Hinterhältigkeit von Leuten erfahren, denen gegenüber ich mich immer nur freundschaftlich verhalten hatte. Ich fühlte mich nicht sicher, und meine Frau und mein Sohn waren gegen eine solche Reise.

Ich war in diesen Tagen sehr gebrochen – ein armes Herz, fühle ich, das treu und gläubig zu mir stand, ist nicht mehr.

Ich werde den Schluß von Teil I nach ein paar Tagen Ruhe fertigmachen.

Ich habe von Ihrer Harvard-Berufung gehört. Ich beglückwünsche Sie dazu, falls Ihnen die Berufung Freude macht, und ich hoffe, Mrs. Eliot und Sie selbst haben ein frohes und glückliches Jahr vor sich.

1 John Stanislaus Joyce starb am 29. Dezember 1931.
2 Joyce vermutete Thomas Kettle.

AN HARRIET SHAW WEAVER   *17. Januar 1932*
                              2 Avenue S. Philibert, Passy, Paris
Liebe Miss Weaver,
Dank für Ihre anteilnehmenden Zeilen. Die vier Tage nach Weihnachten habe ich damit verbracht, meinem Vater ins Krankenhaus zu schreiben und zu telegraphieren und mich jeden Abend telefonisch zu erkundigen. In den Wochen seither war ich geistig völlig apathisch. Gilbert ist vier- oder fünfmal dagewesen, aber ich konnte keinen Gedanken fassen oder irgend etwas tun. Ich denke daran, die Arbeit ganz aufzugeben und die Sache unbeendet und lückenhaft zu lassen, wie sie ist. Sorgen und Eifersüchteleien und meine eigenen Fehler. Warum weiter über einen Ort schreiben, den ich in solch einem Augenblick nicht zu besuchen wagte, wo keine drei Leute mich kennen oder verstehen (der Herausgeber des *Independent* wandte sich gegen die Nennung meines Namens in der Todesanzeige)? [...] Mein Vater hatte eine außergewöhnlich große Zuneigung zu mir. Er war der albernste Mensch, den ich je gekannt habe, und doch von beißender Schläue. Er hat bis zum letzten Atemzug an mich gedacht und von mir gesprochen. Ich habe ihn immer sehr gern gemocht, da ich selbst ein Sünder bin, und sogar seine Fehler geliebt. Hunderte von Seiten und Dutzende von Personen in meinen Büchern verdanke ich ihm. Über seinen trockenen (oder eher feuchten) Witz und den Ausdruck seines Gesichts habe ich mich oft gebogen vor Lachen. Als er das Exemplar von *Tales Told* etc., das ich ihm schickte, erhielt, betrachtete er (wie man mir schrieb) lange Brancusis Porträt von J. J. und bemerkte schließlich: Jim hat sich doch mehr verändert, als ich gedacht hätte. Ich erbte von ihm seine Porträts, eine Weste, eine gute Tenorstimme und eine zügellose

223

und leichtfertige Veranlagung (der allerdings ich ein Gutteil des Talents verdanke, das ich vielleicht habe), aber daneben etwas, das ich nicht definieren kann. Ein Außenstehender könnte es vielleicht, wenn er sich physisch meinen Vater, mich und auch meinen Sohn, so verschieden wir voneinander sind, ansähe. Es ist mir ein großer Trost, daß ich einen so guten Sohn habe. Sein Großvater mochte ihn sehr und hatte auf dem Kamin neben einer Photographie von mir eine von ihm.

Er war alt, das wußte ich. Aber ich dachte, er würde länger leben. Es ist nicht sein Tod, der mich so niedergeschmettert hat, es sind die Selbstvorwürfe. [...]

[Miss Beach] rief mich vor ein oder zwei Tagen in großer Aufregung wegen meines ›Jubiläums‹ an. Einige Leute wären aus Berlin gekommen, wo sie das eine oder andere veranstalten wollten. Sie sagte, sie hätte vorgehabt, Paris zu verlassen und Ferien zu machen, aber sie würde das aufschieben, um hier ebenfalls etwas zu organisieren, wenn ich es möchte. Ich war zu niedergeschlagen, um darauf antworten zu können.

Ich bin froh, daß ich nach diesem Brief nicht zusammengeklappt bin, wie nach dem anderen, den ich schrieb. Aber er hat mich doch etwas müde gemacht.

Ich hoffe, daß wenigstens Sie gute Nachrichten haben.

AN T. S. ELIOT   *13. Februar 1932*
                               2 Avenue St. Philibert, Passy, Paris

Lieber Eliot,
Ich habe Léon gebeten, Ihnen die Neuigkeit mitzuteilen. Der Bruder meiner Schwiegertochter, ein N. Y. Börsenmakler, bringt mir am 21. des Monats ein persönliches Angebot zur Publikation des *Ulysses* in den U. S., und zwar durch einen Freund von ihm, Mr. Bennett Serf [sic], der zwei meiner Bücher, die er von dem ungeschickten Huebsch übernahm, in seiner *Modern Library* brachte. Alle Rechte an *Ulysses* sind gegenwärtig in meinem Besitz.

Ich schicke Ihnen einen soeben in *Le Correspondant,* der, wie Sie wahrscheinlich wissen, ältesten französischen Zeitschrift, erschienenen Artikel. Ich kenne Mr. Rops[1] nicht. Gillet sagt, als nächstes werde nun eine lange Laudatio in *Etudes* erscheinen. *The Fortnightly,* andererseits, hat seit 25 Monaten einen Artikel über *WiP* von Gilbert (und auch dafür bezahlt). Ich nehme an, sie halten 52mal im Jahr eine Herausgeberkonferenz darüber ab.

Können Sie mich über folgendes Problem aufklären. Es heißt, *Ulysses* steht, obwohl der Verkauf des Buches in England verboten ist, bei einigen Prüfungen in Cambridge auf der Leseliste und die Professoren leihen den Studenten Exemplare.

Ich hoffe, Mrs. Eliot und Ihnen geht es gut. Ich habe mich etwas erholt und versuche, mit meiner Arbeit voranzukommen.

P. S. Desmond Harmsworth zeigte mir ein Buchmanuskript *J. J. and the Common Reader* von – Duff[2], das er zu veröffentlichen gedenkt, wenn ich keine Einwände habe. Ich sagte ihm, er könnte das machen, erwähnte aber Sie. Es wäre gut, wenn man durch Gormans N. Y. Verleger herausbekommen könnte, was aus ihm und seiner Biographie geworden ist.

1 Daniel Rops, katholischer Gelehrter und Schriftsteller.
2 *James Joyce and the Plain Reader* von Charles Duff erschien 1932 bei Desmond Harmsworth, London.

AN BENNETT CERF[1]   *2. April 1932*
                          2 Avenue Saint Philibert, Passy, Paris
Sehr geehrter Mr. Cerf,
Ich danke Ihnen sehr für die mir durch Mr. Robert Kastor übermittelte Nachricht. Sie bitten mich um Einzelheiten über die Publikationsgeschichte des *Ulysses,* und da Sie entschlossen sind, für seine Legalisierung in den Vereinigten Staaten zu kämpfen und dort die einzige rechtsgültige Ausgabe zu veröffentlichen, halte ich es für das Beste, Ihnen die Geschichte seiner Publikation in Europa und die Komplikationen zu erzählen, die daraufhin in Amerika folgten, wenn ich auch der Ansicht war, daß das alles längst bekannt sei. Immerhin hat mein Buch nach dem Druck dadurch ein Leben ganz eigener Art gewonnen. Habent sua fata libelli!

Ihnen sind sicherlich die Publikationsschwierigkeiten bekannt, auf die ich bei allem, was ich schrieb, stieß, angefangen bei dem ersten Prosaband, den ich zu veröffentlichen versuchte: *Dubliners.* Verleger wie Drucker schienen sich, ganz gleich wie verschieden ihre Standpunkte in anderen Dingen waren, untereinander einig, nichts von dem so zu veröffentlichen, wie ich es geschrieben hatte. Nicht weniger als zweiundzwanzig Verleger und Drucker lasen das Manuskript der *Dubliners,* und als es schließlich gedruckt war, kaufte eine sehr freundliche Person die gesamte Auflage auf und ließ sie in Dublin verbrennen – eine neue und private Spielart des *auto-da-fé.* Ohne die Mithilfe der von Miss Harriet Weaver geleiteten Egoist Press Ltd. London wäre *The* [sic] *Portrait of the Artist as a Young Man* vielleicht heute noch Manuskript.

Sie können sich vorstellen, daß ich, als ich im Sommer 1920 mit dem umfangreichen Manuskript von *Ulysses* nach Paris kam, noch winzigere Chancen hatte, einen Verleger zu finden, da man das Buch nach der Veröffentlichung der elften Episode in der von Miss Margaret Anderson und Miss Jane Heap geleiteten *Little Review* zu unterdrücken suchte. Diese beiden Herausgeberinnen wurden, wie Sie sich wahrscheinlich erinnern werden, auf Veranlassung irgendeiner Gesellschaft gerichtlich belangt, mit dem Ergebnis, daß eine weitere Veröffentlichung in Fortsetzungen verboten wurde, die vorhandenen Exemplare beschlagnahmt und von den Damen, glaube ich, Fingerabdrücke genommen wurden. Das fertiggestellte Manuskript wurde immerhin einem Ihrer Kollegen auf dem amerikanischen Buchmarkt angeboten, aber ich habe große Zweifel, ob er sich auch nur die Mühe gemacht hat, einen Blick hineinzuwerfen.

Mein Freund Mr. Ezra Pound und das Glück brachten mich mit einer sehr gescheiten und energischen Person in Verbindung, Miss Sylvia Beach, die in Paris seit einigen Jahren unter dem Namen Shakespeare and Co. eine kleine englische Buchhandlung und Leihbibliothek betrieb. Diese mutige Frau riskierte, wozu professionelle Verleger sich nicht verstanden hatten, sie nahm das Manuskript und gab es den Druckern. Es waren das peinlich genaue und sehr verständige französische Drucker in Dijon, der Hauptstadt des französischen Druckereiwesens. Ich legte in der Tat nicht geringen Wert darauf, daß die Arbeit gut und schnell gemacht würde. Meine Sehkraft gestattete es mir seinerzeit noch, selbst Korrektur zu lesen, und so geschah es, daß der *Ulysses,* dank vieler Überstunden und der Freundlichkeit von Mr. Darantière, dem bekannten Dijoner Drucker, sehr bald, nachdem das Manuskript abgeliefert worden war, erschien, und das erste gedruckte Exemplar mir zu meinem vierzigsten

Geburtstag am 2. Februar 1922 geschickt wurde.

Sie irren allerdings, wenn Sie glauben, daß Shakespeare and Co. weder vor noch nach dem *Ulysses* etwas publizierte. Tatsächlich brachte Miss Sylvia Beach 1927 einen kleinen *Pomes Penyeach* betitelten Band mit dreizehn Gedichten von mir heraus und außerdem einen Band mit Essays und zwei Protestbriefen mit Bezug auf das Buch, an dem ich seit 1922 schreibe. Dieser Band wurde 1929 veröffentlicht und trägt den Titel *Our Exagmination round his factification for incamination of Work in Progress.*

Die Veröffentlichung des *Ulysses* auf dem Kontinent erwies sich allerdings lediglich als der Beginn von Komplikationen im United Kingdom und den U.S.A. Exemplare des *Ulysses* wurden per Schiffsfracht nach Amerika und Großbritannien geschickt, mit dem Erfolg, daß alle Exemplare von den Zollbehörden in New York und Folkestone beschlagnahmt und verbrannt wurden. Daraus ergab sich eine sehr eigenartige Situation. Auf der einen Seite war es mir unmöglich, das Copyright in den U.S.A. zu erwerben, da ich den Bedingungen des amerikanischen Copyright-Gesetzes nicht nachkommen konnte, wonach innerhalb von sechs Monaten nach der anderswo stattgefundenen Veröffentlichung eines englischen Buches eine Neuveröffentlichung in den U.S.A. zu folgen hat, und auf der anderen Seite steigerte sich, je weiter das Buch in breitere Kreise eindrang, von Jahr zu Jahr die Nachfrage nach dem *Ulysses,* wodurch einer jeden skrupellosen Person die Möglichkeit gegeben war, es heimlich drucken zu lassen und zu verkaufen. Diese Machenschaften lösten einen von einhundertundsiebenundsechzig Schriftstellern aller Nationalitäten unterzeichneten Protest aus, und gegen eine dieser skrupellosen Personen[2] erwirkte ich sogar eine Verfügung bei einem New Yorker Gericht. Ich lege Kopien beider Dokumente bei, die Sie vielleicht interessieren. Diese Verfügung erwies sich allerdings als erfolglos, da der Betroffene seine Praktiken sehr bald unter einem anderen Namen und unter Anwendung eines anderen Herstellungsverfahrens wieder aufnahm, einer räuberischen photographischen Reproduktion der Pariser Ausgabe, die somit widerrechtlich das Impressum der Druckerei in Dijon enthielt.

In aller Aufrichtigkeit wünsche ich Ihnen also jeden erdenklichen Erfolg bei Ihrem mutigen Unternehmen, sowohl was die Legalisierung des *Ulysses* wie seine Veröffentlichung angeht, und ich versichere Ihnen hiermit gern, daß Ihre Ausgabe nicht nur die einzige autorisierte in den U.S.A. sein wird, sondern auch die einzige dort, von der ich Honorare beziehen werde.

Mich persönlich würde es sehr befriedigen, wenn Ihr Unternehmen Erfolg hätte, da es den amerikanischen Lesern, die sich mir gegenüber immer als sehr freundlich erwiesen haben, den authentischen Text meines Buches zugänglich machen würde, ohne daß sie es dabei riskierten, einer skrupellosen Person behilflich zu sein, für sich allein Profit zu schlagen aus dem Werk eines anderen, auf das diese Person keinerlei moralischen Besitzanspruch hat.

Es mag noch einige andere Punkte geben, die Sie interessieren, und ich hoffe, daß Sie sich, sollten Sie in diesem Jahr wieder in Europa sein, entweder mit mir direkt oder durch meinen Sohn mit mir in Verbindung setzen, um mir die Möglichkeit zu geben, Sie über die Punkte, über die Sie vielleicht noch in Zweifel sind, aufzuklären. Freundlichst Ihr   JAMES JOYCE

1 Der Wortlaut dieses Briefes ist der Einleitung zu James Joyces *Ulysses* (Random House, Modern Library, New York 1961) entnommen. Bennet Cerf (geb. 1889), Schriftsteller und Verleger, gründete 1927 den Verlag Random House. Joyce schrieb diesen Brief auf Ersuchen von Cerf. Er sollte anstelle eines Autorenvorworts als Einleitung zu der 1934 erstmals veröffentlichten Ausgabe dienen.
2 Samuel Roth.

AN FRANK BUDGEN   *17. Juni 1932*
                              2 Avenue St. Philibert, Passy, Paris
Lieber Budgen,
Ich habe eben von Mrs. Suter gehört, daß Sie auf ein Wort von mir warten. Ich bin noch hier, aber sehr in Hetze und besorgt wegen Lucia, die vor einem Monat einen Nervenzusammenbruch hatte. Sie ist in Hay-les-Roses, um zur Ruhe zu kommen. Ich möchte gern, daß Sie sich ihre Initialen ansehen (siehe Beilage). Sie erscheinen am 15. August, 19 Exemplare sind bis heute verkauft. Louis Gillet, Kunstkritiker der *Revue des Deux Mondes,* schrieb mir darüber: ›J'admire ces lettrines comme une merveille d'atavisme. On dirait des caprices d'un vieil enlumineur irlandais. La T surtout est étonnante. Vous me direz ce que je dois en faire. J'ai peur que nos artistes aient peu de chose à apprendre à cette jeune fille que guide la main de Saint Patrice ou Saint Colomban.‹[1]

228

Natürlich würde ich Zeit finden, mich mit Ihnen zu treffen, und würde mich gern mit Ihnen unterhalten, aber ebenso natürlich kann ich gar keinerlei Verpflichtungen mit einem englischen Verleger eingehen.

Neun Personen scheinen augenblicklich damit beschäftigt, Bücher über mich zu schreiben.

Aber wie wollen Sie die Zeichnungen machen, ohne in Dublin gewesen zu sein?

Bloomsday + 1, 1932

1 Ich bewundere diese Buchstaben als ein Wunder des Atavismus. Man würde sagen, es seien die Phantasien eines alten irischen Illuminators. Das T vor allem ist erstaunlich. Sie werden mir sagen, was ich damit tun soll. Ich fürchte, unsere Künstler könnten dieses Mädchen, das von der Hand St. Patricks oder St. Columbans geführt wird, nur wenig lehren.

AN PAUL LÉON[1]   *12. Juli 1932*
                                                [Zürich]

Prof. Vogt untersuchte meine Augen am Montag, dem 10. Juli. Er sagt, ich hätte eher zu ihm kommen sollen, und befürchtet, es sei jetzt zu spät. Das rechte Auge war vor 20 Monaten noch operabel. Der Graue Star hat sich jetzt voll entwickelt, und als Komplikation sind unglücklicherweise ein Glaukom (sekundär) und eine teilweise Atrophie der Netzhaut hinzugekommen. Ich war falsch beraten, sagt er, es mit Atropin behandeln zu lassen, welches das reine Gift sei. Er sagt, ich dürfe es nicht einmal reiben. Netzhaut und Sehnerv waren normal, als er es im November 1930 untersuchte, sind es jetzt aber nicht mehr. Er will es einige Tage beobachten und dann entscheiden, ob er es ›erblinden‹ lassen oder nacheinander zwei sehr schwierige Operationen versuchen will, die erste Anfang September. Im letzteren Fall werde ich mich wohl auf einen 5–6monatigen Aufenthalt in der Schweiz einrichten müssen. Das bedeutet eine totale Einstellung der Arbeit, eine große Nervenanspannung und beträchtliche Geldausgaben. Ich werde an Vogt einen Brief schreiben und ihm erklären, welche Ereignisse mich seit April 1931 daran hinderten, hierher zu kommen, um untersucht und operiert zu werden. Er fügte hinzu, daß er angesichts des komplizierten Zustandes des vernachlässigten Auges zögere, das andere zu behandeln, was er

229

aber getan hätte, falls nicht infolge eines nicht durch Operation behobenen [unleserliches Wort]² interokularen Druckes im anderen Glaukom und Atrophie der Netzhaut aufgetreten wären.

1 Paul Léon schickte diese Abschrift eines Auszugs aus einem Brief, den er von Joyce erhalten hatte, an T. S. Eliot.
2 Anmerkung von Léon.

VON C. G. JUNG¹   [*? August 1932*]
                              Küsnacht-Zürich, Seestraße 228

Sehr geehrter Herr,
Ihr Ulysses hat die Welt vor ein so aufregendes psychologisches Rätsel gestellt, daß man sich wiederholt an mich als eine angebliche Autorität in psychologischen Dingen gewandt hat.

Ulysses erwies sich als eine äußerst harte Nuß und hat meinen Geist nicht nur zu höchst ungewöhnlichen Anstrengungen gezwungen, sondern auch zu ziemlich ausschweifenden Wanderungen (vom Standpunkt des Wissenschaftlers aus gesehen). Ihr Buch hat mir als Ganzes endlose Mühen bereitet, und ich habe drei Jahre lang darüber gebrütet, bis es mir gelang, mich hineinzufinden. Aber ich muß Ihnen sagen, daß ich Ihnen wie auch Ihrem gigantischen Werk zutiefst dankbar bin, weil ich daraus viel gelernt habe. Es wird mir wahrscheinlich nie ganz klar sein, ob es mir Freude gemacht hat, weil es für mich allzuviel Plackerei der Nerven und der grauen Zellen bedeutete. Ich weiß auch nicht, ob Ihnen Freude machen wird, was ich über Ulysses geschrieben habe, weil ich nicht umhinkonnte, der Welt zu berichten, wie ich mich gelangweilt, wie ich gestöhnt, wie ich geflucht und wie ich bewundert habe. Die 40 ununterbrochen durchgehenden Seiten am Schluß sind eine Kette veritabler psychologischer Perlen. Höchstens des Teufels Großmutter weiß so viel von der wirklichen Psychologie einer Frau. Ich jedenfalls nicht.

Nun, ich versuche einfach nur, Ihnen meinen kleinen Essay zu empfehlen, als den amüsanten Versuch eines völlig Fremden, der sich in dem Labyrinth Ihres Ulysses verirrte und nur durch einen glücklichen Zufall wieder herausfand. Sie können jedenfalls meinem Artikel entnehmen, was Ulysses bei einem angeblich ausgeglichenen Psychologen angerichtet hat.

Mit dem Ausdruck meiner höchsten Wertschätzung verbleibe ich, sehr geehrter Herr, Ihr sehr ergebener   C. G. JUNG

1 Carl Gustav Jung (1875–1961) schrieb 1930 einen Artikel über *Ulysses*. Dr. Daniel Brody, Leiter des Rhein-Verlags, erwog, ihn in der ersten Nummer einer neuen Zeitschrift zu veröffentlichen, die er zu gründen beabsichtigte, und schickte ihn Ende September 1930 mit der Bitte um Einwilligung an Joyce. Joyce telegraphierte kurz und bündig auf deutsch: ›Niedrigerhängen‹. Aber seine Freunde Ivan Goll und Valery Larbaud schrieben vertraulich an Brody, eine Veröffentlichung wäre nicht ratsam, und Brody ließ den Plan fallen. Jung überarbeitete den nichtverwendeten Artikel, veröffentlichte ihn im September 1932 unter dem Titel ›Ulysses, ein Monolog‹ in der *Europäischen Revue*, (Berlin) vii. 9, und nahm ihn 1934 in sein Buch *Wirklichkeit der Seele* auf. Joyces Haupteinwand gegen Jungs Artikel findet sich in dem Brief vom 22. Oktober 1932 an Georg Goyert.

AN HARRIET SHAW WEAVER   *22. September 1932*
Hotel Métropole, Nizza
Liebe Miss Weaver,
Wir sind alle hier. Lucia und die Pflegerin kamen heute von Vence herüber. Es gibt viel zu berichten, aber ich bin ganz mit W i P beschäftigt und versuche, allein damit für Transition[1] voranzukommen. Ich schreibe mit Bleistift weiter, denn mit dieser Tinte stimmt irgend etwas nicht.

Ich war am Samstag wieder bei Vogt. Er injizierte ich weiß nicht was, und ich mußte nach 3 Stunden wieder hin. Es war ein Drucktest. Das Ergebnis war günstig, und darauf sagte er, er könnte warten (mit dem schlimmen Auge). Es war in der Vorkammer, so wie sie war, kein Raum, er müßte also die Linse durchschneiden, um arbeiten zu können. Dies könnte eine durch die Verletzung bedingte Iritis hervorrufen, die wahrscheinlich auf das gute Auge übergreifen und vielleicht alles zunichte machen würde. Er sagte, die Kapsel würde in etwa 1–1½ Jahren schrumpfen und ihm so etwas Raum geben. [...] Er verschrieb mir andere Gläser und besteht darauf, daß ich ihn während der 1–1½ Jahre alle 3 Monate aufsuche.

Yeats und Shaw haben mir einen sehr schmeichelhaften Brief geschrieben und gebeten, ich möchte meiner Nominierung zum Mitglied der Neuen Irischen Akademie für Literatur zustimmen. Ich werde ablehnen. Lebe im Ausland, schlechte Augen etc.

Die Albatross Press (Konkurrenz von Tauchnitz) hat mich von Deutschland aus mit Telefonanrufen, Telegrammen etc. nach Z'ch, Genf und hierher bombardiert. Sie wollen Miss Beachs

Rechte für den Kontinent übernehmen, ob Cerf den U.S.-Prozeß gewinnt oder nicht.[2] Sie würden zu ¼ ihres, Miss Beachs, Preises verkaufen, aber nur halb so viel Honorar zahlen. Natürlich wäre der Absatz unendlich viel höher. Ich habe noch nicht geantwortet. Mit freundlichen Grüßen herzlichst Ihr   JAMES JOYCE

---

1 Joyce arbeitete jetzt am ersten Kapitel von Buch II (*Finnegans Wake*, S. 219–259), das in *transition 22* (Februar 1933) veröffentlicht wurde.
2 Die Albatross Press mit dem Hauptsitz in Hamburg bot an, *Ulysses* in Europa herauszubringen. Joyce unterzeichnete einen Vertrag mit diesem Verlag, der Sylvia Beach einen Anteil an dem Buchhonorar zusicherte. Die neue Ausgabe wurde im Dezember 1932 unter dem Impressum der Odyssey Press veröffentlicht und hatte den Vorteil, daß sie von Stuart Gilbert korrigiert worden war. Die Albatross-Ausgaben des *Ulysses,* besonders die vierte Auflage, gilt als der zuverlässigste Text, obgleich auch er mangelhaft ist.

AN GEORG GOYERT   *22. Oktober 1932*
                         *Hotel Lord Byron, Champs-Elysées, Paris VIII*ᵉ
Lieber Mr. Goyert,
Ich hoffe, *Sie* können *meine* Schrift lesen. Ich kann meine eigene Schrift schreiben, kann aber die von anderen nicht lesen!

Bin gerade aus Nizza hier angekommen. Nach 12 Jahren Paris sind wir ohne Wohnung, und alle meine Bücher sind verpackt, ich kann Ihnen also nicht mein Exemplar von *T. T. of S. and S.*[1] leihen. Vielleicht könnten es Borach oder Brody.

Aber A. L. P. können Sie doch gewiß noch nicht beendet haben?

Ich schicke Ihnen eine Notiz über Lucia (meine Tochter), die Ihnen vielleicht Spaß macht. Sie hat großes Talent.

Besteht irgendeine Aussicht, daß Sie nach Paris kommen? Wir haben einen Teil des Sommers in Feldkirch verbracht, einer hübschen alten Stadt. Ich mochte die Leute sehr gern – altmodisch und höflich.

Ich versuche zu arbeiten. Ich muß alle 3 Monate nach Zürich, um mich von Vogt untersuchen zu lassen.

Haben Sie Jungs Artikel und seinen Brief an mich gesehen. Er scheint den *Ulysses* von Anfang bis Ende ohne ein Lächeln gelesen zu haben. Das einzige, was man in solchem Fall machen kann, ist, sein Getränk zu wechseln![2]

Unsere Grüße an Ihre ganze Familie freundlichst Ihr

JAMES JOYCE

1 *Tales Told of Shem and Shaun* (Paris 1929).
2 Simon Dedalus gebraucht denselben Ausdruck im Aeolus-Kapitel des *Ulysses* (123).

AN T. S. ELIOT   *18. Dezember 1933*
                                  42 rue Galilée, Paris (Etoile)

Lieber Eliot,

Dank für Ihren Brief, aber das U.S.-Verbot ›scheint‹ nicht aufgehoben zu sein. Es ist aufgehoben. Ich habe hier den Schriftsatz des Anwalts (100 gedruckte SS.) und die richterliche Verfügung, etwa 12 Seiten. Er stellt fest, daß seine Verfügung genauso rechtskräftig ist wie eine durch Richter und Geschworene herbeigeführte Entscheidung, da sich beide Parteien geeinigt hätten, daß der Fall allein vor ihm verhandelt werden sollte. Er gibt Anweisung, daß seine Verfügung aktenkundig zu machen sei. Dreiviertel des Textes wurden in der N.Y. Herald Tribune vom 7. Dezember veröffentlicht. Der U.S. Generalstaatsanwalt erhob sich sofort nach dem Urteil und sagte, er akzeptiere mit großer Befriedigung die richterliche Verfügung und der Staat werde den Fall nicht an eine höhere Instanz verweisen. Der Angeklagte, Cerf, sagte dann, er werde das Buch zusammen mit einem Prozeßbericht am 19. Januar des nächsten Jahres veröffentlichen (ich nehme an analog zur *édition définitive* von *Madame Bovary*).

Meinen Anwälten ist es ziemlich unverständlich, warum ihnen geschrieben wurde. Mir auch. Wie ich Ihnen sagte, bin ich Alleinbesitzer des Copyrights und der Eigentumsrechte in England.

En somme, eine Hälfte der englischsprechenden Welt hat nachgegeben. Die andere Hälfte wird, nach einigem furchterregenden Brüllen des Leo Britannicus, folgen – wie sie es immer tut.

Es tut mir leid, daß Sie nicht herkommen können. Auf alle Fälle wünsche ich Ihnen frohe Weihnachten und Glück für das kommende Jahr. Mit herzlichen Grüßen Ihr   JAMES JOYCE

AN GEORGE UND HELEN JOYCE[1] *1. Juni 1934*

42 rue Galilée, Paris

Lieber Giorgio, liebe Helen,
Ich will Euch auf englisch schreiben. Wir erwarten morgen einen
Brief von Euch (via S.S. *Bremen*), aber ich schicke diesen schon
heute ab. Auch das W.i.P.-Fragment. Ich hoffe, wir erhalten von
Euch gute Nachrichten, daß es Euch allen dreien gut geht und Ihr
glücklich seid. Wir sind beide etwas benommen durch die heftige
Hitze hier. Ich arbeite jeden Tag allein an meinem großen langen
weiten hohen tiefen dichten Prosawerk. Wir haben Gigli[2] gehört
(der in einer Sporthalle sang, *Palais des Sports,* aber eine schöne
Stimme hat. Er imitiert MacCormack, hat aber ein volleres Organ
– nur nicht so echt). S.[3] in *La Favorite*[4] (diesmal überraschte er
uns alle durch sein Spiel), *La Machine Infernale*[5], sehr gute Aufführung. Mrs. E. J.[6] und Mrs. Nora J. gingen zu den *Folies Bergè-
res,* während E. J. und ich uns ein palästinensisches Ensemble ansahen, das *Jacob und Rachel* auf… Hebräisch spielte, nicht Jid-
disch. Es war sehr bemerkenswert und barbarisch.

Ich lege einen Brief von S. an Pitt Sandborn bei.[7]

Wir haben noch keine Pläne für den Sommer gemacht. Wie
lästig. Werden es Euch mitteilen, sobald wir sie gemacht haben.

Man hat in Nyon einen deutschen Facharzt hinzugezogen, und
der riet, Lucia zu behandeln, als hätte sie irgend was, das oder jenes, obgleich es keine Anhaltspunkte dafür gibt. Und das tut ihr
offensichtlich gut. Sie schickte mir eine seidene Krawatte, die sie
geknüpft hat. Sie scheint nicht zu wissen, welche Art Kragen ich
trage. Aber die Krawatte ist sonst sehr nett, und ich werde sie ändern lassen. Ich hoffe, daß das Buch sie aufmuntert. Es ist sehr gut
gemacht.

Wir suchen nach einer Wohnung. Ich lasse meine Zähne machen. Aber Ihr seid eigentlich dran mit Neuigkeiten. Gillet ist
nicht in die Akademie aufgenommen worden. Die Wahl war ungültig. So muß er noch einmal kandidieren. Carducci[8] kam vorbei
und spielte mir seine *Norma*[9] vor. Ich werde mit Mrs. Dyer darüber sprechen. Er brachte die Contessa mit.

Unsere besten Wünsche für Euch beide und Empfehlungen an
Euren Gastgeber und dreisprachige Grüße an Euren lebhaften
Schützling. Ich schüttele Eure vereinigten Hände alle mehrere
Male in rascher Folge, mit jenem anmutigen Charme, für den ich

234

schon immer berühmt war, und blase Euch zum Abschied von dieser kleinen alten Blockhütte an der Seine aus meinen schwiegerelterlichen Segen zu.   BABBO
P.S. Liebe Helen und Giorgio
Ich hoffe ihr habt eine schöne Zeit uns geht es gut, Paris vermißt euch beide alles Liebe für Stevie   NORA

1 George und Helen Joyce fuhren am 19. Mai 1934 in die U.S.A. und kehrten erst im September 1935 zurück.
2 Benjamino Gigli (1890–1957), der italienische Tenor.
3 John Sullivan.
4 Gaetano Donizetti, *La Favorite* (1840).
5 Jean Cocteaus Theaterstück (1934).
6 Mrs. Eugene Jolas.
7 John Pitts Sanborn (1879–1941), Musikkritiker an verschiedenen New Yorker Zeitungen, der George Joyce bei der Suche nach Engagements als Sänger möglicherweise behilflich sein konnte.
8 Edgardo Carducci, dessen Vertonung von Joyces Gedicht ›Alone‹ in *The Joyce Book* erschien.
9 Vincenzo Bellini, *Norma* (1831). Carducci hatte diese Oper vielleicht bearbeitet.

AN LUCIA JOYCE   *15. Juni 1934*
[auf italienisch]   *42 rue Galilée, Paris*
Liebe Lucia,
Mamma hat Dir heute einige Kleidungsstücke geschickt. Sobald die Liste mit dem, was Du haben willst, kommt, werden wir die Sachen sofort abschicken. In dem Brief vom 29. vergangenen Monats war keine Liste. Was die Schreibmaschine angeht – das wäre eine enorme Ausgabe, etwa 4000 francs. Hier im Haus ist eine, und aus Dr. Forels letztem Brief, der mir große Freude bereitete, ersehe ich, daß Dein Aufenthalt an den schönen Ufern des Genfer Sees nun nicht mehr allzulange dauern wird. (Der Teufel hole den Sommer! Meine Brille ist von der Hitze beschlagen, und nur mit Schwierigkeiten sehe ich, was ich schreibe!) Aber Du könntest eine Maschine mieten. In Genf wäre das sicher möglich.
    Irgend etwas fehlt immer in meinem Königlichen Palast. Heute ist die Tinte an der Reihe. Ich schicke Dir das Programm des indischen Tänzers Uday Shankar. Falls er je in Genf auftritt, darfst Du das nicht versäumen. Er läßt die besten Russen weit hinter sich. So etwas habe ich noch nie gesehen. Er bewegt sich auf der

Bühne wie ein halbgöttliches Wesen. Glaub mir, alles in allem gibt es auf dieser armen alten Welt immer noch ein paar schöne Dinge.

Ich freue mich, daß Du auf gutem Fuß mit dem holländischen Arzt stehst, aber meinst Du nicht, daß es unhöflich von mir wäre, ihm zu schreiben, während ich gleichzeitig mit den Doktoren Forel und Humbert korrespondiere? Aber wenn er mir zuerst schriebe, könnte ich ihm natürlich antworten. (Heiliger Franz von Sales[1], Schutzheiliger der Schriftsteller, gieße etwas Tinte in dieses Tintenfaß!)

Mamma schwatzt am Telefon mit der Dame von oben, die den One-Step so gut tanzt und meinen Tauend-Lire[sic]-Schein aus dem Aufzug gefischt hat. Der Gegenstand ihrer Unterhaltung ist die Dame im fünften Stock, die Hunde züchtet. Diese ›Freunde des Menschen‹ hindern die Dame im vierten Stock daran, wie Buddha zu meditieren. Jetzt sind sie durch mit den Hunden und sprechen über mich.

An Deinem letzten Brief sehe ich, daß Du große Fortschritte gemacht hast, aber gleichzeitig ist ein trauriger Unterton darin, der uns nicht gefällt. Warum sitzt Du immer am Fenster? Das macht sich gewiß sehr hübsch, aber ein Mädchen, das in den Feldern spazierengeht, macht sich auch hübsch.

Schreib uns häufiger. Und vergessen wir Geldsorgen und schwarze Gedanken. Ti abbraccio   VATER.

1 Erwähnt in *Finnegans Wake,* S. 212 (s. *Anna Livia Plurabelle,* Frankfurt, S. 59, 91, 128).

AN HARRIET SHAW WEAVER   *28. Juli 1934*
                        Grand Hotel Britannique, Spa, Belgien
Liebe Miss Weaver,
Wollen Sie freundlicherweise das Beiliegende zurückschicken, wenn Sie es gelesen haben. Ich weiß nicht, was ich wegen der *lettrines* machen soll. Ich habe jetzt den Weihnachtsmarkt für das Buch verloren. Darin stecken Monate der Arbeit, 3 mindestens, ganz abgesehen von ihrem Wert. Was für ein schwachköpfiger Idiot! Falls irgendeine Besprechung meines Fragments in der englischen Presse erschienen ist, in der Lucias Name erwähnt wird, schicken Sie sie mir bitte. Die holländische Firma war be-

reit, das Chaucer-Gedicht ohne jedes Geld von meiner Seite zu drucken.

Wir sind hier vor ein, zwei Tagen angekommen, um einer Brigade von Handwerkern Zeit zu geben, eine Wohnung, die 20 Jahre lang von denselben Leuten bewohnt worden war, instand zu setzen, zu reinigen, zu malen etc., und meiner Frau Zeit und Raum zu geben, ihr äußerst erschöpftes Nervensystem in Schuß zu bringen. Dieser Ort (von mir ausgesucht) ist bei weitem der reizvollste seiner Art, den wir je gesehen haben, aber das Wetter ist nicht gut und, was das Schlimmste ist, die Zeitungsjungen karjolen durch die Straßen und rufen Schlagzeilen über ›l'Autriche‹ aus. Ich fürchte, der arme Mr. Hitler-Missler[1] wird bald, abgesehen von Ihren Nichten und meinen Neffen, den Meistern W. Lewis und E. Pound[2], nur wenige Verehrer in Europa haben. Meine Frau macht eine Badekur, die ihr wohl guttun wird. Hat Léon Ihnen einen Packen von Mss.[3] geschickt? Unentbehrlich für das Weihnachtsfeuer.

Ich bin immer noch auf Ausschau nach Verlautbarungen von den U.S.-Gerichten. Ich vermute, man wird dort am 31. des Monats erstmal in die großen Ferien gehen. Ich finde, diese Verzögerung ist ein gutes Zeichen.

Ich habe von den ungewöhnlich schlimmen Gewitterstürmen in England in diesem Sommer gelesen. Wir sind, Jupiter sei Dank, soweit verschont geblieben.

Ich habe sehr hart gearbeitet und hoffe, schnell voranzukommen, wenn ich erstmals wieder im Hafen bin.

Ich nehme an, Sie sind wie üblich über Wetterprobleme erhaben und erfreuen sich bester Gesundheit. Mit freundlichen Grüßen herzlichst Ihr   JAMES JOYCE

1 Ein Wortspiel auf ›hit or miss‹, ›treffen oder verfehlen‹.
2 Pounds Sympathien erstreckten sich von Mussolini bis zu gewissen Aspekten des Hitlertums. Wyndham Lewis veröffentlichte 1931 eine Artikelserie in *Time and Tide,* die er in sein Buch *Hitler* (London 1931) aufnahm. Er widerrief diese Pro-Nazi-Ansichten 1939 in den Büchern *The Jews, Are They Human?* (London, März 1939) und *The Hitler Cult* (London, Dezember 1939).
3 Von *Finnegans Wake.*

A<small>N</small> S<small>TANISLAUS</small> J<small>OYCE</small> [Postkarte]   *[Mitte August 1934]*
                                                      [Vervins]
Sir Arthur W. war nie hier, dennoch ist die stärkste der eisenhalti-
gen Quellen nach ihm *Duc de Fer* benannt. Wir fahren vielleicht
noch auf eine Woche nach Luxembourg. Wir sind etwa eine
Stunde Eisenbahnfahrt von Aachen, wo Karl der Große begraben liegt, und Köln entfernt. Aber mir widerstrebt es, über die
Grenze zu gehen, und wäre es nur ein halbtägiger Ausflug mit
dem Bus. Ich wünschte, jeder wäre so freundlich gestimmt und so
gutartig wie ich und Du. Mach was Du willst, aber fahr nicht nach
Österreich auf Urlaub.   J<small>IM</small>

A<small>N</small> C<small>AROLA</small> G<small>IEDION</small>-W<small>ELCKER</small>   *2. September 1934*
                                              Hôtel Richemond, Genève
Liebe Mrs. Giedion,
Wir hoffen, Sie haben sich ganz von Ihrem Unfall erholt. Wann
werden Sie vermutlich wieder in Zürich sein, oder sind Sie bereits
dort? Ich wünschte, wir könnten Sie treffen, um mit Ihnen über
unser großes Problem zu sprechen. Nach einem siebenmonatigen
Aufenthalt in der Klinik befindet sich Lucia, wie wir feststellten,
am Rande eines Zusammenbruchs. Äußerste Verzweiflung. Der
Arzt sagt, er könne nach all der Zeit keine Diagnose stellen. Sie
stehen diesem Fall ratlos gegenüber. Das einzige, was sie mit dem
Leben noch zu verbinden scheint, ist ihre Neigung zu uns. Sie
befindet sich in Sicherungsverwahrung, das heißt, ihre Fenster
sind vergittert, und sie ist ständig *surveillée*. Aber ich fühle es,
wenn sie dortbleibt, wird sie sich ganz einfach auflösen. Wir sind
hier allein, kennen keine Seele. Freundliche Grüße von uns an Sie
beide.
    Herzlichst Ihr   J<small>AMES</small> J<small>OYCE</small>

A<small>N</small> H<small>ARRIET</small> S<small>HAW</small> W<small>EAVER</small>   *22. September 1934*
                                            Carlton Elite Hotel, Zürich
Liebe Miss Weaver,
Sind irgendwelche Besprechungen über Lucias Zeichnungen in
der Presse erschienen? Die Firma Fabler und Fummler verschickte keine Presseexemplare, da sie die ganze Auflage sofort
verkaufte und nicht von weiteren Nachfragen behelligt werden

wollte. Nichtsdestoweniger habe ich vor einigen Wochen den holländischen Verleger veranlaßt, sie zu verschicken. Es kostete mich 9 Monate, die anderen zurückzubekommen. Aber sie können nicht bis Weihnachten erscheinen. Ihr trübsinniger Kommentar zu meiner Ankündigung der englischen Ausgabe von *Ulysses* ist verständlich, aber abgesehen von den Druckern hat die Firma Lane, wie sie jetzt sagt, bei so vielen Anwälten, Notaren, Gerichtsdienern, Katholiken, Friedensrichtern etc. nachfragen müssen, daß sie sehr deutlich das Empfinden hat, ich sollte die in dem Vertrag festgelegten Honorare nicht verlangen. Pinker hat die Empfindung, daß er ähnlich wie sie empfinde. Und mein Vorschlag, die beiden zu meinen Gunsten ausgefallenen amerikanischen Urteile (3 Richter dafür, 1 dagegen) sollten verbatim in der englischen Ausgabe abgedruckt werden, wurde von M.S. & Co verworfen, die diesen Vorschlag für witzlos halten, da das natürlich auch nicht den allerwinzigsten Einfluß auf jenen superben Typ eines britischen Solon haben würde, der nie und nimmer etc. etc.

Vielen Dank für das Buch, durch das ich auf die hervorragenden Eigenschaften des Safts der Traube aufmerksam gemacht wurde. Der Erfolgsautor, der es schrieb[1], hatte nie einen eifrigeren Schüler als mich. Aber ach, nicht einmal geriebene Möhren können das furchtbare Problem lösen, das mir seit Jahren zu schaffen macht und mich jetzt unter verwirrenden Umständen direkt konfrontiert. [...] Ich habe Lucia hierher gebracht, damit sie von Prof. Naeggeli[2] [sic], dem, wie man sagt, besten europäischen Blutspezialisten, untersucht wird. Vielleicht kann er sie physisch auskurieren. Sie ist keineswegs anämisch. [...] Das arme Kind ist einfach ein armes Mädchen, das zu viel zu tun, zu viel zu verstehen versuchte. Ihre Abhängigkeit von mir ist jetzt total, und all die Zuneigung, die sie jahrelang unterdrückt hat, überströmt jetzt uns beide. Möge Minerva mich leiten. [...]

1 Miss Weaver notierte dazu: ›Er hatte Trauben gegen die Anämie empfohlen, die, wie ich annahm, Lucia damals hatte.‹
2 Professor Theodor Naegeli (geb. 1886), Schweizer Chirurg und Spezialist für Blutkrankheiten.

AN GEORGE UND HELEN JOYCE   *16. Oktober 1934*
                                  Carlton Elite Hotel, Zürich

Lieber Giorgio, liebe Helen,

Dank für Euer Telegramm zum 8.[1] Wir fuhren mit Jolas zum Tee
nach Rapperswil und dann um den See. Am Abend gab ich in der
Kronenhalle ein Essen für die Giedions und Mr. und Mrs. Rosen-
baum. Er ist ein russisch-schweizer Anwalt. Einen 30jährigen
Hochzeitstag sollte man ›findrinny‹ nennen. Findrinny ist eine Art
mit Silber legiertes Weißgold. [...]

Ich war so überfroh zu hören, daß Ihr es nun endlich billig einrichten und glueplate lunches[2] zu Euch nehmen könnt. Nach Jahren haben nun meine Belehrungen und Predigten Früchte getragen. Aber damit ist erst ein Anfang gemacht. Ich schicke Euch
etwas noch Besseres. Es ist ein kleiner Würfel Maggis Allerlei-
gemüslisuppe. Ihr wickelt ihn aus und laßt den quadratzollgroßen
Würfel in einen kupfernen 10-Gallonen-Waschkessel fallen, der
mit billigem Wasser gefüllt ist. Laßt das ganze eine Stunde lang
mäßig kochen und bittet den Polizisten am Ort, ein Auge darauf
zu haben und es alle fünf Minuten mit seinem Knüppel umzurüh-
ren. Dann zieht Ihr Eure Schuhe und Strümpfe aus, schmiert
Euch etwas Ruß ins Gesicht und verlaßt, einen großen Sack bei
Euch tragend, das Haus. Dann geht Ihr zur Hintertür des Klosters
St. Vincent de Paul und läutet die Glocke, an der ›Für Arme‹
steht. Wenn der Laienbruder die Tür öffnet, erzählt Ihr ihm von
der Maggi-Suppe. Redet ihn mit Monsignore an, dann wird er so
geschmeichelt sein, daß er geht und nach einer halben Minute mit
einem Armvoll harter Brotkrusten zurückkommt, die von den
Brüdern übriggelassen wurden. Dankt ihm und nennt ihn ›Eure
Heiligkeit‹. Nehmt das Brot mit nach Hause und werft es, nachdem ihr es abgewaschen, gut geschrubbt und mit einem Hammer
in Stücke geschlagen habt, in den Topf mit der nunmehr brodeln-
den Suppe. Vergeßt nicht, dem Polizisten zu danken, und gestattet ihm, seinen Daumen in die Suppe zu tunken und abzulecken.
Denkt dran, ihn Euer Hochwohlgeboren Herr Wachtmeister und
nicht nur Herr Wachtmeister zu nennen, wie Leute es manchmal
tun, die nicht auf der Universität gewesen sind. Dann wascht Ihr
Euch und zieht Euch an und laßt die Suppe abkühlen. Dann füllt
Ihr sie in Teller und nehmt zwei Löffel und eßt sie und das Brot
sehr langsam und sagt dabei: Jeder kleine Bimbo hat einen großen Babbo[3], aber kein kleiner Bimbo hat einen so großen guten

240

Babbo wie unser großer guter Babbo. Eßt jeden Tag einen Teller davon, und der ganze Topf dürfte bis Mitte nächsten Monats reichen. Wenn Ihr vorher abreist, schickt Euren Freunden Karten und laßt sie alle einen Löffel voll davon haben.

Ich hoffe, N. Y. gefällt Euch.

Einen herzlichen Händedruck Euch dreien und freundliche Grüße an den gastlichen Hausherrn samt Familie.

1 Am 8. Oktober 1904 waren Joyce und Nora seinerzeit von Dublin abgefahren und am 11. in Zürich angekommen.
2 Giorgio hatte wahrscheinlich von ›blueplate lunches‹ geschrieben, was so etwas wie ›Spezialgerichte‹ bedeuten könnte. Joyce machte daraus ›glueplate‹, ›Klebeteller‹.
3 Umgangssprachliches Italienisch für ›Papa‹, wie Joyces Kinder ihren Vater nannten und wie er sich selbst in Briefen an sie unterschrieb.

AN LUCIA JOYCE   *28. März 1935*
[auf italienisch]   *7 rue Edmond Valentin, Paris*
Liebe Lucia,

Ich habe eben einen Eilbrief erhalten, dem ich entnehme, (1) daß Eileen ihre Arbeit wieder aufgenommen hat und es sich deswegen für mich erübrigt, ihr ihr Gehalt zu schicken, (2) daß Du selbst Geld brauchst. Ich schicke Dir morgen welches. Heute ist die Bank geschlossen.

Du irrst Dich sehr, wenn Du meinst, daß es zwischen mir und irgendeinem Angehörigen meiner Familie, ob männlich, weiblich oder sächlich, eine enge Beziehung gibt. Seit Eileens Rückkehr nach Irland hat sie mir nur wenige Zeilen geschrieben und eine Mitteilung gemacht, die weder Anfang noch Ende hatte, und auf die ich ihr nicht in der Art geantwortet habe, wie sie es wünschte.

Ich kann unmöglich genau Tag und Stunde sagen, wann Mrs. Jolas erscheinen wird, noch Tag und Stunde, wann Giorgio geruhen wird, den Fuß ans Ufer von ›La douce France‹ zu setzen. Gib mir andere Rätsel auf.

Statt Mamma so zu schreiben, wie ich es Dir riet, hast Du ihr einen Brief geschrieben, der sie halb in den Wahnsinn getrieben hat. Zweifellos war das Deine Absicht.

Wenn Du unglücklich bist und woanders hin willst, werde ich versuchen, das alles vorzubereiten und Dir zu Hilfe zu kommen.

Mammas Onkel hat sich erboten, nach Dublin zu kommen, um Dich nach Galway mitzunehmen. Danach könntest Du vielleicht auf die Aran-Inseln fahren, wo die Luft wirklich herrlich ist und wo es so viele Steine zu zerschlagen gibt, daß es ein wahres Vergnügen ist.

Mit den Augen geht es mir heute nicht sehr gut, aber es ist wohl nur das Wetter.

Statt Sätze über brennbares Gas und Begräbnisse und viele andere schöne Dinge zu lesen, würde ich gern erfahren, wieviel Geld ich Dir wöchentlich schicken soll und an wen es zu zahlen ist. [...]

Da Du fragst, was ich schreibe, werde ich Dir *transition* schikken, wenn es erscheint. Der Teufel mag wissen, was es bedeutet. Genug, wie Du selbst sagst.

An Harriet Shaw Weaver   *1. Mai 1935*
                                7 rue Edmond Valentin, Paris 7ᵉ

Liebe Miss Weaver,
Ich weiß nicht, ob dieser Brief sehr leserlich sein wird. Heute morgen auf der Straße stellte ich fest, daß ich nur sehr verschwommen sehe. Ich habe den Fehler gemacht, daß ich kürzlich 6 Stunden lang Fahnen korrigierte, da ich die Jolases nicht immerfort belästigen wollte.

Zuerst die nebensächlicheren Dinge. Ich bekomme oder besser Léon bekommt keinen Penny aus dem holländischen Verleger heraus, der Lucia und mir 40000 frs schuldet. [...] Was die Illustrationen zur U.S. Ausgabe[1] angeht, die gehören Ihnen in Zeit und alle Ewigkeit. Amen. Wären sie L. J. statt H. M.[2] signiert, dann würden die Leute anders darüber reden. Mir ist nur zu schmerzlich bewußt, daß Lucia keine Zukunft hat, aber das hindert mich nicht daran, den Unterschied zwischen dem, was schön und formvoll, und dem, was häßlich und formlos ist, zu sehen. Ich bilde wie gewöhnlich eine Ein-Personen-Minderheit. Wenn ich den Leuten sage, daß es seit 50 Jahren in der Welt keinen Tenor wie Sullivan gegeben hat oder daß Schaljapin im Vergleich zu Zaporoyetz, dem russischen Bassisten, wie eine Blechtrompete klingt oder daß niemand je englische Prosa geschrieben hat, die sich messen könnte mit der eines unleidlichen, albernen kleinen anglikanischen Pfarrers, der später ein Fürst in der einzigen wahren Kirche wurde³, dann hören sie sich das an und schweigen. Diese Namen sagen ihnen nichts. Und wenn ich aus dem Zimmer gestolpert bin, dann tippen sie sich zweifellos an die Stirn und seufzen.

Was die Baß-Stimme im allgemeinen und meinen Sohn im besonderen angeht – er fuhr, wie er uns sagte, auf vier Monate nach Amerika. Jetzt ist er ein Jahr dort. Augenblicklich geht er an Krücken. Er hat zweimal im Radio für die Einheimischen gesungen, die das arme alte Irland lieben und darauf bestehen, daß er, wenn er ihnen gefallen will, die unmusikalischen [sic] Länder Europas vergessen und ihnen etwas wie *Mother Machree* und *A Little Bit of Heaven* vorträllern muß. Er hat im ganzen 35 $ verdient. Diese Summe hätte er in jeder südfranzösischen Stadt für einen einzigen Auftritt vor einem Publikum bekommen können, das, wie sehr auch nach Knoblauch duftend, anders als die Bastarde an Covent Garden und an der Metropolitan, von Tuten und Blasen eben eine Ahnung *hat.* Sie bestehen darauf, daß er, da er von der grünen Insel Erin stammt, jene klassische Arie *Blatherskite* singt.

Ich schreibe diesen Brief, weil Léon mir sagt, Sie hätten freundlicherweise gestern abend angerufen und sich nach mir erkundigt. Ich schlafe wie ein Stein, esse wie ein Schwein, und man sagt, ich hätte *une mine superbe.* Aber wenn sie die Uhr von innen sehen könnten, würden sie anders reden. Ich fühle mich wie ein Tier, das man viermal mit dem Holzhammer donnernd auf den Schädel geschlagen hat. Dennoch sind meine Briefe an meine Kinder und meine Schwiegertochter auf einen Ton von fast heiterer Leichtfertigkeit gestimmt. [...]

Während ich in gewisser Weise froh bin, daß Lucia den Gefahren in Paris und besonders in London entronnen ist, versetzt die Türklingel mir jedesmal einen elektrischen Schock, da ich nie weiß, was der Briefträger oder der Telegrammbote nun wieder bringen wird. Und wenn es schlimme Nachrichten sind, dann trifft, wie immer, mich die Schuld.

Vielleicht bin ich zu hastig zu dem Schluß gekommen, daß Sie in die Worte Lucias Zweifel setzten. [...] Sie benimmt sich sehr oft närrisch, aber ihr Geist ist so klar und schonungslos wie der Blitz. Sie ist eine Phantastin, die ihre eigene merkwürdig abgekürzte Sprache spricht. Ich verstehe diese Sprache oder doch das meiste davon. Bevor sie nach London fuhr, sprach sie mit mir über Sie und darüber, was Sie für mich getan haben. Sie wollte durch ihre Mittlerschaft ein endgültiges Band knüpfen zwischen dem liederlichen Menschen, der diese Zeilen schreibt, und Ihrer verehrenswerten Person. Und mit der gleichen Absicht fuhr sie dann nach Irland. Aber was immer sie damit bei Ihnen erreicht haben mag, dort drüben wird sie keinen Erfolg haben. Wie genau ich die Blicke kenne, mit denen man sie mustern wird! Léon befürchtet, daß sie meinem Namen dort nur schaden wird. Und meine Frau, die, selbstredend, dreimal so viel wert ist wie ihre beiden Kinder zusammen, glaubt, dies sei der Hauptgrund, weswegen ich ständig in solcher Aufregung sei. Soweit ich mich kenne, ist das nicht der Fall.

Solange sie in der Nähe war, hatte ich immer das Gefühl, ich hätte sie unter Kontrolle – und mich selbst auch. Und das war wirklich so. Aber obwohl meine Frau mir treu zur Seite steht und Léon und einige andere hier mir loyal und freundschaftlich zugetan sind, von Ihrer Geduld und Sympathie ganz zu schweigen, gibt es jetzt Momente und Stunden, in denen ich nichts als Wut und Verzweiflung im Herzen habe, die Wut und Verzweiflung eines Blinden.

Ich kann nicht ein solcher kompletter Narr sein, daß ich dies alles bloß erfunden hätte. Aber ich habe die Dinge nicht mehr im Griff. Von vielen Seiten höre ich, daß ich einen schlechten Einfluß auf meine Kinder habe und schon immer hatte. Aber was tun sie, wenn sie fern von diesem schlechten Einfluß sind? Andererseits – wozu kann ich sie ehrlichermaßen bitten zurückzukommen? Paris ist wie ich selbst eine hochmütige Ruine, oder, wenn Sie wollen, ein klapprig gewordener Zechbruder. Und jedesmal wenn ich das Radio anstelle, höre ich einen britischen Politiker Sottisen murmeln oder seinen deutschen Vetter wie einen Verrückten schreien und brüllen. Vielleicht ist es nur noch in Irland und den U.S. sicher. Und vielleicht sind dies die Länder, in denen in Wirklichkeit noch etwas angestellt werden kann. Sei's drum. Die Devise unter meinem Wappen lautet jedenfalls *Mors aut honorabilis vita.* [...]

Hier kommt das Mädchen mit zwei Briefen, einer ist von Mr. Bailly, dessen Frau auch nach Bray gefahren ist, der andere ist von Lucia, und ich wage nicht, ihn zu öffnen. Also werde ich mich erheben und sie beide mit zu Léon nehmen, das heißt, wenn ich ein Taxi bekomme, denn heute feiern die Sozialisten. Aber viel-

leicht streicht irgendein Nachkomme Peters des Großen maro-
dierend herum. Sollte irgend etwas in Lucias Brief stehen, füge
ich ein Postskriptum hinzu.

Meine Augen sind jetzt dreifach ermüdet, da die Niederschrift
dieser Epistel durch Tränen interpunktiert wurde.

Wissen möchte ich aber gern, wenn Sie mir schreiben, ob Sie Lucia mochten oder nicht. Sie schrieb, sie würde einen Brief mit-
schicken, den sie von Ihnen bekommen hätte, aber hat in ihrer
Zerfahrenheit natürlich vergessen, ihn beizulegen. […] Ich habe
es nicht gern, wenn Sie sie in einem Atemzug mit meiner Kusine
oder Schwester oder irgend jemandem sonst nennen. Wenn sie in
solchem Zusammenhang genannt wird, dann werde ich verrückt.

1 Die neue Luxus-Ausgabe von *Ulysses,* 1935 in New York vom Limited Editions
Club veröffentlicht.
2 Henri Matisse machte die Illustrationen.
3 Kardinal John Henry Newman.

AN MICHAEL HEALY   [*? 15. Juni 1935*]
                              7 rue Edmond Valentin, Paris 7ᵉ

Mein lieber Mr. Healy,
Ich denke, Sie sollten Beiliegendes gelesen haben, bevor Sie Lucia besuchen. Die Schreiberin ist meine Nichte Boschenka Schaurek, bei der Lucia wohnt, und es ist die einzige Nachricht, die ich
seit einem Monat bekommen habe. Von meiner Schwester habe
ich zuletzt vor drei Monaten gehört. Als Lucia nach Bray ging,
schrieb sie mir, sie hätte eine Pension für £ 1.5.0 wöchentlich gefunden, und bat mich, ihr dies und Taschengeld zu schicken. Ich
habe ihr seitdem regelmäßig £ 4.0.0 wöchentlich in zwei Über-
weisungen zu je £ 2 geschickt. Ich habe auch regelmäßig geschrieben und ihr Bücher geschickt, um die sie bat. Sie antwortete
ziemlich regelmäßig, aber hat jetzt seit etwa 4 Wochen nicht geschrieben, obwohl ich verschiedentlich schrieb und sie um post-
wendende Antwort bat. […]

Aber abgesehen davon wirft der Brief zwei Probleme auf. Ist es
richtig von Lucia, in so engem Kontakt mit ihrer Kusine zu bleiben, die tuberkulös zu sein scheint? Haben Bray und Irland aufgehört, sich gut auf sie auszuwirken, und schaden sie ihr nun, wie
es in Nyon und in Küsnacht war? Bei der Form von Geistes- oder

Nervenkrankheit, unter der sie leidet, nämlich Schizophrenie, ist die eigentliche Gefahr nicht Gewalttätigkeit oder Brandstiftung oder Hysterie oder simulierter Selbstmord. Dem allen ist schwer beizukommen, aber es zeigt doch, daß die betroffene Person noch am Leben ist. Die eigentliche Gefahr ist Torpor. Der Patient fällt sozusagen in Schlaf und zieht es vor, ganz und gar in seiner inneren Welt zu leben, wobei er mehr und mehr den Kontakt mit der äußeren Welt verliert.

Beunruhigt durch alles das, habe ich an Curran geschrieben und gebeten, daß seine Frau oder Tochter mir berichten.

Abschließend erwähne ich, daß ich seit Jahren keine meiner Nichten gesehen habe. Sie sind erst 19 und 17, glaube ich, und vielleicht ist die ganze Sache die, daß sich zwei junge Menschen mit einer Aufgabe abplagen, die zu schwer für sie ist.

Mit sehr freundlichen Grüßen und in der Hoffnung, daß es Ihnen gutgehen und daß der Besuch in Dublin für Kathleen[1] erfreulich sein möge, verbleibe ich, mein lieber Mr. Healy, herzlichst Ihr   JAMES JOYCE

P. S. Ich glaube, es wäre – jedenfalls im Augenblick – nicht richtig, über den finanziellen Teil dieses Briefes mit Curran zu sprechen, wenn Sie ihn sehen, wenn Ihre Zeit es erlaubt, aber alles andere können Sie gewiß mit ihm besprechen. Seine Mutter starb vor einigen Wochen, und da er ein sehr guter Sohn war, leidet er natürlich unter diesem so kurz vorangegangenen Verlust. Bis jetzt ist es mir gelungen, sie mit vielleicht recht unsicherer Hand und etwas stolperndem Fuß durch die Wildnis zu führen, aber sie doch immerhin ein wenig zu führen.

Wir hoffen, am Donnerstag abend in London zu sein[2], ich weiß noch nicht recht, unter welcher Adresse, könnten Sie mich also wissen lassen, wo Sie voraussichtlich am Dienstag und von Dienstag an sein werden. Ich habe gerade in der *Irish Times* gelesen, daß dort alle Hotels besetzt sind.   J. J.

1 Nora Joyces jüngere Schwester Kathleen (Mrs. John Griffin) (gest. 1963).
2 Joyce unternahm diese Reise nicht.

An George Joyce · 25. *Juni 1935*
[auf italienisch] · *Paris*
Lieber Giorgio,

Wie Du weißt, gehe ich nie auf Ansuchen ein, wie das in dem bei-
gelegten Brief ausgedrückte. Und doch scheint dies ein Fall zu
sein, in dem man eine Ausnahme machen könnte. Ich schicke ihn
Dir, und da er im gleichen Staat wohnt, könntest Du Dich vielleicht mit ihm in Verbindung setzen oder Dich mit ihm treffen. In
welchem Fall Du ihm bitte erklärst, daß ich schlecht sehe.

   Ich weiß nicht mehr genau, welche Zeitungsausschnitte ich Dir
schicken wollte. Aber entweder Mamma oder das Mädchen nehmen manchmal die *Irish Times* an sich, wenn ich den Rücken keh-
re. Und wenn es nicht sie ist, ist es anderes, das mich abhält.

   Die neue Photographie von Mamma ist morgen fertig und geht
mit dem nächsten Schiff ab. Sie sagt, sie möchte, daß Ihr sie blü-
hend (›blooming‹) findet. Und damit habt Ihr nun Miss Joyce
Bloom. Schreibt mir, wenn Ihr noch weitere ›Wünsche in Bloom‹
habt.

   Wie steht es jetzt mit Dir? Wir hoffen, daß die Folgen der Operation sich allmählich bemerkbar machen. Mammas Onkel besucht Lucia heute in Bray, und so hoffe ich, bald einen verläßli-
chen Bericht zu erhalten. Soupault hat vergessen, uns die kleine
Photographie von Stevie zu geben. Ich werde ihm eine Zeile
schreiben. Ich hoffe, Colums Freund wird Dir von Nutzen sein
können. Gib die Hoffnung nicht auf, selbst wenn viele Verspre-
chungen, wie man in Irland sagt, nach der Art von Kathleen Mavourneen sind, das heißt: es kann noch Jahre dauern[1] etc.

>   *Und wähne nicht, man finde*
>   *den Ruhm auf Polstern und im Schlaf gemacht.*[2]

Neulich abend haben wir die große Woche bei Fouquet eröffnet:
wir selbst, E. J., M. K., P. L. und L. L.[3] Sie alle baten mich, etwas
Schönes vorzutragen. Ich lächelte bescheiden, begann aber dann
doch. Einige Stunden lang folgte nun ein Gedicht von Yeats nach
dem anderen. Jeder gratulierte mir zu meinem außergewöhnlichen Gedächtnis, meiner klaren Diktion und meiner charmanten
Stimme. Irgend jemand fügte hinzu: Was für ein Jammer, daß er
ein solcher Narr ist!

   Es gelingt mir nicht, einen Penny aus dem Verleger herauszube-
kommen, der *The Mime* veröffentlicht hat. Und er schuldet mir
und Lucia 40 000 Francs!

Unsere Pläne für den Sommer? Ich weiß es noch nicht. Vielleicht kaufen wir zwei Schottenmützen und tun so, als seien wir in Edinburgh. Ich hasse den Sommer, du haßt den Sommer, er haßt den Sommer.

Ich wollte nach Dänemark, aber mit wem? Hätte sich diese Tragödie in der Familie Bailly nicht ereignet, wären wir vielleicht schon im Lande Hamlets. Es läßt sich nicht ändern.

1 In Anlehnung an den Refrain des Liedes ›Kathleen Mavourneen‹: ›It may be for years, and it may be forever …‹ ›Vielleicht für Jahre, vielleicht gar für immer‹.
2 *Seggend in piuma in fama non si vien! Ne sotto coltri.* (Dante, *Inferno*, 24. v. 47) Deutsch von Hermann Gmelin.
3 Eugene und Maria Jolas, Paul und Lucie Léon.

AN GEORGE JOYCE   *13. August 1935*
                                                          [Paris]

Caro Giorgio,
Se tu avessi veduto lo stato di Lucia dopo 7 mesi di reclusione a Nyon non mi daresti il consiglio di rimetterla in un istituto simile. Lo farò quando o se ogni altra via sarà chiusa. Niente di grave è successo in Irlanda. Tutti coloro che videro Lucia là sono d'accordo ch'era più forte e meno infelice. Ma viveva come una zingara nello squalore. Tutto ciò era noto ad Eileen e le altre due[1] ed alla Signorina Weaver e tutte di concerto me lo celarono! Meno male che il sig. Healy l'abbia vista. Egli, però, ha cambiato parere molto presto perchè da due anni a questa parte tanto lui che tua nonna scrivono sempre: Niente medici, niente sanatorio, niente esame di sangue! Ecc.

Lucia sta per ora colla Weaver (ho dovuto intervenire molto energicamente ieri presso di quest'ultima per troncare un'altra corrispondenza con Eileen), ha avuto finora 10 iniezioni, e si è rimessa a disegnare spontaneamente. Il medico afferma che guarirà. Avrà ricadute, dice, ma di più in più brevi e di più in più raramente. Indirizzo: 74 Gloucester Place, Londra, W. 1.

So che il tuo consiglio è dettato dall'affezione per noi. Ma sento in me che la cosa va meglio ora. No, no. Tutto non è sciolto.[2] Tantissime cose a tuttitreissimi. Ti abbraccio   BABBO[3]

1 Eileen Schaureks beide Töchter.
2 Eine Anspielung auf Bellinis Arie in *La Sonnambula* und auf ›Tutto è sciolto‹ in *Pomes Penyeach*.

3 Lieber Giorgio, wenn Du gesehen hättest, in was für einem Zustand Lucia nach
sieben Monaten Abgesperrtseins in Nyon war, hättest Du mir nicht geraten, sie wieder in eine solche Anstalt zu bringen. Ich werde es nur tun, wenn es keinen anderen
Ausweg gibt. In Irland ist nichts Ernstliches passiert. Alle, die Lucia dort sahen,
stimmten überein, daß sie kräftiger und weniger unglücklich sei. Aber sie lebte dort
verwahrlost wie eine Zigeunerin. Alles das war Eileen und den anderen beiden und
Miss Weaver bekannt, und sie alle waren sich einig, es mir zu verheimlichen! Es war
nur gut, daß Mr. Healy sie sah. Aber er hat seine Meinung sehr schnell geändert,
denn während der letzten beiden Jahre schrieb er ebenso wie Deine Großmutter
immer: keine Ärzte, kein Sanatorium, keine Blutuntersuchung! Etc.

   Lucia befindet sich jetzt bei Miss Weaver (ich mußte mich bei letzterer energisch
ins Mittel legen, um eine weitere Korrespondenz mit Eileen zu unterbinden), hat bis
jetzt 10 Spritzen bekommen und hat spontan wieder zu zeichnen begonnen. Der
Arzt sagt, daß sie gesund werden wird. Sie wird Rückfälle haben, sagt er, aber immer
kürzere und immer seltener. Adresse: 74, Gloucester Place, London, W. 1.

   Ich weiß, Dein Rat ist von der Zuneigung diktiert, die Du für uns hast. Aber im Inneren fühle ich, daß es jetzt besser um die Sache steht. Nein, nein. Nicht alles ist verloren. Die besten Wünsche Euch Dreiesten. Ich umarme Dich   Babbo

An Harriet Shaw Weaver   *9. Juni 1936*
                                   7 rue Edmond Valentin, Paris 7ᵉ

Liebe Miss Weaver,
Mein Bruder, aus Italien ausgewiesen, trifft hier am 16. des Monats mit oder ohne Frau und Bulldogge ein.[1] Mein Sohn muß nach
einer Halsoperation 4 oder 5 Monate im Bett oder auf der Couch
bleiben.

   Ich glaube, ich kann die Kosten für die Veröffentlichung des Al-
phabets meiner Tochter größtenteils selbst tragen.[2] Es geht mir
nicht darum, ihr einzureden, daß sie ein Cézanne ist, aber an ihrem 29. Geburtstag… sollte sie etwas vor sich haben, das ihr beweist, daß nicht ihre ganze Vergangenheit ein einziges Versagen
gewesen ist. Der Grund, weswegen ich weiterhin mit allen Mitteln
versuche, für ihren Fall eine Lösung zu finden (die sich jederzeit
ergeben kann, wie es ja mit meinen Augen auch war), besteht
darin, daß sie nicht denken soll, sie habe nun auch eine aussichts-
lose Zukunft vor sich. Es ist mir bewußt, daß mir jedermann Vorwürfe macht, weil ich jenes edle Metall, das Geld, in einem solchen Ausmaße für einen solchen Zweck opfere, wo es doch so billig und friedlich wäre, sie für den Rest ihres Lebens in ein sparsa-
mes Irrengefängnis zu sperren.

   Ich werde das nicht tun, solange ich auch nur die geringste
Chance einer Hoffnung für ihre Gesundung sehe, noch sie be-

schuldigen oder für das große Verbrechen bestrafen, das sie beging, indem sie das Opfer eines der unfaßbarsten Leiden wurde, das die Menschheit kennt und die Medizin nicht kennt. Und ich kann mir vorstellen, daß Sie, wenn Sie an ihrer Stelle wären und empfänden, wie sie empfinden muß, vielleicht ein klein wenig Hoffnung verspürten, wenn Sie fühlten, daß Sie weder verlassen noch vergessen sind.

Irgendeine mysteriöse Krankheit hat meine beiden Kinder befallen (die Ärzte neigen dazu, die Ursache dafür in unserem Aufenthalt in der Schweiz während des Krieges zu sehen), und wenn es ihnen nicht gelungen ist, etwas aus sich heraus zu schaffen, so ist das ihr zuzuschreiben, nicht ihnen. Meine Tochter ist von beiden weit schlimmer dran, obwohl es mir ebenfalls ein Rätsel ist, wie mein Sohn in dem Zustand, in dem er sich befand, mit seiner Stimme in den U.S. auch nur das erreichen konnte, was er erreicht hat (er war oft nicht imstande, eine Tasse vom Tisch zu heben, geschweige denn seine Stimmbänder unter Kontrolle zu halten). [...] Mit sehr freundlichen Grüßen herzlichst Ihr

JAMES JOYCE

Stanislaus Joyce kam schließlich nicht nach Paris, er und sein Bruder trafen sich vielmehr im September 1936 in der Schweiz. Der Ausweisungsbefehl war zwar durch Suvichs Vermittlung von Mussolini rückgängig gemacht worden, Stanislaus hatte aber bereits auf Grund der Ordre einige seiner Verdienstmöglichkeiten (u. a. die Anstellung an der Universität) eingebüßt.
2 *A Chaucer A.B.C.*, mit Initialen von Lucia Joyce, wurde im Juli 1936 mit einem Vorwort von Louis Gillet von der Obelisk Press in Paris veröffentlicht.

AN DANIEL BRODY   *16. Juni 1938 Bloomsday*
                                                            Paris
Lieber Mr. Brody,
Vielen Dank für Ihre guten Wünsche zu diesem Tag, den Sie nie vergessen. Mein Buch – an dem ich den ganzen Tag und obendrein die ganze Nacht arbeite – wird von Faber and Faber (London) und der Viking Press (New York) veröffentlicht. Ich freue mich zu hören, daß Sie in Sicherheit sind und es Ihnen gutgeht. Freue mich auch, Ihnen in dieser alljährlichen Nachricht sagen zu können, daß gestern abend mein Freund vom französischen Außenministerium anrief und mitteilte, daß die Einreisegenehmigung nach Frankreich für H. Broch[1] an das Französische Gene-

ralkonsulat in Wien telegrafiert worden ist. Ich versuche, zwei weiteren Personen die Ausreise nach Amerika zu ermöglichen, und hoffe, daß es mir gelingt.

Mit den besten Wünschen für Mrs. Brody und Sie selbst, herzlichst Ihr JAMES JOYCE

1 Hermann Broch (1886–1951), der österreichische Erzähler und Kritiker. Sein Vortrag ›James Joyce und die Gegenwart‹ erschien 1936 in Wien.

AN VISCOUNT CARLOW [Eilbrief] *28. Januar 1939*
7 rue Edmond Valentin, Paris 7ᵉ
Lieber Lord Carlow,
Ist es ganz sicher, daß Sie am nächsten Donnerstagmorgen[1] in Paris sein und den Abend des gleichen Tages, Mariä Lichtmeß, hier verbringen werden? Denn wenn ja und auch wenn Lady Carlow mit Ihnen ist, bittet mich meine Schwiegertochter, die mir zu Ehren und zur Feier der Veröffentlichung meines Buches ein Diner gibt, Ihnen zu sagen, daß Sie beide sehr willkommen sind. Es ist dieses Jahr in der Wohnung meines Sohnes, 17 Villa Scheffer, Paris XVIᵉ.

Noch eins. Mein Buch[2] soll am Mittwoch per Luftpost und Eilboten geschickt werden, aber leider ist die Expedition dieser Pakete nie sicher, weil sie wegen Entrichtung eines geringen Zollbetrages durch die *Douane* gehen und der *Douanier* natürlich keine Ahnung hat, daß ich auf das elende Paket warte. Es kommt vielleicht, nach einem ganzen Tag aufreibenden Wartens, im letzten Moment noch an, aber selbst das wäre zu spät, da ich es dann meiner Tochter (die außerhalb von Paris lebt) nicht am frühen Nachmittag zeigen kann. Oder es kommt vielleicht am Morgen nach dem 2. an, in welchem Fall ich mich versucht fühlen würde, es aus dem Fenster zu werfen. Kurz, ich möchte sichergehen, daß ich es an jenem Morgen habe. Mir fiel das erst ein, als Sie aufgehängt hatten. Natürlich möchte ich Ihre Pläne keinesfalls stören, aber nach dem, was Sie mir darüber sagten, scheinen sie sich mit meinen Absichten zu vertragen.

Falls Sie nicht bereits auf dem Lande oder sonst irgendwo unterwegs sind, könnten Sie vielleicht Faber and Faber anrufen. Verantwortlich für das Buch ist dort Mr. de la Mare.[3] Das Buch soll am Montag von der Druckerei oder Binderei in Glasgow geschickt werden. Jedenfalls wäre es für mich eine Erleichterung, wenn Sie ein Telegramm an die eine oder die andere Stelle schickten.

Ich bin immer noch sehr erschöpft, hoffe aber, daß es mir bis Donnerstag bessergeht, wenn ich auch befürchte, daß der an meinem Geburtstag fällige, traditionelle *pas seul* mit hohen Fußstößen in diesem Jahr der Gnade über meine Kräfte gehen wird.[4]

Übrigens werden Sie ja jetzt auch den Titel des Buches kennenlernen, den meine Frau, die einzige, die ihn kannte, siebzehn Jahre lang geheimgehalten hat. Ich sehe schon, wie sich einige erhabene Denker und edle Leber mit dem Ausdruck schmerzhaften Mißvergnügens von ihm abwenden. Freundlichst Ihr

JAMES JOYCE

1 Joyces 57. Geburtstag am 2. Februar 1939.
2 *Finnegans Wake*. Es wurde erst am 4. Mai 1939 veröffentlicht, aber Faber & Faber sorgten dafür, daß die Druckerei R. MacLehose and Company ein ungebundenes Umbruchexemplar rechtzeitig zu Joyces Geburtstag fertig hatte.
3 Richard de la Mare (geb. 1901), damals einer der Direktoren und später Chairman von Faber & Faber.
4 An seinem Geburtstag führte Joyce gewöhnlich einen Tanz vor, der hauptsächlich darin bestand, daß er die Füße erstaunlich hoch in die Luft stieß.

Teil V
Saint-Gérand-le-Puy, Zürich
1939–1941

Saint-Gérand-le-Puy, Zürich (1939–1941)

Die großen Akkorde von *Finnegans Wake* waren angeschlagen worden, wenn auch nur wenige sie hörten. Von Krankheit gezeichnet und unter verworrenen Ortsveränderungen, bewegte sich Joyces Leben seinem Ende zu. Nachdem er siebenundfünfzig Jahre lang in Städten gewohnt hatte, fand er das dörfliche Leben von St. Gérand öd und öder. Da es an Ablenkung und Zerstreuung fehlte, wurde ihm zunehmend nur um so qualvoller bewußt, daß selbst das Leben der eigenen Familie aus den Fugen war. Die Ehe seines Sohnes war zerbrochen, und seine Schwiegertochter, seit zwei Jahren geistig zerrüttet, wurde in die Vereinigten Staaten zurückgebracht. George Joyce hielt sich in Paris auf, ohne seinen Eltern seine Adresse mitzuteilen. Lucia war in Pornichet, das für Besuche zu weit entfernt war. Nur Stephen war in der Nähe, in Mme. Jolas' Schule, und diese sollte über kurz oder lang geschlossen werden.

Abgesehen von zwei Monaten (Mitte April bis Mitte Juni 1940), die sie in dem benachbarten, nicht ganz so trostlosen Vichy verbrachten, lebten Joyce und Nora fast ein Jahr, von Weihnachten 1939 bis zum 14. Dezember 1940, wenig glücklich in St. Gérand. Die Hoffnung, vom Zweiten Weltkrieg, so wie vom Ersten, verschont zu bleiben, schwand rasch. Im Mai brachen die Deutschen verheerend in das westliche Europa ein. Nachdem Paris am 14. Juni gefallen war, tauchte eine Gruppe von Flüchtlingen, darunter George, Samuel Beckett und die Léons, in St. Gérand auf. Die Deutschen kamen wenige Tage später durch den Ort, zogen sich aber kurz darauf zurück und überließen das unbesetzte Frankreich dem Scheinregime von Pétain.

Es war Joyce sehr recht, daß Léon da war; er benutzte die Gelegenheit, *Finnegans Wake* mit ihm nach Druckfehlern durchzusehen, und sie machten gemeinsam eine Liste. Im August und September aber wurde klar, daß niemand die Absicht hatte, in St. Gérand zu bleiben. Léon reiste zu der Zeit ab, und Maria Jolas auf Drängen ihres Mannes ebenfalls. Joyce hatte jegliche Entscheidung hinausgezögert, aber es schien nicht ausgeschlossen, daß George eingezogen werden würde, wenn sie länger blieben, und der Vichy-Regierung war keineswegs daran gelegen, britische Staatsangehörige in ihrem Territorium zu unterhalten.

Anfang September war sich Joyce noch immer nicht darüber im klaren, wohin sie gehen sollten, aber er begann Briefe an Schweizer Nervenheilanstalten zu schreiben, um möglicherweise eine für Lucia geeignete zu finden. Da er den europäischen Kontinent den Vereinigten Staaten vorzog, verfiel er zwangsläufig auf die Schweiz. Die Schweizer fühlten sich durch seine Absichten zunächst wenig geschmeichelt, wahrscheinlich weil die zuständigen Beamten keine Ahnung hatten, wer Joyce war. Seinen ersten Antrag lehnten sie am 30. September 1940 ab. Dann setzten sich höchst einflußreiche Zürcher für ihn ein, Freunde boten finanzielle Bürgschaften an, und am 29. November gaben die Schweizer Behörden nach und unterrichteten Joyce, daß er und seine Familie einreisen dürften. Mit Stephen Joyce, den sie in Obhut genommen hatten, verließen sie am 14. Dezember 1940 um 3 Uhr morgens St. Gérand und erreichten mit einiger Verzögerung, aber ohne Zwischenfall, am 17. Dezember Zürich.

In Zürich zog Joyce in eine Pension und lebte zurückgezogen. Er ging mit seinem Enkel spazieren und erzählte ihm Geschichten; er machte einige Notizen, aus denen aber leider nicht hervorgeht, was für ein Buch daraus hätte werden können. So deprimiert er auch war, er lebte wie eh und je auf, wenn er abends mit Freunden beisammen war. Er schrieb Dankesbriefe an Personen, die ihm bei seiner Übersiedlung in die Schweiz geholfen hatten, und die letzte von ihm stammende schriftliche Äußerung war eine Postkarte an Stanislaus Joyce, auf der er ihm die Adressen einiger Personen nannte, die ihm helfen könnten, falls seine Situation in Italien durch den Krieg unhaltbar würde. Die Liste läßt vielleicht darauf schließen, daß er die Hoffnung auf weitere Kommunikation mit seinem Bruder aufgegeben hatte und vielleicht auch ahnte, daß er nicht mehr lange leben würde.

Seine Gesundheit hatte offensichtlich durch ein nichterkanntes Geschwür am Zwölffingerdarm gelitten. Er selbst, seine Frau und sein Sohn vermuteten, daß die vereinzelt auftretenden Schmerzen, über die er sich gelegentlich beklagte, auf seinen Nervenzustand zurückzuführen seien, was auch einige Jahre zuvor ein Arzt in Paris konstatiert hatte. So regte sich zunächst niemand besonders über die heftigen Magenschmerzen auf, über die er am Abend des 10. Januar 1941 klagte. Aber das Morphium, das ihm ein in der Nähe wohnender Arzt verabreichte, bewirkte keine Erleichterung, und früh am anderen Morgen wurde Joyce in ein

Zürcher Krankenhaus gebracht. Da der Verdacht auf einen Darmdruchbruch bestand, wurde er am gleichen Morgen operiert. Die Operation schien zunächst erfolgreich verlaufen zu sein. Aber am Tag darauf verließen ihn seine Kräfte und er verlor das Bewußtsein. Am 13. Januar, frühmorgens um 2.15, starb Joyce. Zwei Tage darauf wurde er nach einer kleinen Begräbnisfeier auf dem Friedhof Fluntern hoch über der Stadt Zürich begraben.

AN DANIEL BRODY [Postkarte]   *10. Januar 1940*
                Hotel de la Paix, S. Gérand-le-Puy (Allier)
Lieber Mr. Brody,
Vielen Dank für Ihre Weihnachtsgrüße. Ich hoffe, Ihnen und Ihrer ganzen Familie geht es gut. Die meine ist von einem weiteren Unglück heimgesucht worden. Meine Schwiegertochter hat einen schrecklichen Nervenzusammenbruch erlitten und ist interniert. Ich habe das Kind in meine Obhut nehmen müssen, das hier in einem Internat ist. Das Familienleben meines Sohnes scheint völlig zerstört. Als ob es mit dem Schicksal meiner armen Tochter nicht genug wäre!

Ich hörte heute, daß die italienische Fassung von *Anna Livia* in Kürze in einer römischen Zeitschrift erscheinen soll. Meinen Sie, daß es möglich wäre, die Übersetzung, die Sie in Holland haben, zu veröffentlichen?[1] Schließlich geht es darin nur um Flüsse und Waschfrauen. Ich wüßte gern, ob der holländische Kritiker, dessen Adresse Sie mir schickten – ich muß erst nachsehen, wie er heißt – sich durch mein Buch hindurchgefunden hat. Er hat soweit einen recht bemerkenswerten Essay geschrieben. Ich bekam noch einige Besprechungen auf spanisch, italienisch, eine sehr lange von einem Harvardprofessor, einem Russen[2], (die beste bisher) und – naturgemäß – als die merkwürdigste von allen einen symbolischen Kommentar aus Helsinki, wo, wie vorausgesagt, der ›Finn again wakes‹. Der Name des holländischen Kritikers ist G. B. van der Vat (c/o Dr. Zandwoort, Den Haag (English Studies).[3]

Grüße an Mrs. Brody und Sie selbst von uns beiden, herzlichst Ihr   JAMES JOYCE

1 Georg Goyerts Fassung erschien erstmals vollständig im Anhang von *Anna Livia*

Plurabelle (Frankfurt 1970). Vorher wurde lediglich das Ende davon veröffentlicht in der Zeitschrift *Die Fähre* 1.6 (München 1946).

2 Harry Levin, der amerikanische Kritiker. Siehe S. 1646.

3 D. G. Van der Vat, ›Paternity in *Ulysses*‹, *English Studies* XIX, August 1937.

AN MARY COLUM   [*April 1940*]
P.S.   *Hôtel Beaujolais, Vichy, Allier*

Liebe Mrs. Colum,

Ich vergaß, die obige [Pariser] Adresse in meinem Brief anzugeben, deswegen schreibe ich diese Zeilen.[1] Selbst jetzt habe ich weder von Gorman noch von seinem Verleger etwas gehört.

Ich weiß nicht, ob Sie Italienisch an der R.U.I.[2] belegt hatten. Jedenfalls ist die italienische (Teil-)Übersetzung, die ich von Anna Livia gemacht habe, zusammen mit einigen Artikeln über das Buch in *Prospettive* (15. Februar 1940, Rom) erschienen. Wenn es in New York eine gute italienische Buchhandlung gibt, werden Sie dort vielleicht ein Exemplar bekommen. Die Veröffentlichung hatte ein amüsantes Nachspiel. Die nächste Nummer (15. März) enthält eine Photographie des italienischen Erziehungsministers Signor Giuseppe Bottai, die er offenbar selbst an den Herausgeber geschickt hat. Die Aufnahme ist angeblich gemacht worden, nachdem er die mir und meiner ›Prosa‹ gewidmete Nummer gelesen hatte. Seine Exzellenz sitzt auf dem Bild an einem Tisch, faßt sich mit einer Hand an die Stirn, hat die Augen geschlossen, und seinem Gesicht sieht man an, wie erschöpft und verwirrt er ist. An den Rand der Photographie hat er ein verzweifeltes Stoßgebet geschrieben. Vor einigen Jahren, als er Gouverneur von Rom war, hatte er mir geschrieben und mich als Ehrengast zu irgendeinem Bankett oder einer Feier eingeladen – ich habe vergessen, was es war. Ich habe ihm dankend geantwortet, bin aber nicht hingegangen. Ich habe nicht einmal den gewandten und geistreichen Stephens als Stellvertreter geschickt, wie ich es einige Jahre zuvor getan hatte, als ich vom Bürgermeister von Florenz eingeladen worden war. (Er war ein großer Erfolg, obwohl er gar kein Italienisch kann.) Aber sicher wird der schmerzliche Ausdruck auf der Photographie bald einem ersten Lächeln, dem viele folgen werden, weichen.

1 Er schrieb an den Kopf dieser Briefkarte: 34, rue des Vignes, Paris XVIe.

2 Royal University of Ireland.

A̲n̲ P̲a̲u̲l̲ R̲u̲g̲g̲i̲e̲r̲o̲[1]   *4. August 1940*
                                                      S. Gérand-le-Puy

Lieber Ruggiero,
Wir planen alle zusammen nach Zürich zu gehen. Ich habe an die
Schweizer Gesandtschaft geschrieben und um Aufenthaltsge-
nehmigung gebeten. Lucia ist allerdings in einer Anstalt in der besetzten Zone, und wenn wir sie nach Kilchberg bringen wollten,
brauchten wir Genehmigungen von den Deutschen und den
Franzosen ebenso wie von den Schweizern. Ist Zürich sehr bevöl-
kert? Ist es möglich, eine Wohnung zu bekommen, und wie ist das
Leben dort? Noch eine Frage: gibt es dort eine französische Schule, auf der auch Deutsch unterrichtet wird? Wie Sie sehen, die
Geschichte wiederholt sich.

1 Im Original italienisch.

A̲n̲ J̲a̲m̲e̲s̲ J̲o̲h̲n̲s̲o̲n̲ S̲w̲e̲e̲n̲e̲y̲   *7. August 1940*
                                                 Hôtel du Commerce,
                                          S. Gérand-le-Puy, Allier

Lieber Mr. Sweeney,
Ich habe gestern zwei Luftpostbriefe nach N. Y. geschickt: einen
an Mr. Cerf, einen an die Viking Press. Ich habe gebeten, bis zum
1. September fällig gewordene Honorare, abzüglich der U.S.-
Einkommensteuer und der Agentengebühr, an mich über das
State Department in Washington an die U.S. Botschaft in Vichy
(unter deren Schutz britische Staatsbürger stehen) telegraphisch
zu überweisen. Ich habe Mr. Cerf auch um einen Vorschuß auf
weitere Honorare gebeten. Meine Situation ist folgende: meine
Frau, mein Sohn, mein Enkel und ich sind hier in der ›freien
Zone‹, meine Tochter ist in der Nähe von S. Nazaire in der ›un-
freien Zone‹ – ein Gefahrenpunkt. Ich habe bei den Schweizer
Behörden angefragt, ob britische Staatsangehörige in die Schweiz
einreisen dürfen, da ich versuchen will, meine Tochter (die in einer maison de santé ist) nach Zürich zu bringen, wo wir selbst
auch hinwollen. Ich habe nach etwa zwanzig Tagen noch keine
Antwort bekommen. Ich weiß nicht einmal, ob die französischen
beziehungsweise die deutschen Behörden uns gestatten, dieses
Land zu verlassen. Das Einkommen, das ich aus London bezog,
ist seit über zweieinhalb Monaten blockiert. Mein Bankkonto in

Frankreich ebenfalls: und ich bin infolgedessen (ohne meine Schuld) mit Zahlungen an die maison de santé meiner Tochter, an mein Hotel in Vichy und mit anderen Rechnungen im Verzug.

Ich schreibe an Sie, da Mr. Cerf vielleicht nicht in N. Y. ist, und man sich nicht darauf verlassen kann, daß die Viking Press prompt reagiert. Könnten Sie, falls Mr. Cerf nicht da ist, jemanden bei Random House aufsuchen, der ihn vertritt? Sie würden mir einen großen Gefallen tun. Mein Vorhaben wird, wenn überhaupt durchführbar, äußerst kostspielig werden, da meine Tochter auf der Reise durch Frankreich eine ärztliche Begleitung (Arzt und Schwester) benötigt, falls es in diesem Land überhaupt noch möglich ist zu reisen, per Wagen, Eisenbahn oder anderswie.

P. S. Mit Mr. Robert Murphy, der mit der Führung der Geschäfte der U.S. Botschaft in Vichy beauftragt ist, habe ich vereinbart, daß er für mich bestimmte Gelder aus den U.S. entgegennimmt.

An James Johnson Sweeney   22. September 1940
                 Hôtel du Commerce, St. Gérand-le-Puy, Allier
Lieber Mr. Sweeney,
Vielen Dank für den Luftpostbrief von vor einem Monat, den ich etwa 12 Tage später erhielt. Sie teilten mir mit, daß Serf [sic] und Hübsch [sic], die meine Briefe (auf die bisher keiner von beiden geantwortet hat) erhalten hatten, zu diesem Zeitpunkt versuchen würden, mir telegraphisch Geld über die U.S.-Botschaft in Vichy anzuweisen (das ist übrigens von morgen an meine Adresse, da die wenigen Leute, die noch geblieben waren, dieses Hotel auf Veranlassung des Besitzers morgen früh verlassen müssen), und in der Hoffnung, daß dies gelingen würde, habe ich drei Wochen gewartet und dann Serf gekabelt, der mir antwortete, er versuche es weiterhin und hoffe auf Erfolg. Jetzt sind wieder fast vierzehn Tage vergangen, und nichts ist gekommen. Ich habe in den letzten drei Monaten versucht, alles Geld, oder wenigstens einen Teil, das mir die britische Regierung und meine britischen Verleger schulden, aus London zu bekommen, aber völlig vergebens. Das Geld, das ich hier auf der Bank hatte, wurde als Repressalie gegen die Beschlagnahmung französischer Gelder in England von der

französischen Regierung beschlagnahmt. Meine Tochter ist im besetzten Gebiet in der Nähe eines gefährdeten Orts an der französischen Küste in einer maison de santé. Ich habe bei den deutschen Behörden für sie als britische Staatsangehörige eine Ausreisegenehmigung beantragt. Diese wurde erteilt. Dann habe ich mich wegen einer Überführungsmöglichkeit an das amerikanische Rote Kreuz gewandt. Keine Antwort. Da zwischen den beiden Zonen seit über zwei Monaten keine Postverbindung besteht, habe ich keinerlei Nachricht, und da ich keine Mittel habe, habe ich das Pensionsgeld für sie seit drei Monaten nicht bezahlen können. Ihr Name und ihre Adresse ist: Miss Lucia Joyce, Clinique ›Les Charmettes‹ Pornichet, Loire Inférieure, France, und der Name ihres Arztes ist: Dr. Achille Delmas, ebenfalls dort zu erreichen und unter der Adresse: 23 rue de la Mairie, Ivry sur Seine, Seine, France. Falls ihm jemand schreibt, sollte der Brief zweifach, das heißt an beide Adressen, geschickt werden. Ich habe mich über den Kurier der Botschaft in Vichy an die U.S.-Botschaft gewandt, deren Personal noch zum Teil in Paris ist, und darum gebeten, auf Grund einer von mir unterschriebenen Vollmacht monatlich regelmäßig 1500 Frs für meine Tochter an Dr. Delmas zu überweisen, da nach einer Vereinbarung zwischen der britischen und der amerikanischen Regierung britische Staatsangehörige einen Anspruch auf diese monatliche Zuteilung haben, wenn sie die Schuld anerkennen und sich verpflichten, das Geld, solange sie in Frankreich sind, zurückzuzahlen. Der Empfang dieses Briefes wurde mir nicht bestätigt. Diese monatliche Zahlung würde die Kosten für ihren Sanatoriumsaufenthalt, die sich auf monatlich 2700 Frs belaufen, nicht decken. Ich bemühe mich, sie von dort, wo sie ist, in ein Sanatorium in der Schweiz bringen zu lassen, aber abgesehen von den Kosten, zu denen die Begleichung meiner Rückstände gehört, die ärztliche Begleitung von Pornichet nach Paris, von Paris bis zur Grenze zwischen den beiden Zonen (augenblicklich bei Chalon-sur-Saône), von dort nach Lyon und von Lyon nach Annemasse, ebenfalls in Begleitung, und von Annemasse zum Sanatorium in der Schweiz, wiederum begleitet, von einer neuen Schicht von Krankenschwestern, hängt die Durchführbarkeit dieses Plans davon ab, ob ich die Einreisegenehmigung in die Schweiz für sie bekomme oder nicht. Nach Ihrem Brief sieht es so aus, als bezögen sich die Beschränkungen bei der Überweisung von Geld aus den U.S. und England an britische Staatsangehörige nur auf solche, die in Frankreich ansässig sind. Ich habe mich deswegen um eine Einreisegenehmigung für sie und auch für mich, meine Frau, meinen Sohn und meinen Enkel an die Schweizer Regierung gewandt, da wir außer der Zuteilung durch die Botschaft, mit der es von Monat zu Monat zu Ende sein kann, hier über keine Mittel für unseren Lebensunterhalt verfügen, und außerdem gibt es in der Gegend, in der wir uns augenblicklich befinden – 20 Kilometer von Vichy – keinerlei Transportmöglichkeiten, Autobusse verkehren seit Wochen nicht mehr und Privatwagen sind nicht zu haben. Mir wurde mitgeteilt, daß die Schweizer Behörden, falls sie eine Einreise in Erwägung ziehen, eine in der Schweiz zu hinterlegende Bürgschaft von 50000 Schweizer Franken, das sind ungefähr 700000 französische Francs, für mich und meine Familie verlangen und daß die Gebühren, wenn dem Antrag innerhalb eines Monats stattgegeben werden soll, sich auf etwa 3000 französische Francs belaufen würden. Ich habe einen Freund in Zürich um Hinterlegung der Bürgschaft gebeten und meinen Antrag einem Schweizer Anwalt in Genf übergeben. Da ich von den deutschen Behörden die Ausreisegenehmigung für meine Tochter aus der besetzten Zone bekommen habe, habe ich mich gleichzeitig um eine Ausreisegenehmigung für uns aus der nicht besetzten Zone an die französischen Behörden gewandt. Ich habe auch den einen oder anderen meiner hiesigen Freunde gebeten, mein Gesuch zu unterstützen, Louis Gillet, Fernand Léger (der selbst nach Amerika geht) und Armand Petitjean, aber ohne den geringsten Erfolg. Ich warte also auf die französische und die Schweizer Entscheidung in dieser Sache und ferner auf Geld von irgendwoher. Offenbar gibt es augenblicklich in diesem Lande niemanden, der in der Lage wäre, mir in irgendeiner Weise zu helfen, und unsere Situation wird von Woche zu Woche schwieriger.

Ich nehme an, Mrs. Jolas wird in New York angekommen sein, bevor Sie diesen Brief erhalten, und ich wäre Ihnen verbunden, wenn Sie ihr eine Abschrift dieses Briefes zusenden oder ihn ihr übers Telefon vorlesen könnten. Ich hoffe, daß sie mit ihren Schützlingen wohlbehalten angekommen ist und Jolas gesund vorgefunden hat. Ich habe ihr Briefe und Telegramme an die Stätten auf ihrem Wege von hier bis Lissabon geschickt, die sie, wie ich hoffe, bekommen hat. Sie wird Ihnen und anderen, die sich möglicherweise dafür interessieren, Näheres mitteilen können, wenn sich natürlich auch die Verhältnisse seit ihrer Abreise in jeder Beziehung sehr verschlechtert haben. Ich habe keine Ahnung, was aus meiner Wohnung in Paris geworden ist, in der ich meine Bücher, Bilder und Manuskripte habe. Ich weiß nicht, ob es zwischen New York und Paris eine Postverbindung gibt. Wenn ja, möchte ich gern, daß die Angelegenheit meiner Tochter sofort von Ihnen aus in Angriff genommen wird, da nach meinen Erfahrungen von hier aus praktisch gar nichts getan werden kann. Vielleicht ist der Postverkehr zwischen St. Gérand-le-Puy und New York nicht unterbrochen, ich stecke diesen Brief jedenfalls heute in der Hoffnung ein, daß er abgehen und Sie erreichen wird.

Die Adresse der U.S.-Botschaft in Vichy ist: 113, Boulevard des Etats-Unis, und der Beamte, welcher offenbar verantwortlich ist und der Mr. Robert Murphy vertritt, der seinerseits Mr. William Bullitt vertrat, ist Mr. Woodruff Wallner.

Ich danke Ihnen für die Freundlichkeit und Promptheit, mit der Sie mir zu helfen versucht haben, und hoffe, daß Ihr Beistand oder der Beistand eines Ihrer Freunde mir und meiner Familie rasch die Hilfe bringen wird, die uns so dringend nottut.

P. S. Mrs. Jolas erzählte mir bei ihrer Abreise, Jolas hätte ihr geschrieben und sie dringend gebeten, alles und jedes mitzubringen, was sich auf die hiesige neue literarische Bewegung bezieht. Er wird möglicherweise in dem beiliegenden Zeitungsausschnitt[1] finden, was er sucht.

---

1 Ausschnitt aus *La Tribune Republicaine* eines ›Vichy, 20. September‹ datierten Regierungserlasses über die Verwendung von Altpapier, mit Androhung von Strafe bei Zuwiderhandlung.

AN CAROLA GIEDION-WELCKER   *1. November 1940*
Maison Ponthenier,
S. Gérand-le-Puy, Allier, France

Chère Madame Giedion,
Je viens de recevoir la dépêche signée par vous et Ruggiero. Merci. Mais si vous n'êtes qu'en correspondance ›epistolaire‹ avec New York notre visa de sortie sera perimée longtemps avant l'ar-

rivée de la réponse même si celle-ci est favorable. Déjà le maire d'ici et la gendarmerie qui nous a fait deux visites pendant ces derniers huit jours à propos d'un recensement des sujets britanniques actuellement en France tout en étant parfaitement courtois exprimaient une surprise, légitime du reste, que nous étions toujours sur place après avoir demandé avec une telle insistance le permis de partir qui nous a été donné par ordre du Ministère de l'Intérieur, il y a déjà quinze jours. D'après votre carte postale de l'autre jour je croyais la question du garanti financier reglée une fois pour toutes. En attendant l'avocat à Génève qui n'est pas arrivé jusqu'ici à obtenier quoi que ce soit de qui que ce soit demande un versement à 200 francs suisses, somme que je lui paierai naturellement quand je les aurai, c'est-à-dire, quand je serai et si je serai en Suisse. La légation américaine à Bern m'écrit qu'une fois en Suisse je pourai recevoir mon argent de New York. L'avocat demande aussi un garanti de la part de M. Rudolph Brauchbar. Eh bien, qu'il l'obtienne. Ce dernier n'a jamais répondu à ma correspondance. Mais peut-être y-a-t-il une explication. L'avocat écrit ›le cas J. J. est tojours en suspens chez la police fédérale suisse‹. C'est charmant. En somme on soulève une difficultá après l'autre. Nous sommes des étrangers, puis des juifs, puis des mendiants. Quoi encore. Des cambrioleurs, des lépreux? Ou bien c'est une longue histoire à propos des cantons. L'avocat a demandé le permis d'abord pour Génève. Je ne l'ai jamais autorisé de le faire. J'ai demandé d'abord pour le Vaud pour ma fille puisque la maison de santé est là. Et pour nous d'y rester le temps de la caser et mon petit-fils dans une école. Et ensuite à Zurich. Quand on m'a dit que Zurich n'allait pas, j'ai dit: Bon, nous irons tous à Lausanne. Maintenant il semble que l'avocat veut demander pour Zurich-Ville. Dans les circonstances actuelles du monde et les miennes en particulier cette mode d'agir est hors de plan et elle contraste singulièrement, je dois le dire, avec les réponses courtoises et favorables qui m'ont été données par les autorités allemandes et par les autorités françaises ici. Et voilà une lettre de la direction de la maison de santé. Bien entendu, je ne pouvais rien arranger car je n'avais pas le permis pour ma fille. Et à propos de garantis financiers si mon fils et moi proposons de payer pour l'enfant dans un collège vaudois et pour ma fille dans une maison de santé je suppose que nous ne pouvons pas être dépourvus de moyens d'existence.

Je vous remercie en tout cas, tous les deux, et Ruggiero aussi.
Salutations amicales   JAMES JOYCE[1]

1 Liebe Frau Giedion, ich habe soeben das von Ihnen und Ruggiero unterzeichnete
Telegramm erhalten. Vielen Dank. Aber wenn Sie nur in brieflicher Verbindung mit
New York stehen, wird unsere Ausreisegenehmigung lange vor dem Eintreffen der
Antwort ungültig geworden sein, selbst wenn diese günstig ausfallen sollte. Der hiesige Bürgermeister und die Polizei, die uns während der letzten acht Tage anläßlich
einer Zählung der augenblicklich in Frankreich lebenden britischen Staatsangehöri-
gen zweimal aufgesucht haben, zeigten sich, so außerordentlich höflich sie auch waren, überrascht, mit Recht überrascht, daß wir immer noch hier waren, nachdem wir
so dringend die Ausreisegenehmigung beantragt hatten, die uns auf Anweisung des
Innenministeriums schon vor vierzehn Tagen erteilt worden war. Nach Ihrer Postkarte von neulich hatte ich geglaubt, das Problem der finanziellen Bürgschaft wäre
ein für alle Mal geregelt. Während dieser Wartezeit forderte der Genfer Anwalt,
dem es bis jetzt nicht gelungen ist, irgend etwas bei irgend jemandem zu erreichen,
eine Zahlung von 200 Schweizer Franken, einen Betrag, den ich natürlich bezahlen
werde, wenn ich ihn habe, das heißt, dann, wenn ich und falls ich in der Schweiz sein
werde. Die amerikanische Gesandtschaft in Bern schreibt mir, daß ich mein Geld
aus New York bekommen kann, sobald ich in der Schweiz bin. Der Anwalt verlangt
auch eine Bürgschaft von M. Rudolph Brauchbar. Soll er sie sich holen. Der letzte
hat mir nie auf meine Briefe geantwortet. Aber vielleicht gibt es dafür eine Erklärung. Der Anwalt schreibt: ›Der Fall J. J. ist immer noch bei der eidgenössischen
Fremdenpolizei anhängig.‹ Das ist reizend. So macht man mir eine Schwierigkeit
nach der anderen. Wir sind Ausländer, dann Juden, dann Bettler. Was noch. Ein-
brecher, Aussätzige? Andererseits ist es eine lange Geschichte mit den Kantonen.
Der Anwalt hat zunächst die Genehmigung für Genf beantragt. Ich habe ihn nie
dazu bevollmächtigt. Ich habe die Genehmigung für Waadt für meine Tochter ge-
wollt, da dort die maison de santé ist. Und für uns so lange, um ihre Angelegenheiten
zu regeln und meinen Enkel in einer Schule unterzubringen. Dann wollten wir nach
Zürich. Als man meinte, in Zürich würde es nicht klappen, sagte ich: Gut, dann gehen wir alle nach Lausanne. Jetzt aber scheint der Anwalt einen Antrag für Zürich-
Stadt stellen zu wollen. Angesichts der augenblicklichen Weltlage und meiner eigenen Situation im besonderen ist eine solche Handlungsweise skandalös und steht,
das muß ich sagen, in bemerkenswertem Widerspruch zu den höflichen und positi-
ven Antworten, die mir von den deutschen und den französischen Behörden hier gegeben worden sind. Und hier ist ein Brief von der Leitung der maison de santé. Natürlich konnte ich nichts Festes ausmachen, da ich die Genehmigung für meine
Tochter nicht hatte. Was die finanziellen Bürgschaften angeht – wenn mein Sohn
und ich vorhaben, für das Kind in einer Schule in der Waadt und für meine Tochter
in einer maison de santé zu zahlen, kann es uns doch wohl nicht ganz an den Mitteln
für unseren Lebensunterhalt fehlen.
   Ich danke Ihnen jedenfalls, Ihnen beiden, und auch Ruggiero. Freundschaftliche
Grüße   James Joyce

AN PAUL RUGGIERO [Telegramm]   *13. Dezember 1940*
                                                 S. Gérand-le-Puy
Partirons demain matin trois heures amities   JAMES JOYCE[1]

1 Abreise morgen früh drei Uhr herzlichst   James Joyce

AN DEN STADTPRÄSIDENTEN VON ZÜRICH[1]
                                          den 20. Dezember 1940
                                                        Zürich

Sehr verehrter Herr Stadtpräsident,
Bei meiner Ankunft hier vor einigen Tagen erfahre ich dass Sie so
freundlich waren meiner Eintrittsbewilligungsgesuch bei der Behörde das Gewicht Ihrer einflussreichen Empfehlung hinzuzufü-
gen mit dem Resultat dass ein Niederlassungsvisum in Zürich
jetzt mir und meiner Familie bewilligt worden ist. Die Verbindung zwischen mir und Ihrer gastfreundlichen Stadt dehnen sich
über eine Reihe von fast vierzig Jahren aus und in diesen peinli-
chen Zeiten fühle ich mich sehr geehrt dass meine Gegenwart hier
zum grossen Teil ich an der persönlichen Burgschaft Zurichs ersten Bürgers schulde.
  Dankbar und hochachtungsvoll zeichne ich, sehr verehrter Herr
Stadtpräsident, als Ihr ergebener   JAMES JOYCE

1 Deutsch im Original. Der Name des Stadtpräsidenten war Emil Klöti.

AN STANISLAUS JOYCE[1] [Postkarte]   *4. Januar 1941*
                          Pension Delphin, Mühlebachstraße 69, Zürich
Caro fratello,
Forse questi indirizzi ti saranno utili. Sono di persone che po-
trebbero, credo, aiutarti. Ad ogni modo prova. A. Francini,
presso la Scuola dei Padri Scalopi costì, Ezra Pound, 5 via Marsala, Rapallo, Carlo Linati, 20 San Vittore, Milano, Curzio Malaparte ed Ettore Settanni, redazione di ›Prospettive‹ via Gregoriana 44, Roma, il primo direttore, il secondo collaboratore che
fece con me (o piuttosto rivise) la traduzione di un brano di *Anna
Livia* apparso nel fascicolo del 15 febbraio 1940 (q.v.). Saluti da
tutti   JIM[2]

1 Diese Postkarte ist das Letzte, was Joyce geschrieben hat. Seine zum Tode füh-
rende Krankheit ist in einem vom 14. Januar 1941 datierten Brief von Wilhelm Herz

(William H. Hartley) an Helen Joyces Bruder Robert Kastor beschrieben, in dem es auszugsweise heißt: ›Am letzten Freitag war Grete [Mrs. Herz] in Zürich, um Stephen zu besuchen, und an eben diesem Tage setzten die Beschwerden ein. Mr. Joyce bekam die entsetzlichsten Schmerzen, die nur durch Morphium behoben werden konnten. Noch in der gleichen Nacht hielten die Ärzte zusammen mit einem der bekanntesten Chirurgen eine Besprechung ab und beschlossen, ihn in das Rote-Kreuz-Krankenhaus zu bringen. Da sein Zustand sich nicht besserte, beschlossen sie, ihn am Samstag morgen, den 11. Januar, zu operieren. Sie fanden offensichtlich einen Magendurchbruch, verursacht durch einen Ulcus, der, wie die Ärzte behaupten, seit mindestens sieben Jahren vorhanden gewesen sein mußte, ohne entdeckt oder zumindest trotz der wiederholten Beschwerden von Mr. Joyce je richtig diagnostiziert worden zu sein. Am Sonntag, dem Tag nach der Operation, war der Patient sehr schwach, wie es durchaus für die nächsten drei bis vier Tage zu erwarten war; aber in der Nacht von Sonntag auf Montag war es klar, daß er sterben würde, und Giorgio und seine Mutter wurden ins Krankenhaus gerufen. [...]‹ James Joyce starb am 13. Januar 1941 und wurde zwei Tage später begraben.

2 Lieber Bruder, Vielleicht werden diese Adressen Dir nützlich sein. Sie sind von Leuten, die Dir, glaube ich, helfen könnten. Du kannst es jedenfalls versuchen. A. Francini, c/o Scuola dei Padri Scalopi, dort, Ezra Pound, 5 via Marsala, Rapallo, Carlo Linati, 20 San Vittore, Mailand, Curzio Malaparte und Ettore Settanni, Redaktion von ›Prospettive‹, via Gregoriana 44, Rom. Der erste ist der Direktor, der zweite ein Mitarbeiter, der mit mir die Übersetzung eines Fragments aus *Anna Livia* machte (oder vielmehr überarbeitete), die in der Ausgabe vom 15. Februar 1940 erschien (s. d.). Grüße von allen.   Jim

Register der Briefempfänger

Register der Briefautoren

Zeittafel

1882	2. Februar: in Rathmines, einem Stadtteil von Dublin, geboren
1885	John Stanislaus Joyce geboren
1888	Joyce tritt in das College von Clongowes Wood ein
1891	*Et Tu, Healey!,* Joyces erstes Gedicht
1898	Joyce besucht das University College in Dublin
1900	Joyce veröffentlicht den Aufsatz *Ibsen's New Drama* und beginnt die Arbeit an *Stephen Hero*
1902	Joyce erwirbt den Bachelor of Art und verläßt Irland in London Bekanntschaft mit W. B. Yeats und Arthur Symons Joyce geht nach Paris, um dort Medizin zu studieren
1903	der Tod der Mutter ruft Joyce nach Dublin zurück Beginn der Niederschrift von Erzählungen, die später unter dem Titel *The Dubliners* erschienen
1904	Gedichtveröffentlichungen in Zeitschriften am 10. Juni lernt er Nora Barnacle kennen. Im Oktober verläßt er mit ihr Irland. Nach kurzem Aufenthalt in Zürich Weiterreise nach Pola
1905	Joyce unterrichtet in Triest an der Berlitz-School Geburt des Sohnes Giorgio
1906	Joyce beendet *The Dubliners* und setzt die Arbeit an *Stephen Hero* fort Bekanntschaft mit Italo Svevo (Ettore Schmitz) erste Ideen zu Ulysses Übersiedlung nach Rom, wo er als Korrespondent in einer Bank arbeitet
1907	*Chamber Music* erscheint Joyce kehrt nach Triest zurück, wo er wieder unterrichtet. Beginnt mit der Umarbeitung des *Stephen Hero* zu *A Portrait of the Artist as a Young Man* Geburt der Tochter Lucia
1912	Joyce zum letzten Mal für kurze Zeit in Irland
1914	*The Dubliners* erscheint. Joyce beendet *Portrait,* arbeitet an *Exiles,* beginnt *Ulysses*
1915	Joyce läßt sich in Zürich nieder
1917	*Portrait of the Artist as a Young Man* erscheint in New York
1918	*Exiles* erscheint, Auszüge aus *Ulysses* in *The Little Review*
1919	Joyce wieder in Triest. Aufführung von *Exiles* (Die Verbannten) in München
1920	Joyce läßt sich in Paris nieder Bekanntschaft mit Ezra Pound, Valery Larbaud, Aragon, Eluard u. a.

1921	Joyce beendet *Ulysses*
1922	*Ulysses* erscheint in Paris bei Shakespeare & Co. (Sylvia Beach) erste Ideen zu *Finnegans Wake*
1923	Joyce beginnt in Nizza die Arbeit an *Finnegans Wake*
1924	erste Bruchstücke von *Finnegans Wake* erscheinen (*Work in Progress*)
1926	unautorisierte Veröffentlichung von *Ulysses* in den Vereinigten Staaten
	Work in Progress erscheint fortlaufend in *Transition*
	deutsche Übersetzung von *Portrait* (Jugendbildnis)
1927	deutsche Übersetzung von *Ulysses*
1928	*Anna Livia Plurabelle,* ein Teilstück aus *Finnegans Wake,* erscheint
	deutsche Übersetzung von *Dubliners* (Dubliner)
1930	Joyces Vater stirbt
	Reisen in die Schweiz und nach Österreich
1934	*Ulysses* erscheint in New York
1936	Veröffentlichung der *Collected Poems*
1940	Joyce flieht aus Paris und lebt in der Provinz; unter großen Schwierigkeiten gelingt es ihm, die Einreisegenehmigung in die Schweiz zu bekommen; er läßt sich in Zürich nieder
1941	13. Januar: Joyce stirbt in Zürich
1944	*Stephen Hero* erscheint
1969	erscheint Band 1 der 7bändigen »Frankfurter Ausgabe« der Werke von James Joyce im Suhrkamp Verlag

James Joyce
Sein Werk im Suhrkamp Verlag

Briefe an Nora. Herausgegeben und mit einem Vorwort versehen von Fritz Senn. Übersetzt von Kurt Heinrich Hansen. st 1931

Briefe an Sylvia Beach. Herausgegeben von Melissa Banta und Oscar A. Silverman. Aus dem Englischen von Claudia Bodmer und Michel Bodmer. Mit zahlreichen Abbildungen. Leinen

Dubliner. Deutsch von Dieter E. Zimmer. BS 418

Finnegans Wake. Deutsch. Herausgegeben von Klaus Reichert und Fritz Senn. es 1524

Die Katze und der Teufel. Deutsche Übertragung von Fritz Senn. it 1610

Kritische Schriften. Aus dem Englischen von Hiltrud Marschall-Grimminger. BS 313

Penelope. Das letzte Kapitel des ›Ulysses‹. Englisch und deutsch. Übersetzt von Hans Wollschläger. es 1106

Ein Porträt des Künstlers als junger Mann. Übersetzt von Klaus Reichert. BS 350

Stephen der Held. Übersetzt von Klaus Reichert. BS 338

Die Toten. The Dead. Englisch und deutsch. Deutsche Übertragung von Dieter E. Zimmer. Mit Nachworten von Richard Ellmann und Eberhard Späth. BS 512

Ulysses. Aus dem Englischen von Hans Wollschläger. Sonderausgabe. Gebunden

Verbannte. Ein Stück in drei Akten. Mit den Bemerkungen des Autors. Aus dem Englischen von Klaus Reichert. BS 217

Materialien

James Joyces ›Ulysses‹. Neuere deutsche Aufsätze. Herausgegeben von Therese Fischer-Seidel. es 826

Das Dubliner Tagebuch des Stanislaus Joyce. Herausgegeben von George Harris Healy. Deutsch von Arno Schmidt. st 1046

Literatur zu Joyce

Richard Ellmann: James Joyce. Revidierte und ergänzte Ausgabe. Leinen

Richard Ellmann: Odysseus in Dublin. Aus dem Englischen von Claudia Dörmann. Gebunden

Richard Ellmann: Vier Dubliner. Wilde, Yeats, Joyce und Beckett. Aus dem Englischen von Wolfgang Held. Leinen

Stuart Gilbert: Das Rätsel Ulysses. Eine Studie. Ins Deutsche übertragen von Georg Goyert. st 367

43/2/3.94

James Joyce
Sein Werk im Suhrkamp Verlag

43/3/3.94

Samuel Beckett
Sein Werk im Suhrkamp Verlag

Werke in fünf Bänden. In Zusammenarbeit mit Samuel Beckett herausgegeben von Elmar Tophoven und Klaus Birkenhauer. Übertragungen von Elmar Tophoven, Erika Tophoven und Erich Franzen. Leinen

Band 1:   Dramatische Werke. Theaterstücke. Hörspiele. Pantomime/Film/Fernsehspiel
Band 2:   Romane I: Murphy. Watt. Mercier und Camier
Band 3:   Romane II: Molloy. Malone stirbt. Der Namenlose. Wie es ist
Band 4:   Erzählungen
Band 5:   Szenen. Prosa. Verse

Gesammelte Werke in Einzelbänden. In Zusammenarbeit mit Samuel Beckett herausgegeben von Elmar Tophoven und Klaus Birkenhauer. Übertragungen von Elmar Tophoven, Erika Tophoven und Erich Franzen. Elf Bände in Kassette. st 2401-2411

Band 1:   Theaterstücke. Dramatische Werke 1. st 2401
Band 2:   Hörspiele. Filme. Dramatische Werke 2. st 2402
Band 3:   Murphy. Roman. Aus dem Englischen von Elmar Tophoven. st 2403
Band 4:   Watt. Roman. Aus dem Englischen von Elmar Tophoven. st 2404
Band 5:   Mercier und Camier. Roman. Aus dem Französischen von Elmar Tophoven. st 2405
Band 6:   Molloy. Roman. Aus dem Französischen von Erich Franzen. st 2406
Band 7:   Malone stirbt. Roman. Aus dem Französischen von Elmar Tophoven. st 2407
Band 8:   Der Namenlose. Roman. Aus dem Französischen von Elmar Tophoven. st 2408
Band 9:   Wie es ist. Aus dem Französischen von Elmar Tophoven. st 2409
Band 10: Erzählungen. st 2410
Band 11: Szenen. Prosa. Verse. st 2411

Dramatische Dichtungen in drei Sprachen. I: Stücke: Warten auf Godot. Endspiel. Spiel ohne Worte 1. Spiel ohne Worte 2. Cascando. Aus dem Französischen von Elmar Tophoven. Englische Übertragung von Samuel Beckett. Leinen

Dramatische Dichtungen in drei Sprachen. II: Stücke: Alle die da fallen. Das letzte Band. Aschenglut/Spiel. Glückliche Tage. Worte und Musik. Aus dem Englischen von Erika und Elmar Tophoven. Französische Übertragung von Samuel Beckett. Leinen

Dramatische Dichtungen in drei Sprachen. Einbändige Ausgabe. Leinen und Leder

Samuel Beckett
Sein Werk im Suhrkamp Verlag

Einzelausgaben

Der Ausgestoßene. L'Expulsé. The Expelled. Deutsche Übertragung von Elmar Tophoven. Mit Illustrationen von Roswitha Quadflieg. BS 1163

Auswahl in einem Band. Deutsch von Erika und Elmar Tophoven. Leinen

Endspiel. Alle die da fallen. Aus dem Französischen von Elmar Tophoven und Erika Schöningh. Broschiert

Endspiel. Fin de Partie. Französisch und deutsch. Deutsch von Elmar Tophoven. es 96

Endspiel. Fin de partie. Endgame. Deutsche Übertragung von Elmar Tophoven. Französische Originalfassung. Englische Übertragung von Samuel Beckett. st 171

Erste Liebe. Premier amour. Französisch und deutsch. Deutsche Übertragung von Elmar Tophoven. BS 277

Erzählungen und Texte um Nichts. Deutsch von Elmar Tophoven. BS 82

Flötentöne. Französisch und deutsch. Aus dem Französischen von Elmar Tophoven und Karl Krolow. es 1098

Gesellschaft. Eine Fabel in drei Sprachen. Deutsche Übertragung von Elmar Tophoven. Leinen

Gesellschaft. Eine Fabel. Deutsche Übertragung von Elmar Tophoven. BS 800

Glückliche Tage und andere Stücke. Deutsch von Erika und Elmar Tophoven. BS 98

Glückliche Tage. Happy Days. Oh les beaux jours. Deutsche Übertragung von Erika und Elmar Tophoven. Englische Originalfassung. Französische Übertragung von Samuel Beckett. st 248

Immer noch nicht mehr. Stirrings Still. Soubresauts. Dreisprachig. Aus dem Englischen von Erika Tophoven-Schöningh. Leinen

Das letzte Band. La dernière bande. Krapp's Last Tape. Deutsche Übertragung von Erika und Elmar Tophoven. Englische Originalfassung. Französische Übertragung von Samuel Beckett. Mit Szenenphotos. st 200

Mehr Prügel als Flügel. Aus dem Englischen von Christian Enzensberger. BS 1000

Stücke und Bruchstücke in drei Sprachen. Mit Abbildungen. Deutsche Übertragung von Elmar und Erika Tophoven. Französische und englische Übertragung von Samuel Beckett. Leinen

Der Verwaiser. Le dépeupleur. The Lost Ones. Deutsche Übertragung von Elmar Tophoven. BS 1027

50/2/11.94

Samuel Beckett
Sein Werk im Suhrkamp Verlag

Warten auf Godot. En attendant Godot. Waiting for Godot. Deutsche
Übertragung von Elmar Tophoven. Vorwort von Joachim Kaiser. st 1
Warten auf Godot. Ins Deutsche übertragen von Elmar Tophoven.
BS 1040
Die Welt und die Hose. Aus dem Französischen von Erika Tophoven-
Schöningh und Rosi Wiegmann. Kleine Reihe. Bütten-Broschur
Worstward Ho. Aufs Schlimmste zu. Aus dem Englischen von Erika
Tophoven-Schöningh. Zweisprachig. Leinen

Zu Samuel Beckett
Samuel Beckett. Glückliche Tage. Probenprotokoll der Inszenierung
von Samuel Beckett in der ›Werkstatt‹ des Berliner Schiller-Theaters.
Aufgezeichnet von Alfred Hübner. Fotos von Horst Güldemeister.
es 849
Ulrich Pothast: Die eigentlich metaphysische Tätigkeit. Über Schopen-
hauers Ästhetik und ihre Anwendung durch Samuel Beckett. Leinen

Marcel Proust
im Suhrkamp Verlag und im Insel Verlag

Frankfurter Ausgabe. Werke I. Band 1: Freuden und Tage und andere
Erzählungen und Skizzen aus den Jahren 1892-1896. Übertragen und
herausgegeben von Luzius Keller. Leinen und Leder

Frankfurter Ausgabe. Werke I. Band 2: Nachgeahmtes und Vermischtes.
Herausgegeben von Luzius Keller. Übersetzt von Helmut Scheffel,
Ludwig Harig und Henriette Beese. Leinen und Leder

Frankfurter Ausgabe. Werke I. Band 3: Essays, Chroniken und andere
Schriften. Herausgegeben von Luzius Keller. Übersetzt von Henriette
Beese, Luzius Keller und Helmut Scheffel. Leinen und Leder

Frankfurter Ausgabe. Werke III. Band 1 und 2: Jean Santeuil. Herausgegeben von Mariolina Bongiovanni Bertini. Aus dem Französischen
von Eva Rechel-Mertens. Revidiert und ergänzt von Luzius Keller.
Leinen und Leder

Auf der Suche nach der verlorenen Zeit. Deutsch von Eva Rechel-Mertens. Seidenleinen und Leder

Band 1:	In Swanns Welt. Im Schatten junger Mädchenblüte
Band 2:	Die Welt der Guermantes. Sodom und Gomorra
Band 3:	Die Gefangene. Die Entflohene. Die wiedergefundene Zeit

Auf der Suche nach der verlorenen Zeit. Aus dem Französischen von
Eva Rechel-Mertens. Zehn Bände. Geschenkausgabe mit farbigem
Dekorüberzug in Schmuckkassette

Auf der Suche nach der verlorenen Zeit. 10 Bände in Kassette. Aus dem
Französischen von Eva Rechel-Mertens. suhrkamp taschenbücher

Erster Teil:	In Swanns Welt. st 644
Zweiter Teil:	Im Schatten junger Mädchenblüte. 2 Bde. st 702
Dritter Teil:	Die Welt der Guermantes. 2 Bde. st 754
Vierter Teil:	Sodom und Gomorra. 2 Bde. st 822
Fünfter Teil:	Die Gefangene. st 886
Sechster Teil:	Die Entflohene. st 918
Siebter Teil:	Die wiedergefundene Zeit. st 988

Einzelausgaben

Briefe zum Leben. 2 Bde. Ausgewählt und aus dem Französischen übersetzt von Uwe Daube. st 464

Briefe zum Werk. Deutsch von Wolfgang A. Peters. Ausgewählt und
herausgegeben von Walter Boehlich. Leinen

Freuden und Tage. Illustrationen von Madeleine Lemaire. Vorwort von Ana-
tole France. Und vier Klavierstücke von Reynaldo Hahn. Aus dem Französischen von Luzius Keller. Eingerichtet nach der Erstausgabe, erschienen
1896 bei Calmann Lévy, Paris. Edelbroschur in Leinenkassette

Marcel Proust
im Suhrkamp Verlag und im Insel Verlag

Freuden und Tage. Übertragen und herausgegeben von Luzius Keller.
st 2172

Der Gleichgültige. Erzählung in zwei Sprachen. Mit einem Vorwort
von Philip Kolb. In der Übersetzung von Elisabeth Borchers. st 1004

Jean Santeuil. 2 Bde. Deutsch von Eva Rechel-Mertens. Leinen und
st 1084

Eine Liebe von Swann. Deutsch von Eva Rechel-Mertens. BS 267

Tage des Lesens. Drei Essays. Deutsch von Helmut Scheffel. BS 400

Zu Marcel Proust

Marcel Proust. Leben und Werk in Texten und Bildern. Von Renate
Wiggershaus. it 1348

Philippe Michel-Thiriet: Das Marcel–Proust–Lexikon. Aus dem Französischen von Rolf Wintermeyer. Leinen

Prousts Figuren und ihre Vorbilder. Photos von Paul Nad ar. Text von
William Howard Adams. Aus dem Amerikanischen von Christoph
Groffy. Leinen

Marthe Princesse Bibesco: Begegnung mit Marcel Proust. Aus dem
Französischen von Eva Rechel-Mertens. it 1349

Hanno Helbling: Erinnertes Leben. Marcel Prousts »Auf der Suche nach
der verlorenen Zeit«. st 1547

Hans Robert Jauß: Zeit und Erinnerung in Marcel Prousts ›A la recherche du temps perdu‹. Ein Beitrag zur Theorie des Romans. stw 587

Luzius Keller: Proust lesen. Erstausgabe. st 1839

George D. Painter: Marcel Proust. Eine Biographie. 2 Bde. Deutsch
von Christian Enzensberger und Ilse Wodtke. st 561

Jean-Yves Tadié: Marcel Proust. Aus dem Französischen von Henriette
Beese. Mit einer Auswahl-Bibliographie deutschsprachiger Proust-Li-
teratur von Angelika Corbineau- Hoffmann. Leinen

Veröffentlichungen der Marcel Proust Gesellschaft

Marcel Proust. Lesen und Schreiben. Zweite Publikation der »Marcel
Proust Gesellschaft«. Herausgegeben von Edgar Mass und Volker Roloff. Engl. Broschur und Leder

Marcel Proust. Werk und Lektüre. Zur Literarästhetik von Marcel
Proust. Von Volker Roloff. Dritte Publikation der »Marcel Proust
Gesellschaft«. Engl. Broschur und Leder

Marcel Proust. Bezüge und Strukturen. Studien zu ›Les plaisirs et les
jours‹. Fünfte Publikation der »Marcel Proust Gesellschaft«. Herausgegeben von Luzius Keller. Leder und broschiert

Marcel Proust
im Suhrkamp Verlag und im Insel Verlag

Marcel Proust. Sprache und Sprachen. Sechste Publikation der »Marcel
Proust Gesellschaft«. Herausgegeben von Karl Hölz. Engl. Broschur
und Leder

Marcel Proust. Schreiben ohne Ende. Prousts *Recherche* im Spiegel ihrer
textkritischen Aufarbeitung. Siebente Publikation der »Marcel Proust
Gesellschaft«. Herausgegeben von Rainer Warning. Engl. Broschur
und Leder

Proustiana I. Mitteilungsblatt der Marcel Proust Gesellschaft. Redaktion: Reiner Speck und Edgar Mass

Proustiana II/III. Mitteilungsblatt der Marcel Proust Gesellschaft

Proustiana IV/V. Mitteilungsblatt der Marcel Proust Gesellschaft. Marcel Proust – Kunst und Psyche. Symposium der Marcel Proust Gesellschaft Berlin 1985. Geheftet

Proustiana VI/VII. Mitteilungsblatt der Marcel Proust Gesellschaft. Les
plaisirs et les jours. Symposium der Marcel Proust Gesellschaft Zürich
1987. Broschiert

Proustiana VIII/IX. Mitteilungsblatt der Marcel Proust Gesellschaft.
Geschmack bei Proust. Geheftet

Proustiana X. Mitteilungsblatt der Marcel Proust Gesellschaft

Proustiana XII. Mitteilungsblatt der Marcel Proust Gesellschaft

38/3/9.93

Uwe Johnson
Sein Werk im Suhrkamp Verlag

Begleitumstände. Frankfurter Vorlesungen. es 1820

Berliner Sachen. Aufsätze. st 249

Das dritte Buch über Achim. Roman. Leinen und es 1819

Der 5. Kanal. es 1336

Ingrid Babendererde. Reifeprüfung 1953. Mit einem Nachwort von Siegfried Unseld. Leinen und es 1817

Jahrestage 1. Aus dem Leben der Gesine Cresspahl. August 1967 – Dezember 1967. Roman. Leinen und es 1822

Jahrestage 2. Aus dem Leben der Gesine Cresspahl. Dezember 1967 – April 1968. Roman. Leinen und es 1823

Jahrestage 3. Aus dem Leben der Gesine Cresspahl. April 1968 – Juni 1968. Roman. Leinen und es 1824

Jahrestage 4. Aus dem Leben der Gesine Cresspahl. Juni 1968 – August 1968. Roman. Leinen und es 1825

Kleines Adreßbuch für Jerichow und New York. Ein Register zu Uwe Johnsons Roman ›Jahrestage‹. Angelegt mit Namen, Orten, Zitaten und Verweisen von Rolf Michaelis. Engl. Broschur

Jahrestage 1–4 in Kassette. 4 Bde. Mit einem ›Kleinen Adreßbuch‹. Ein Register zu Uwe Johnsons Jahrestagen mit Namen, Orten und Verweisen von Rolf Michaelis. Leinen und es 1822-1825

Karsch, und andere Prosa. Nachwort von Walter Maria Guggenheimer. st 1753

Mutmassungen über Jakob. Roman. Leinen, BS 723 und es 1818

Porträts und Erinnerungen. Herausgegeben von Eberhard Fahlke. es 1499

Eine Reise nach Klagenfurt. st 235

Skizze eines Verunglückten. BS 785

Versuch, einen Vater zu finden. Marthas Ferien. Tonkassette mit Textheft. Mit einem editorischen Bericht von Norbert Mecklenburg. es 1416

Wohin ich in Wahrheit gehöre. Ein Uwe-Johnson-Lesebuch. Herausgegeben von Siegfried Unseld. Gebunden

Zwei Ansichten. Leinen und st 326

Zu Uwe Johnson

Hinterlegt in der Geschichte. Uwe Johnson. Eine Chronik in Bildern und Texten. Eingerichtet von Eberhard Fahlke. Gebunden

»Ich überlege mir die Geschichte ...« Uwe Johnson im Gespräch. Herausgegeben von Eberhard Fahlke. es 1440

Über Uwe Johnson. Herausgegeben von Raimund Fellinger. es 1821

Uwe Johnson. Herausgegeben von Rainer Gerlach und Matthias Richter. stm. st 2061

46/1/12.95

Uwe Johnson
Sein Werk im Suhrkamp Verlag

Nachwort
Philipp Otto Runge / Uwe Johnson: Von dem Fischer un syner Fru. Ein
Märchen nach Philipp Otto Runge mit sieben kolorierten Bildern von
Marcus Behmer und einem Nachwort von Beate Jahn. Mit einer
Nacherzählung und einem Nachwort von Uwe Johnson. IB 1075

Materialien
Johnsons ›Jahrestage‹. Herausgegeben von Michael Bengel. stm. st 2057

Schriften des Uwe-Johnson-Archivs
Siegfried Unseld / Eberhard Fahlke: Uwe Johnson: »Für wenn ich tot
bin«. Mit zahlreichen Abbildungen. Schriften des Uwe Johnson-
Archivs, Band 1. Engl. Broschur
Peter Nöldechen: Kleines Bilderbuch von Johnsons Jerichow und Um-
gebung. Spurensuche im Mecklenburg der Cresspahls. Schriften des
Uwe-Johnson-Archivs, Band 2. Engl. Broschur
»Entwöhnung von einem Arbeitsplatz«. Klausuren und frühe Prosatex-
te. Mit einem philologisch-biographischen Essay. Herausgegeben von
Bernd Neumann. Mit Abbildungen. Schriften des Uwe Johnson-
Archivs, Band 3. Engl. Broschur
»Wo ist der Erzähler auffindbar?« Gutachten für Verlage 1956-1958. Mit
einem Nachwort herausgegeben von Bernd Neumann. Mit Abbil-
dungen. Schriften des Uwe Johnson-Archivs, Band 4. Engl. Broschur
Inselgeschichten. Herausgegeben von Eberhard Fahlke. Schriften des
Uwe Johnson-Archivs, Band 5. Engl. Broschur
Summer in the City. Herausgegeben von Bernd Neumann und Nicolai
Riedel. Schriften des Uwe Johnson-Archivs, Band 6. Engl. Broschur

Max Frisch
Sein Werk im Suhrkamp Verlag

Max Frisch
Sein Werk im Suhrkamp Verlag

Über Max Frisch

Begegnungen. Eine Festschrift für Max Frisch zum siebzigsten Geburtstag. Herausgegeben von Siegfried Unseld. Leinen

Fünf Orte im Leben von Max Frisch. Gesehen von Fernand Rausser. Broschur im Schuber

Max Frisch. Herausgegeben von Walter Schmitz. stm. st 2059

Materialien

Frischs ›Andorra‹. Herausgegeben von Walter Schmitz und Ernst Wendt. stm. st 2053

Materialien zu Max Frisch ›Biedermann und die Brandstifter‹. Herausgegeben von Walter Schmitz. st 503

Frischs ›Homo faber‹. Herausgegeben von Walter Schmitz. stm. st 2028

23/3/12.95